ALTERNATIV HEILEN

Herausgegeben von Gerhard Riemann

Raphael Simons ist Feng-Shui-Experte. Er berät und unterrichtet vornehmlich im Großraum New York und wird in jüngster Zeit zunehmend in andere Staaten der USA gerufen, um Feng-Shui-Beratungen durchzuführen.

Deutsche Erstausgabe September 1997

Titel der Originalausgabe: »Feng Shui. Step by Step«

Originalverlag: Crown, New York
Umschlagillustration: Susannah zu Knyphausen
Satz: Ventura Publisher im Verlag
Druck und Bindung: Clausen & Bosse, Leck
Printed in Germany
ISBN 3-426-76135-1

5 4 3 2 1

T. Raphael Simons

Feng Shui mit System

Harmonie und positive Energie durch die Kunst der chinesischen Raumgestaltung

Aus dem Amerikanischen von
Ilse Fath-Engelhardt

Knaur

Für Leon und Netty Simons

Dank

Mein ganz besonderer Dank geht an Tao Chun, der mich zu dieser Arbeit ermuntert hat. Ebenfalls herzlich danken möchte ich Terry Lee, der mich die authentische Feng-Shui-Tradition lehrte; Reverend Yamamoto, der mich in das Glückssternsystem einführte; meinen Schülern, durch die ich das Lehren lernte und deren Fragen mich dazu anregten, dieses Buch zu schreiben; Sue Herner, meiner Agentin, für die hervorragende Unterstützung und ihren Sinn für Humor; Carol Southern, meiner Lektorin, deren bemerkenswerter Scharfblick und Formsinn mir geholfen haben, das Material dieses Buches klar zu gliedern; Ingrid Marcroft, meiner Schülerin und Freundin, die das Manuskript kurz vor Torschluß las und mit ausgezeichneten Vorschlägen zur weiteren Straffung und Klarheit des Textes beitrug; und schließlich, Ihnen, lieber Leser und liebe Leserin dafür, daß Sie durch die Anwendung dieses Buches zu der so nötigen Erweiterung unseres Umweltbewußtseins beitragen.

Inhalt

Zu diesem Buch

Bei vielen Gelegenheiten haben mich Leute gebeten, die Feng-Shui-Techniken in einfachen Worten zu erklären, weil sie bei der praktischen Umsetzung der Feng-Shui-Lektüre Schwierigkeiten hatten.

Obwohl es sich beim Feng Shui um eine komplizierte Kunst handelt, basiert es auf einfachen Grundsätzen und Regeln, die leicht zu verstehen sind. Das Ziel dieses Buches ist es, Ihnen diese Grundsätze und Regeln Schritt für Schritt auch praktisch nahezubringen, damit Sie ihre Wohnung problemlos und effektiver nach den Feng-Shui-Regeln gestalten können.

Vielleicht haben Sie gelesen oder gehört, daß es drei verschiedene Feng-Shui-Schulen gibt – die Formschule, die Kompaßschule und die intuitive Schule. Diese Einteilung ist falsch. Es gibt nur eine einzige authentische Feng-Shui-Schule, nämlich die der alten taoistischen Tradition. In ihr kommen alle möglichen Techniken zur Anwendung, unter anderem chinesische Astrologie, Kompaßmethoden, Formmethoden und Divinationsmethoden.

Im Feng Shui werden zwei chinesische Astrologiesysteme benutzt. Das eine heißt *ba tzu* oder »acht Worte«, auch unter dem Namen »Die vier Säulen« bekannt. Und das andere *jyo hsing* oder »Neun Sterne«. »Die Lehre von *Ch'i*« bzw. »Die Polarsternmethode«.

Ba tzu, das ich in meiner Praxis anwende, ist wegen seines komplizierten Aufbaus durch die Einbeziehung des chinesischen Mondkalenders mit vielen chinesischen Spezialbegriffen für die meisten Westler nicht geeignet. Statt dessen werde ich in diesem Buch die ebenso wirksame *Jyo-hsing*-Technik beziehungsweise Neun-Sterne-Astrologie benutzen, die ich in meiner Praxis ebenfalls gebrauche.

Die *Neun Sterne* sind das älteste bekannte Horoskopsystem. Es fand erstmals im 4. Jahrtausend v. Chr. durch Fu Hsi, den ersten König von China, Verbreitung. Ich konnte es wegen seines einfachen logischen Aufbaus in eine leicht handhabbare Tabellenform bringen, wie die nächsten Kapitel zeigen werden. Die Neun-Sterne-Astrologie darf nicht unterschätzt werden. Sie gehört grundlegend zur taoistischen Lehre und wird in China und Japan von allen echten Feng-Shui-Meistern und gelehrten Laien verwendet.

Es gibt in Verbindung mit der Neun-Sterne-Astrologie eine Reihe von Kompaßmethoden, die ich dargelegt und ebenfalls in Tabellenform gebracht habe. Diese Kompaßmethoden werden Ihnen bei der Anordnung Ihrer Wohnungseinrichtung, wie Ihrem Bett, Lieblingsstuhl und Schreibtisch, helfen, so daß Sie sich besserer Gesundheit und größeren Wohlstands erfreuen und insgesamt besser fühlen können. Wer die Kompaßmethoden einmal kennengelernt und unter Berücksichtigung meiner Einrichtungsratschläge für die verschiedenen Wohnbereiche auch praktisch angewendet hat, wird sicherlich bald den großen Nutzen dieser profunden Kunst erfahren.

Ich habe für Sie ebenfalls das authentische Feng-Shui-Farbensystem in seiner Anwendung dargestellt. Dieses System umfaßt drei Bereiche:

1. Ihre persönlichen Farben, wie sie sich aus dem chinesischen Horoskop ableiten.
2. Die Anwendung von Farben zur Harmonisierung zwischen Ihnen und Ihrem Umfeld.
3. Die Anwendung von Farben zur Energieabstimmung des Raumes unabhängig von seinem Bewohner.

Folgende Gegenstände werden Sie bei der Benutzung dieses Handbuchs benötigen: Einige (Foto-)Kopien Ihres Haus- oder Wohnungsgrundrisses, ein Pendel und einen Kompaß (den es in den meisten Metallwaren- oder Sportgeschäften zu kaufen gibt).

Der Grundriß braucht nicht hundertprozentig zu stimmen, sollte jedoch im wesentlichen korrekt sein. Wenn Sie keine Kopie des ursprünglichen Architektenplans besitzen, können Sie sehr leicht einen Plan auf Millimeterpapier erstellen. Sollte Ihnen die Ausmessung der Räume mit dem Metermaß zuviel Mühe machen, können Sie deren Maße auch abschreiten, wobei ein Schritt circa 90 cm mißt. Versuchen Sie, der Einfachheit halber, den Grundriß in etwa auf DIN-A4-Format zu bringen.

Ein Pendel ist im Grunde ein Gewicht, das an einer Schnur oder dünnen Kette hängt. Maßgebend sind dabei weder Form noch Material, sondern allein die Schwungfähigkeit. Aus einer Glasperle und einer Schnur läßt sich ein Pendel leicht herstellen. Ich persönlich bevorzuge völlig symmetrische Messingpendel. Sie sind in den meisten New-Age-Buchläden erhältlich. Pendel, die in geschlossenen Innenräumen verwendet werden, können klein und leicht sein. Pendel, die draußen verwendet werden, sollten allerdings schwerer sein. In Kapitel 25 ist der Gebrauch von Pendeln genau beschrieben.

Zur genauen Bestimmung der Himmelsrichtung mit Hilfe eines Kompasses gehen Sie folgendermaßen vor: Schauen Sie direkt in die Himmelsrichtung, die Sie bestimmen wollen. Drehen Sie den Kompaß in Ihrer Hand so lange, bis die Kompaßnadel auf den Buchstaben N des Azimutrings zeigt. (Der Azimutring ist die auf der Kompaßscheibe aufgedruckte Gradeinteilung der Himmelsrichtungen – Norden, Osten, Süden und Westen.) Das Nordende der magnetisierten Kompaßnadel ist entweder mit grüner Leuchtfarbe markiert oder als Pfeilspitze erkennbar. Es weist aufgrund des Erdmagnetfelds stets zum Nordpol. Nun le-

sen Sie auf dem Azimutring einfach die Himmelsrichtung ab, in die Sie blicken.
In den folgenden Kapiteln werden Sie durch Benutzung der astrologischen Tabellen Ihr persönliches chinesisches Horoskop erstellen können. Sie erhalten damit Ihren persönlichen Schlüssel zur harmonischen Wohnungsgestaltung.
Sie können Ihre persönlichen Daten entweder in das folgende Formblatt eintragen oder auf ein Extrablatt Papier schreiben. Wenn Sie mit anderen zusammenleben, ziehen Sie vertikale Linien, und tragen Sie in die so entstandenen Spalten die Daten jedes Haushaltsmitglieds ein. Übernehmen Sie dazu die Angaben aus dem Formblatt.

Persönliche Daten

1. Ying/Yang _
   – Ihr Konstitutionstyp _ _ _ _ _ _ _ _ _ _ _ _ _ _ _
   – Ihr Beruf _
   – Entsprechende Umweltansprüche _ _ _ _ _ _ _ _
2. Ihre chinesische Geburtsjahreszeit _ _ _ _ _ _ _ _ _ _
   – Entsprechendes Element _ _ _ _ _ _ _ _ _ _ _ _ _
   – Das bedeutet für Ihr persönliches Umfeld _ _ _ _ _
3. Ihre Geburtssternnummer _ _ _ _ _ _ _ _ _ _ _ _ _ _ _
   – Entsprechende Himmelsrichtung _ _ _ _ _ _ _ _ _ _
   – Weitere mit Ihrem Geburtsstern im Einklang stehende Himmelsrichtungen _ _ _ _ _ _ _ _ _ _ _ _ _ _ _
   – Dekorhilfen (Linien, Muster, Formen, Farben) _ _ _
4. Himmelsrichtung der Haustür _ _ _ _ _ _ _ _ _ _ _ _
   – Ihr Geburtsstern steht in Harmonie oder Disharmonie mit der Himmelsrichtung Ihrer Haustür _ _ _ _ _ _
   – Farbe, mit der sich Ihr Geburtsstern und die Himmelsrichtung Ihrer Haustür aufeinander abstimmen lassen _

5. Wechselseitig passende Sterne (für diejenigen, die zusammenleben) _
   - Ihre entsprechenden Himmelsrichtungen _ _ _ _ _ _
   - Ihre entsprechenden Dekorhilfen _ _ _ _ _ _ _ _ _ _ _
6. Ihre Glückssterne _
   - Ihre entsprechenden Himmelsrichtungen _ _ _ _ _ _
   - Ihre besonderen korrespondierenden Farben _ _ _ _ _
   - Ihre entsprechenden Formen und Muster _ _ _ _ _ _

Bitte lesen Sie die Kapitel nacheinander durch. Das Buch ist systematisch aufgebaut, und nur so können Sie es voll nutzen. Machen Sie sich in aller Ruhe mit dem Material vertraut. Je mehr Sie Feng Shui begreifen, desto kreativer und persönlich sinnvoller können Sie es einsetzen.

Ich wünsche mir, daß Sie die wunderbare Kunst des Feng Shui einmal so beherrschen, daß dadurch Ihr Umfeld verbessert, Ihre Gesundheit gefördert und der Weg zur Erreichung Ihrer Lebensziele frei wird.

TEIL I
Was ist Ch'i?

1 Himmel, Erde und Mensch

Anpassung und Gleichgewicht sind Wesen und Essenz des Feng Shui. Sie haben für die Praktizierenden sowohl innere als auch äußere Bedeutung.
Es heißt, Feng Shui wäre in den Anfangszeiten nur innerlich ausgeübt worden und die Praktizierenden wären, egal wo sie sich hinbegaben, stets glücklich und zufrieden gewesen. Doch in den letzten Jahrtausenden sei das Leben immer komplizierter und die Welt immer disharmonischer und zerstörerischer geworden, so daß auch eine äußerliche Feng-Shui-Praxis notwendig wurde.
Feng Shui stützt sich auf zwei Grundsätze und Ausübungsebenen. Erstens geht man davon aus, daß der Mensch mit seiner Gemüts- und Geistesverfassung seine Umwelt entweder positiv oder negativ beeinflußt. Zweitens nimmt man an, daß sich Umweltbedingungen auf die innere Verfassung des Menschen auswirken.
In der Praxis gehören zur inneren Ebene Konzentrationstechniken wie zum Beispiel die Kontemplation der Prinzipien des I Ging (oder Buchs der Wandlungen), Meditation und *Ch'i kung* (ein System innerer Übungen, um Heilung und gute Gesundheit zu bewirken). Die äußere Ebene umfaßt Horoskop-, Kompaß-, Form- und Divinationstechniken.
Die innere und äußere Ebene entsprechen zwei Seiten einer Medaille. Sie sind ständig aufeinander angewiesen. Das Bild der »drei harmonisch zusammenwirkenden Kräfte« verdeutlich dies noch.
Die drei harmonisch zusammenwirkenden Kräfte sind Himmel,

Erde und Mensch. Dabei entsprechen sich Himmel und Zeit, Erde und Raum.

Das Verhältnis des Menschen zu Himmel und Erde bildet die äußere Ebene. Durch die Erstellung von Horoskopen wird unser Himmelsbezug bestimmt. Kompaß- und Formmethoden, die auf denselben Grundsätzen aufbauen wie die Horoskopberechnungen, werden zur Auffindung und Austarierung unseres Verhältnisses zur Erde benutzt.

Das Studium der Prinzipien von Himmel und Erde, wie sie sich ausgleichen und zueinander verhalten und wie sie mit dem Menschen in vollkommene Harmonie gebracht werden können, bildet die innere Ebene.

Die Prinzipien von Himmel und Erde sind Vater und Mutter aller Erscheinungen. Der Mensch benutzt diese Prinzipien entweder zum Guten oder zum Bösen. Wenn wir mit unserer innersten Natur in Einklang leben und den Prinzipien von Himmel und Erde erlauben, ungehindert durch uns zu wirken und zu interagieren, entsteht ein harmonisch lebendiges Umfeld um uns. Umgekehrt wird unser Umfeld immer unordentlicher und disharmonischer, je mehr wir den wirklichen Charakter unseres Wesens verfehlen und die Prinzipien von Himmel und Erde mißbrauchen. Chuang Tzu (im Deutschen auch Dschuang Dsi genannt, Anm. d. Ü.) sagt: »Wenn man das Tao erreicht, ist nichts unmöglich; wenn man es verfehlt, dagegen alles.«

Übung

Dies ist eine der ersten Feng-Shui-Übungen, die ich gelernt habe. Sie ist hervorragend geeignet, die innere und äußere Methode gleichzeitig anzuwenden und sich des Raums um sich herum bewußt zu werden. Lassen Sie daraus eine Gewohnheit werden.

Beginnen Sie damit, daß Sie sich einfach in den Raum setzen oder stellen. Nehmen Sie eine ruhige, entspannte Haltung ein. Konzentrieren Sie sich, und lassen Sie alle Gedanken nach und nach fallen. Seien Sie ohne irgendwelche vorgefaßten Meinungen über den Raum einfach da. Gehen Sie dann eine Weile auf und ab. Achten Sie dabei auf Ihre intuitiven Reaktionen und Eindrücke. Wo ist mehr Energie spürbar? Wo weniger? Wo ist eine Energiequelle, wo ein Energieloch? Wo ist die Energie positiv, wo negativ? Üben Sie dies an verschiedenen Orten. Nach einiger Zeit werden Sie den Dreh heraushaben.

2 Ch'i

Ch'i wird manchmal als kosmischer Atem beschrieben oder als Lebensprinzip. Es unterliegt den Prinzipien von Himmel und Erde, von Zeit und Raum und deshalb allen Dingen in der Welt der Erscheinungen; es ist die Kraft der Wandlung und Transformation.

Ch'i offenbart sich in der Rotation des Firmaments, den Jahreszeiten und Wetterformationen, den Erhebungen des Landes und den Gezeiten des Meeres, den Veränderungen unseres Körpers, unserer Gefühle und Gedanken, und den Veränderungen unserer Verhältnisse und Geschicke. Alles atmet und bewegt sich ihm zufolge. Alles entsteht aus Ch'i, existiert durch Ch'i und kehrt zu Ch'i zurück.

Alles unterliegt dem Ch'i-Kreislauf des Werdens und Vergehens, selbst hartes Gestein. Obwohl es in den Augen des Menschen unveränderlich ist, erscheint und verschwindet es blitzschnell hinsichtlich der Lebensspanne des Universums. Oder, wie Chuang Tzu so schön sagte: »Ein Frosch in einer Quelle versteht nichts vom Meer; er unterliegt ganz seinen räumlichen Grenzen. Ein Sommerinsekt versteht nichts vom Eis; es kennt nichts außerhalb seiner Zeit.«

Ist Ch'i der kosmische Atem, dann ist der Kosmos oder das Universum dasjenige, was atmet. Der Kosmos wird im Taoismus als lebendiges organisches Wesen gesehen, das manchmal als durch Zeit und Raum, Himmel und Erde streifender großer Drache abgebildet wird.

Der Drache symbolisiert den Geist der Fruchtbarkeit und Fürsorge. Als solcher taucht er aus den Tiefen des Ozeans auf und steigt in den Himmel auf. Er zeigt sich in Gewitterwolken und Blitzen. Seine Stimme ist der Donner. Er fällt als Regen zur Erde und geht als reichliche Frucht auf. Als Reichssymbol des alten China verkörpert er auch Kreativität, Reichtum und Weisheit. Feng-Shui-Meister, die auf chinesisch Drachenmenschen oder *lung jen* heißen, betrachten die Umwelt als Ausdruck des Ch'i. Sie wissen um die Prinzipien ihrer Erzeugung und Zerstörung und um die Geheimnisse ihrer Transformation.

Ch'i hat drei Aspekte. Sie heißen *Sheng, Si* und *Sha. Sheng* bedeutet Aufsteigen oder Wachsen; *Si* bedeutet Sterben oder Abnehmen; und *Sha* bedeutet zerstörerische Energie.

Sheng Ch'i

Ein Haus hat Sheng Ch'i, wenn es einen hellen und freundlichen Eindruck macht, wenn die Tiere gesund, die Menschen glücklich und wohlhabend sind und wenn es auf einen schönen Park, Garten, Wald, Fluß, See, Berge, ein Feld oder das Meer blickt. Sie haben Sheng Ch'i, wenn Sie sich optimistisch fühlen. Der zunehmende Mond ist *Sheng*.

Si Ch'i

Ein Haus hat Si Ch'i, wenn es verfallen und verwahrlost ist, wenn der Boden ausgelaugt und die Vegetation dürftig ist, wenn die Tiere krank und die Menschen kränklich und verarmt sind. Sie haben Si Ch'i, wenn Sie deprimiert sind. Der abnehmende Mond ist *Si*.

Sha Ch'i

Sie haben Sha Ch'i, wenn Sie extrem zornig sind. Ein Haus hat Sha Ch'i, wenn es fremd und gefährlich wirkt. Die negative Ursache für Sha kann sowohl unterirdischer als auch oberirdischer Natur sein. Unterirdisches Sha nennt man manchmal auch »schädliche Strahlen«: oberirdisches »geheime Pfeile«.

Schädliche Strahlen rauben Energie und verursachen Krankheit. In einem Haus, das ihnen ausgesetzt ist, kann man unter anscheinend grundloser Müdigkeit und Nervosität leiden. Ein Haus, das auf sumpfigem Gelände gebaut und von feuchter Luft umgeben ist, ist dafür ein Beispiel. Ein Haus, das auf einer unterirdischen Höhle steht, ist ein weiteres. (Sie finden mehr Beispiele sowie die entsprechenden Korrekturmaßnahmen in Kapitel 25 beschrieben.)

Geheime Pfeile sind oberirdisch bedingte Störfaktoren. Sie greifen die Nerven an und sind an solchem Unglück mit schuld wie Krankheit, zerrüttete Beziehungen und berufliche und finanzielle Schwierigkeiten. Geheime Pfeile treffen auf ein Haus, wenn eine Straße oder ein Wasser direkt auf eine seiner Türen oder Fenster zu- oder von ihnen wegläuft (Abb. 1); wenn es am Ende einer T-Kreuzung steht (Abb. 2); wenn es am Ende einer Sackgasse steht oder eine Ecke eines anderen Gebäudes direkt auf eine Tür oder ein Fenster weist (Abb. 3); wenn die Haustür teils auf eine Hausecke, teils ins Freie schaut (Abb. 4). Andere Beispiele für geheime Pfeile sind, wenn irgend etwas Spitzes auf die Haustür oder ein Fenster weist: wenn sich direkt gegenüber der Haustür ein Fahnen- oder Laternenmast befindet; wenn die Tür oder Fenster direkt auf ein Spitzdach gerichtet sind; wenn ein gegenüberstehendes Gebäude verfällt; wenn direkt vor der Tür oder einem Fenster ein eingegangener oder sterbender Baum steht; wenn von der Tür oder den Fenstern aus Eisenbahngleise oder Stromkabel ins Auge fallen; wenn das Haus völlig eingepfercht oder von Dingen überragt ist wie Schnellstraßen, großen Brücken, riesigen Gebäuden oder Antennentürmen; wenn in der unmittelbaren Nachbarschaft eine Polizeistation, Feuerwehrstation, Exerzierhalle, ein Kasino oder irgendeine andere Örtlichkeit liegt, durch die Unruhe entsteht; wenn von der Tür oder den Fenstern aus ein Krankenhaus, Bestattungsinstitut oder Friedhof sichtbar ist; wenn grelle Lichter oder blinkende Neonreklamen durch die Fenster hereinscheinen; und wenn es durch soziale Spannungen in der Nachbarschaft zu Radau und Gewalttaten kommt.

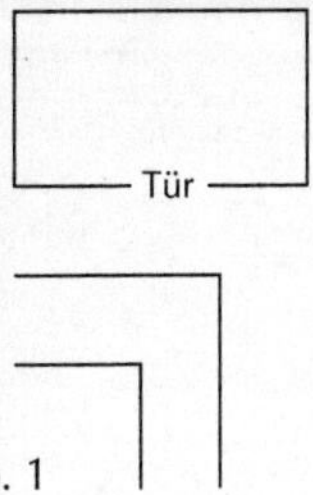

Abb. 1

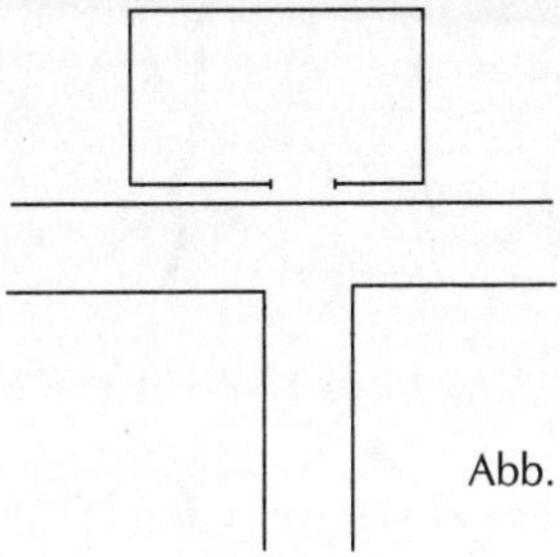

Abb. 2

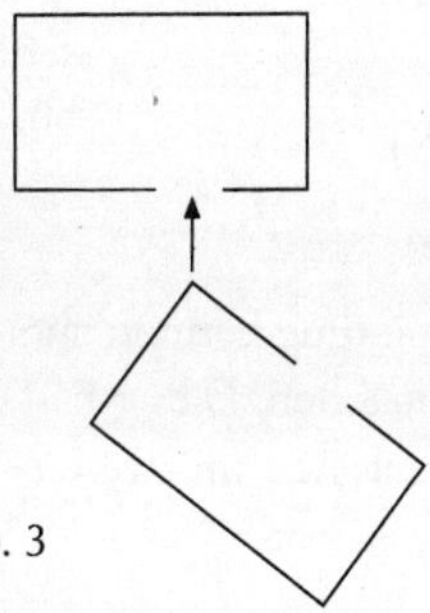

Abb. 3

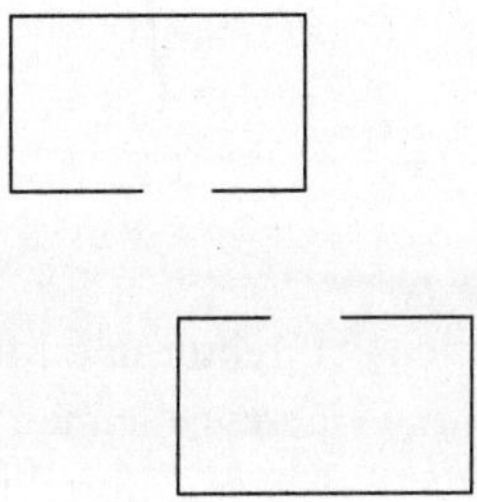

Abb. 4

Ein steil aufragender, zerklüfteter Berg (Abb. 5); ein terrassenförmiger Berg (Abb. 6); ein ungewöhnlich abgerundeter Berg oder sogenannter »Glücksbrecher« (Abb. 7) oder ein sogenanntes »Pferdeauge« (Abb. 8) sendet ebenfalls geheime Pfeile aus. Ein in der Ferne sichtbarer Berg wirkt sich wesentlich weniger aus als ein nahe stehender.

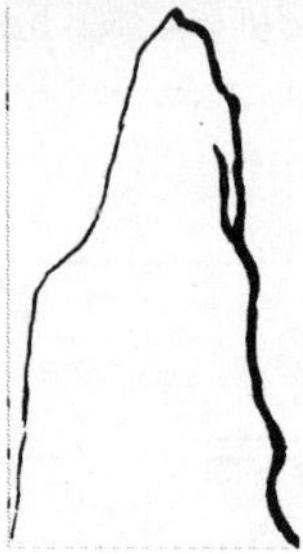

Abb. 5

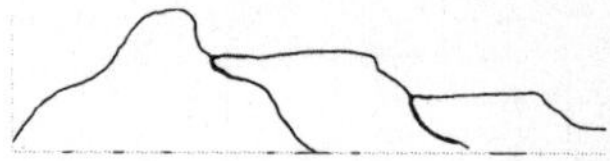

Abb. 6

Abb. 7

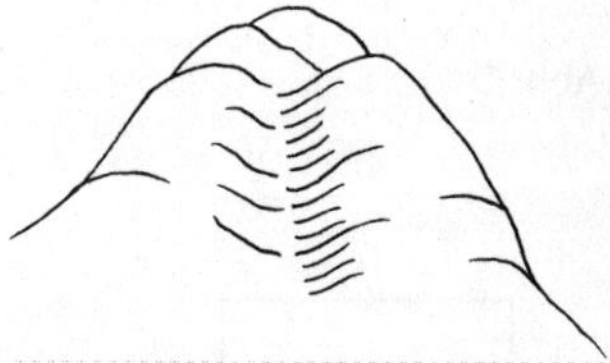

Abb. 8

Durch Innenarchitektur und Möbelplazierung können auch innerhalb eines Hauses geheime Pfeile entstehen. Dieser Fall wird mit den dazugehörigen Korrekturmaßnahmen im zweiten Teil dieses Buches ausführlich besprochen werden.

Übungen

1. Achten Sie auf die Ch'i-Qualität in Ihrem Haus und in anderen Häusern. Ist sie *Sheng* oder *Si*? Schauen Sie genau aus den Außentüren und Fenstern. Gibt es irgendwelche sichtbaren Sha-Quellen?
2. Achten Sie, wenn Sie außer Haus sind, auf die Ch'i-Verhältnisse. Sensibilisieren Sie sich durch die Beobachtung von Pflanzen, Tieren und Menschen. Ist die Umgebung

sheng, si oder *sha* geprägt? Treten unterschiedliche Ch'i-Qualitäten dicht nebeneinander auf? Zur Feng-Shui-Praxis gehört unbedingt auch, daß man die das Haus umgebenden Ch'i-Verhältnisse mit berücksichtigt.

3. Versuchen Sie die Ch'i-Qualität wahrzunehmen, die aus dem Boden kommt. Entspannen Sie sich. Atmen Sie ruhig, und halten Sie sich den Kopf frei. Lassen Sie zu, daß sich Ihr geistiges Auge öffnet. Achten Sie darauf, was Sie fühlen. Haben Sie irgendwelche Eindrücke? Was für Eindrücke sind es? Was teilen sie Ihnen mit? Ist das Ch'i *sheng, si* oder *sha?* Sie müssen nicht auf dem Boden stehen, um sein Ch'i zu fühlen. Hochhäuser wirken wie Verstärker: das unterirdische Ch'i verstärkt sich immer mehr, je höher Sie hinaufgehen. (In Kapitel 25 werde ich die verschiedenen Divinationsmethoden für unterirdisches Ch'i genau beschreiben.)

3 Yin und Yang

Yin und *Yang* bilden den negativen und positiven Pol im Ch'i-Kreislauf. Sie sind die Quelle der Macht, der Anfang von allem, und da sich aus diesen beiden Grundprinzipien das ganze Universum konstituiert, sind sie die Ursache für Leben und Tod. Für die Chinesen ist der Himmel Yang und die Erde Yin. Yang ist aktiv und Yin passiv, und wie Aktivität in Ruhe und Ruhe in Aktivität gipfelt, so wird Yang zu Yin und Yin zu Yang. Was in Yang seinen Ursprung nimmt, wird von Yin vollendet. Sie sind untrennbar; das eine impliziert das andere. Oder, wie Lao Tse es ausdrückte:

Denn Sein und Nichtsein erzeugen einander.
Schwer und leicht vollenden einander.
Lang und Kurz gestalten einander.
Hoch und Tief verkehren einander.
Stimme und Ton sich vermählen einander.
*Vorher und Nachher folgen einander.**

Yin und Yang sind die Ch'i-Aspekte, die mit Ihrer Konstitution, Ihrem Beruf und Ihrem Heim in Zusammenhang stehen. Yang zieht sich zusammen und erzeugt Dichte, Schwerkraft, Hitze und Bewegung. Yin dehnt sich aus und bringt Zerstreuung, Leichtigkeit, Kälte und Ruhe hervor. Die Yang-Persönlichkeit ist aktiv, fordernd, konzentriert, feurig; die Yin-Persönlichkeit ist allgemeiner, weitschweifiger, freundlich, ruhig, magnetisch.

* In der Übersetzung von Richard Wilhelm. Anm. d. Ü.

Yang	Yin
Im Freien	im Haus
hoch	niedrig
hell	dunkel
warm	kalt
Feuer	Wasser
Tag	Nacht
Frühling – Sommer	Herbst – Winter
Berg	Tal
Eckhaus	Häuserzeilenmitte
Zeit	Raum

Ihr Konstitutionstyp

Man wird entweder als Yin- oder Yang-Typ geboren. Um herauszufinden, welchem Körpertyp Sie angehören, ist ein Blick in den Spiegel nötig. Vergleichen Sie Ihre Gesichtszüge mit der folgenden Typenbeschreibung. Wahrscheinlich werden Sie Merkmale beider Typen feststellen. Sollten Sie unsicher sein, welcher Typ überwiegt, orientieren Sie sich an Ihren Augen. Wenn sie eng zusammenstehen oder tief liegen, sind Sie ein Yang-Typ – wenn sie weit auseinander liegen oder mehr hervorstehen, sind Sie ein Yin-Typ.

Der Yang-Typ

Stellen Sie sich eine Linie vor, die von der Stirn bis zum Kinn mitten über Ihr Gesicht verläuft. Beim Yang-Typ konzentrieren sich die Gesichtszüge mehr um diese Mittellinie. Die Augen stehen nahe zusammen, liegen tief, sind schmal; die Augenbrauen neigen sich zum Nasenbein; die Nase ist mehr oder weniger schlank bis scharf geschnitten; die Wangenknochen sind ausgeprägt und stehen hervor, und der Unterkiefer ist lang und viereckig; der Mund ist eher klein und schmal; das Gesicht ist eher lang und rechteckig. Der Yang-Typ entsteht unter harten Lebensbedingungen, wie sie in Bergregionen und Breitengraden mit extremen Klimaverhältnissen bestehen – also in sehr kalten (Yin-)Umgebungen.

Der Yin-Typ

Beim Yin-Typ divergieren die Gesichtszüge von der Mittellinie aus. Es kann sich sogar eine Spalte bilden, so daß zwei Stirnhügel, ein Spalt in der Nasenspitze, einer zwischen den Frontzähnen und einer im Kinn entstehen; die Augen stehen weit auseinander, sind groß und können auch hervorstehen; die Augenbrauen neigen sich von der Gesichtsmitte weg; die Nase ist breit bis platt; die Wangen sind rund, und der Unterkiefer verläuft vom Kinn schräg zu den Ohren; der Mund ist groß und breit; das Gesicht ist eher breit und dreieckig. Der Yin-Typ entsteht unter milden klimatischen Verhältnissen, wie sie in tropischen Breiten und warmen Meeresregionen bestehen.

Yin- und Yang-Berufe

Wenn Sie eine Yin-Konstitution haben, neigen Sie eher dazu, sich durch Gedanken auszudrücken. Wenn Sie eine Yang-Konstitution haben, drücken Sie sich lieber durch Handlungen aus. Andererseits ist es durchaus möglich, einen Yang-Beruf auszuüben, wenn man Yin-Konstitution hat und umgekehrt.

Unter die Yin-Berufe fallen die natur- und geisteswissenschaftliche Forschung, Lehrberufe, die Schriftstellerei und alle anderen mehr theoriebezogenen Aktivitäten. Unter die Yang-Berufe fallen die Bereiche Handel, Reisen, Sport, darstellende Kunst, Ingenieurwesen, Mechanik, Militär und Polizei sowie alle anderen mehr praxisbezogenen Tätigkeiten, ob innerhalb von Gebäuden oder außerhalb.

Ihr optimales Umfeld

Bei der Wahl der geeigneten Umgebung haben Sie zwei Dinge zu berücksichtigen: erstens Ihren Konstitutionstyp und zweitens Ihre Berufsart. Was den Konstitutionstyp anbelangt, muß er von der Umgebung ergänzt werden. In anderen Worten: Sie brauchen Ihr Gegenteil um sich. Ist Ihr Konstitutionstyp Yang, sollte Ihre Wohnung Yin sein, ist er Yin, sollte Ihre Wohnung Yang-Charakter haben.

Was Ihren Beruf betrifft, braucht er ein ihm entsprechendes Umfeld. Haben Sie einen Yang-Beruf, sollte es einen aktivierenden Yang-Bereich in Ihrer Wohnung geben, und haben Sie einen Yin-Beruf, sollte es einen beschaulichen Yin-Bereich geben.

Zusammenfassung:

1. Wenn Ihr Konstitutionstyp Yang ist und Sie einen Yang-Beruf haben, sollte Ihre Wohnung Yin-Charakter und einen Yang-Bereich haben.
2. Wenn Ihr Konstitutionstyp Yang ist und Sie einen Yin-Beruf haben, sollte Ihr Wohnraum Yin-Charakter haben.
3. Wenn Ihr Konstitutionstyp Yin ist und Sie einen Yin-Beruf haben, sollte Ihre Wohnung Yang-Charakter und einen Yin-Bereich haben.
4. Wenn Ihr Konstitutionstyp Yin ist und Sie einen Yang-Beruf haben, sollte Ihre Wohnung Yang-Charakter haben.

Ein Yang-Umfeld hat warme, lebhafte Farben und Lichtverhältnisse; ein Yin-Umfeld hat kühle, ruhige Farben und Lichtverhältnisse. Ein Yang-Umfeld wirkt sehr anregend; es könnte an einer Straßenecke oder in einem oberen Stockwerk liegen. Ein Yin-Umfeld wirkt beruhigend und könnte inmitten einer Häuserzeile oder in einem unteren Stockwerk liegen.
Diese Information ist als allgemeine Richtlinie für die Wohnungsgestaltung gedacht. Im zweiten Teil des Buches erfahren Sie, wie sich durch eine modifizierte Berücksichtigung von Yin und Yang jeder Raum oder Bereich Ihrer Wohnung entsprechend seinen besonderen Erfordernissen einrichten läßt.

Übungen

1. Betrachten Sie Ihr Gesicht genau im Spiegel, und finden Sie anhand der Typenbeschreibungen heraus, welcher Konstitutionstyp Sie sind. Welche Umgebung brauchen Sie?
2. Haben Sie einen Yin- oder einen Yang-Beruf? Was folgt daraus für Ihren Arbeitsplatz.
3. Tragen Sie in die Liste mit den persönlichen Daten das ein, was Sie bereits wissen.
4. Wenn Sie mit jemandem zusammenleben, tragen Sie auch seine/ihre Daten in die Liste ein.

4 Die fünf Elemente

Außer den drei Aspekten Sheng, Si und Sha und den zwei Erscheinungsweisen Yin und Yang, verfügt Ch'i über fünf Stimmungen oder Elemente. Die fünf Elemente heißen Wasser, Holz, Feuer, Erde und Metall. In unserem Leben wirken sich stets alle Elemente aus, doch je nach unserer Persönlichkeit überwiegt eines von ihnen.

Die Elementebeschreibung mit ihren Entsprechungen, wie sie in diesem Kapitel folgt, gibt Ihnen ein sehr wichtiges Begriffswerkzeug an die Hand. Es führt zu einem Verständnis der subtilen Zusammenhänge zwischen Ihrer Umgebung und Ihrer Gesundheit und Karriere und ist damit ein Schlüssel zur systematischen Ch'i-Transformation innerhalb Ihres eigenen Umfelds. Mit der fortschreitenden Lektüre dieses Buches werden Sie ihn immer besser zu gebrauchen lernen.

Die Elemente sind landschaftlich charakterisiert und haben eine große Zahl von Entsprechungen oder Attributen. Der Einfachheit halber werde ich die Attribute jedes Elements der Reihe nach aufzählen. Wenn Sie den Abschnitt erreichen, der Ihrer Geburtsjahreszahl entspricht, tragen Sie die Informationen in die Liste Ihrer persönlichen Daten ein.

Wasser

Wasser fließt. Es nimmt den Weg des geringsten Widerstands, bis zu seiner Mündung ins Meer, wo es in Gezeiten und Wellen kommt und geht. Es trägt. Es reinigt, erfrischt und erneuert alles

Leben. Wir reisen auf und durch das Wasser. Orte, an denen Wasser in Fülle da ist, etwa in der Nähe von Meeren, Flüssen, Seen, Mooren, und Städte mit Kanälen, wie Amsterdam und Venedig, unterliegen dem Einfluß des Wassers.

Geburtsjahreszeit

Die mit dem Wasser assoziierte Jahreszeit ist der Winter, der nach dem chinesischen Kalender vom 7. November bis zum 4. Februar dauert. Wenn Sie in der Wasserjahreszeit geboren sind, ist Ihre emotionale Seite stark ausgeprägt. Sie können extrovertiert sein, doch Ihre innersten Gefühle verbergen Sie meist lieber. Ihre häusliche Umgebung sollte Ihnen deshalb eine Möglichkeit zum ungestörten Alleinsein bieten.

Geistige und körperliche Verfassungen

Positive Geisteszustände, die mit Wasser in Zusammenhang stehen, sind Weisheit, Verständnis, Überlegung, Willensstärke und Ambition. Negative Zustände sind Angst, Furcht und Kälte. Die mit dem Wasser assoziierten Organe und Körperteile sind die Nieren, die Adrenalindrüsen, die Blase, die Geschlechtsorgane, der Blutkreislauf, das Lymphsystem, die Knochen, das Knochenmark, die Zähne, die Nerven, das Gehirn und die Ohren.

Unkoordiniertes Wasser steht mit solchen körperlichen und emotionalen Zuständen in Verbindung wie Nierenkrankheiten, Verdauungsprobleme, Ödeme, Blähungen, Blutvergiftung, niedriger Stoffwechsel, hoher oder niedriger Blutdruck, Hypertonie, sexuelles Unvermögen, Unfruchtbarkeit, geschwollene Gelenke, Rheumatismus, Arthritis, Karies, Phobien, Nervosität, Gefühls- und Denkblockaden, Depression und Lethargie.

In den folgenden Kapiteln, insbesondere im zweiten Teil des Buches, erfahren Sie genau, wie die Elemente in Ihrer häuslichen Umgebung auszugleichen sind, damit sich Ihr Wohlbefinden steigert und Heilung angeregt wird.

Berufe

Wasser korrespondiert mit Berufen, die mit Forschung, Nachforschung und Diplomatie zu tun haben, wozu das Handelswesen, Transportwesen, der Umgang mit Nahrung, Tee, Kaffee, Getränken, Arzneimitteln, die Hypnotherapie, Psychotherapie, Massagebehandlung und alle Berufe gehören, in denen mit Wasser umgegangen wird. Auf der negativen Seite entspricht dem Wasser, da es unterirdisch fließt, das organisierte Verbrechen.

Formen und Farben

Die mit dem Wasser verbundene Grundform ist die Welle. Seine Landformationen sind hügelig (Abb. 9), seine Gebäudeformen sind labyrinthisch, gewölbt und asymmetrisch. Bei der Inneneinrichtung sind weiche, fließende Formen und Dekors die Stilmittel des Wassers. Zum Wasser gehören die Farben Schwarz und Marineblau.

Abb. 9

Wetter, Blume und Himmelsrichtung

Dem Wasser entspricht kaltes Wetter. Die Pflaumenblüte ist die traditionell mit dem Winter verbundene Blume, und sie symbolisiert Langlebigkeit.
Die dem Wasser zugeordnete Himmelsrichtung ist der Norden.

Wohnungsbereiche

In der Wohnung entsprechen die Wasserleitungen, das Badezimmer, das Arbeitszimmer und der Meditationsraum dem Wasser.

Eine Wohnung mit defekten Wasserleitungen oder anderen Mängeln, die mit Wasser in Zusammenhang stehen, wie zum Beispiel Unordnung oder Baufälligkeit im Nordabschnitt, kann Ihr körperliches und emotionales Wohlbefinden entsprechend beeinträchtigen und zu beruflichen und finanziellen Problemen führen.

Holz

Holz wächst. Es ist stabil und elastisch. Es beugt sich der Kraft des Windes und paßt sich den Jahreszeiten an. Seine Wurzeln reichen tief. Es treibt Blätter, bringt Blüten und Früchte hervor und erzeugt Samen für die Zukunft. Alle Waldungen und Regenwälder und Städte mit einer Skyline stehen unter seinem Einfluß.

Geburtsjahreszeit

Die mit dem Holz assoziierte Jahreszeit ist der Frühling, der nach dem chinesischen Kalender vom 4. Februar bis zum 5. Mai dauert. Wenn Sie in der Holzjahreszeit geboren sind, ist Ihr jugendlicher Optimismus unerschütterlich. Sie sind nicht unterzukriegen, voller Ideen und haben durch Zielstrebigkeit Erfolg. In Ihrer Wohnung sollte es daher einen besonderen Platz für Ihre Bücher, Musik und Kunstwerke geben und einen Platz, wo Sie sich konzentrieren, studieren und schöpferisch tätig sein können.

Geistige und körperliche Verfassungen

Positive Geisteszustände, die mit Holz in Zusammenhang stehen, sind Güte, Freundlichkeit, Großzügigkeit, Romantik, Zielstrebigkeit, Entschlossenheit, Koordinationsvermögen und Selbstbeherrschung. Der Negativzustand ist Zorn.

Die mit dem Holz assoziierten Organe und Körperteile sind die Leber, die Gallenblase, die Muskeln, die Sehnen und Bänder, die Nägel, die Hände und Füße und die Augen.

Unkoordiniertes Holz verbindet man mit solchen körperlichen und emotionalen Zuständen wie Leber- und Gallebeschwerden, schlechtes Sehvermögen, Rückenschmerzen, Gliederschwäche, Krämpfe, Paralyse, Schock, Reizbarkeit, Verwirrtheit, unterdrückte Gefühle und Gedanken, Verfolgungsangst und Planungs- und Entscheidungsunfähigkeit.

Berufe

Holz korrespondiert mit Berufen, die mit Planung zu tun haben, wozu die Architektur, Landschafts- und Innenarchitektur, das Modezeichnen, Komponieren, Unterrichten, das Schreiben, Malen, Fotografieren, das Beleuchten und Filmen gehören.

Formen und Farben

Die mit Holz verbundene Grundform ist das senkrecht stehende Rechteck. Seine Landformationen sind steil aufragend (Abb. 10), ihm entsprechen schmale, hohe Gebäude mit flachen Dächern. Die Stilmittel des Holzes bei der Inneneinrichtung sind rechteckige Formen und Dekors. Zum Holz gehören alle Grün- und Blautöne außer Marineblau und Dunkelblau, die dem Wasser entsprechen.

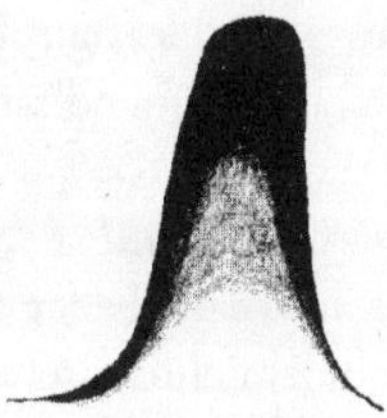

Abb. 10

Wetter, Blume und Himmelsrichtung

Dem Holz entspricht Regen. Die Pfingstrose ist die traditionell mit dem Frühling verbundene Blume, und sie symbolisiert Liebe.

Die dem Holz zugeordneten Himmelsrichtungen sind der Osten und Südosten.

Wohnungsbereiche

In der Wohnung entsprechen Holzkonstruktionen, das Wohnzimmer, das Musikzimmer, die »Unterhaltungseinheit«, das Atelier, die Bibliothek und das Arbeitszimmer dem Holz.

Eine Wohnung mit morschen oder defekten Holzkonstruktionen oder anderen Mängeln, die mit Holz in Zusammenhang stehen, wie zum Beispiel Unordnung oder Baufälligkeit im Ost- oder Südostabschnitt, kann Ihr körperliches und emotionales Wohlbefinden entsprechend beeinträchtigen und zu Planlosigkeit und Unentschlossenheit führen.

Feuer

Feuer leuchtet. Es ist heiß, trocken und heiter. Es ist unbeschwert und lebhaft. Rote, zackige Berge, wie diejenigen in Arizona, und glühendheiße Wüsten stehen unter seiner Herrschaft.

Geburtsjahreszeit

Die mit dem Feuer assoziierte Jahreszeit ist der Sommer, der nach dem chinesischen Kalender vom 5. Mai bis zum 7. August dauert. Wenn Sie in der Feuerjahreszeit geboren sind, hat Ihre Persönlichkeit eine feurige Seite. Sie lieben es, im Mittelpunkt zu stehen und zu glänzen. Hingabe ist für Ihr Glück wesentlich. Sie können auch künstlerisch veranlagt sein. Ihre Wohnung sollte Schönheit und Wärme ausstrahlen; dies muß nicht unbedingt ein Platz für große Auftritte sein, denn Sie brauchen auch das Alleinsein, doch sollte er die Sinne erfreuen.

Geistige und körperliche Verfassungen

Positive Geisteszustände, die mit Feuer in Zusammenhang stehen, sind Verbindlichkeit, Mut, Eifer, Begeisterung und Liebe. Negative Zustände sind Hyperaktivität, Verwirrtheit, Hektik und Hast.

Die mit dem Feuer assoziierten Organe und Körperteile sind das Herz, der Dünndarm, die Zunge sowie die Wärme- und Herzregulationszentren, die beide im Hypothalamus liegen.

Unkoordiniertes Feuer verbindet man mit solchen körperlichen und emotionalen Zuständen wie Fieber, Herzleiden, hoher Blutdruck, Kreislaufschwäche, kalte Hände und Füße, Taubheit von Körperteilen, neuromuskuläre Spannungen, Verdauungsprobleme, Unterernährung durch schlechte Nahrungsverwertung, Probleme mit den Augen, Sprachstörungen, Verstimmungen und Verwirrtheit, sexuelle Unmäßigkeit oder Gefühlskälte, Lustlosigkeit und Niedergeschlagenheit.

Berufe

Feuer korrespondiert mit Berufen in den Bereichen schöne Künste, Gartenkunst, Kochkunst, Unterrichts- und Erfindungswesen, Medizin, Mathematik, Elektronik, Computer- und Rechnungswesen sowie mit allen Berufen, in denen Feuer benützt wird.

Formen und Farben

Die mit dem Feuer verbundene Grundform ist das Dreieck. Seine Landformationen sind scharfkantig, zackig und spitz (Abb. 11), die ihm entsprechenden Gebäude haben Spitzdächer oder Spitzen. Die Stilmittel des Feuers bei der Inneneinrichtung sind strahlenförmige Muster, prachtvolle Blumensträuße und Kunst-

Abb. 11

werke. Zum Feuer gehören alle Rot- und Lilatöne. Lila hat manchmal auch den Namen »Feuerherz«.

Wetter, Blume und Himmelsrichtung

Dem Feuer entspricht heißes Wetter. Die Blume, die mit dem Sommer traditionell verbunden wird, ist der Lotus, der Fruchtbarkeit symbolisiert.
Die dem Feuer zugeordnete Himmelsrichtung ist der Süden.

Wohnungsbereiche

In der Wohnung entspricht das Feuer der Heizungsanlage, dem Herd, dem Ofen sowie der Küche, dem Wohnzimmer, der Veranda, dem Innenhof und draußen dem Garten.
Eine Wohnung mit einer schadhaften oder kaputten Heizungsanlage oder anderen Mängeln, die mit Feuer in Zusammenhang stehen, wie zum Beispiel Unordnung oder Baufälligkeit im Südabschnitt, kann Ihr körperliches und emotionales Wohlbefinden entsprechend beeinträchtigen und Ihre berufliche Leistungsfähigkeit schmälern.

Erde

Erde unterstützt. Sie nimmt alle anderen Elemente auf. Sie ist Mitte. Sie ist der Grund, der Leben und Nahrung hervorbringt. Sie wandelt tote Organismen in neue Lebensformen um. Sie ist der große Schmelztiegel des Lebens. Sie ist fest und aufnahmefähig, fruchtbar, ergiebig, tief, breit und ausgeglichen. Die Great Plains, eine fruchtbare Agrargegend, stehen unter ihrem Einfluß. Sie verkörpert die goldene Mitte und den Zustand des Gleichmuts, in dem die goldene Mitte verwirklicht ist. Wenn wir andererseits einseitig und kleinlich werden, verdirbt unsere Welt. Oder wie Konfuzius in der *Lehre von der Mitte* sagt:

Der Geist befindet sich im Zustand des Gleichgewichts, wenn ihn weder Lust, Zorn, Kummer oder Freude durcheinanderbringt. Wenn diese Gefühle vorhanden sind und in richtigem Maß zusammenwirken, ergibt sich so etwas wie ein Zustand der Harmonie. Dieses Gleichgewicht ist die große Quelle, dem alles menschliche Tun auf dieser Welt entspringt, und diese Harmonie ist der eine Weg, den alle gehen sollten. Ist der Zustand des Gleichgewichts und der Harmonie verwirklicht, wird im Himmel und auf Erden zufriedene Ordnung herrschen, und alles wird blühen und gedeihen.

Geburtsjahreszeit

Der Erde ist keine Jahreszeit zugeordnet. Alle Jahreszeiten gehören zu ihr. Am stärksten aber soll sie zum Sommerende hin wirken, das nach dem chinesischen Kalender sich von Ende Juli bis 7. August erstreckt. Wenn Sie am Ende der Feuerjahreszeit geboren sind, an dem die Erde am produktivsten ist, haben Sie die Fähigkeit, andere zu unterstützen. Sie sind produktiv, zuverlässig und entgegenkommend. Ihre Wohnung sollte sehr gemütlich eingerichtet sein, vor allen Dingen eine praktische Küche, ein bequemes Eßzimmer und einen Extraarbeitsraum haben.

Geistige und körperliche Verfassungen

Positive Geisteszustände, die mit Erde in Zusammenhang stehen, sind außer Gleichmut Aufrichtigkeit, Zuverlässigkeit, Geduld, Wohlwollen, Mitgefühl, Beständigkeit und Entschlossenheit. Der Negativzustand ist Unruhe.

Die mit der Erde assoziierten Organe und Körperteile sind der Magen, die Bauchspeicheldrüse, die Milz, das Fett und der Mund.

Unkoordinierte Erde verbindet man mit solchen körperlichen und emotionalen Zuständen wie Magen-, Bauchspeicheldrüsen- und Milzerkrankungen, Eßstörungen, Verdauungsproblemen, Fettleibigkeit, Unterernährung, Diabetes, Bauchauftreibung, Abmagerung, Sterilität, Schlaflosigkeit, Nervosität, Ängstlichkeit, Verwirrtheit, Unsicherheit, Aufdringlichkeit, Geiz und Einsamkeit.

Berufe

Erde korrespondiert mit Berufen, die mit Dienstleistung zu tun haben, wozu das Bank-, Bau- und Maklergewerbe, Investmentgesellschaften, die Nahrungsmittelindustrie, Marketing, das Gesundheitswesen und alle Wohltätigkeitsbereiche gehören.

Formen und Farben

Die mit der Erde verbundene Grundform ist das Quadrat. Seine Landformationen sind breit und flach (Abb. 12), seine Gebäu-

Abb. 12

deformen sind breit und rechteckig. Die Stilmittel der Erde bei der Inneneinrichtung sind glatte Oberflächen und quadratische Formen und Dekors. Zur Erde gehören alle Braun-, Orange- und Gelbtöne.

Wetter, Blume und Himmelsrichtung

Der Erde entsprechen Wolken und/oder windiges Wetter. Da die Erde am Sommerende am stärksten wirkt, ist ihre Blume der Lotus, das Symbol der Fruchtbarkeit.
Die der Erde zugeordneten Himmelsrichtungen sind die Mitte, der Südwesten und der Nordosten.

Wohnungsbereiche

In der Wohnung entspricht die Erde dem Boden, den Wänden und dem Mauerwerk sowie der Küche, der Speisekammer, dem Eßzimmer, dem Hobbyraum und dem Keller.
Eine Wohnung mit schadhaften oder kaputten Böden, Wänden oder Mauerwerk oder anderen Mängeln, die mit Erde in Zusammenhang stehen, wie zum Beispiel Unordnung oder Baufälligkeit im Mittel-, Südwest- oder Nordostabschnitt, kann Ihr körperliches und emotionales Wohlbefinden entsprechend beeinträchtigen und Ihr berufliches Fortkommen behindern.

Metall

Metall bestärkt. Es ist die Vollendung der Erde. Es ist auch das weite Himmelsgewölbe, das sich wie ein Dom erhebt. Es verläuft in unterirdischen Adern. Es ist verformbar und vielseitig und wird zur Herstellung solcher Dinge verwendet wie Münzen, Glocken, Eßbestecke, Spiegel, Schmuck, Töpfe und Pfannen, Maschinen, Fahrzeuge, Stahlträger, Kabel, Kommunikationsgüter, Computer und so weiter.

Geburtsjahreszeit

Die mit dem Metall assoziierte Jahreszeit ist die Erntezeit, der Herbst, der nach dem chinesischen Kalender vom 7. August bis zum 7. November dauert. Wenn Sie in der Herbstjahreszeit geboren sind, haben Sie etwas von einem Perfektionisten an sich. Sie haben eine starke Persönlichkeit und sind fähig, exemplarisch zu denken. Ihr Interesse liegt im erzieherischen und philosophischen Bereich. Ihre Wohnung sollte eine elegante Note haben; sie sollte eine interessante Bibliothek und ein ruhiges Arbeitszimmer haben – einen Platz, an dem Sie in Ruhe nachdenken können.

Geistige und körperliche Verfassungen

Positive Geisteszustände, die mit Metall in Zusammenhang stehen, sind Strenge, Disziplin, Gerechtigkeit und ein Gefühl für harmonische Ordnung. Negative Zustände sind Gram und Unbeweglichkeit.

Die mit dem Metall assoziierten Organe und Körperteile sind die Lungen, der Dickdarm, die Haut und die Nase.

Unkoordiniertes Metall verbindet man mit solchen körperlichen und emotionalen Zuständen wie Lungen- und Dickdarmerkrankungen, Hautprobleme, Wirbelsäulenerkrankungen, Gefühlsblockaden, Melancholie und Hypochondrie.

Berufe

Metall korrespondiert mit Berufen, die mit Ordnung und Vervollkommnung zu tun haben. Dazu gehören die Rechtswissenschaft, das Polizei- und Militärwesen, die Telekommunikation, Computer, die schönen Künste, Parfümindustrie, das Hüttenwesen, Ingenieurwissenschaften und so weiter.

Formen und Farben

Die mit dem Metall verbundene Grundform ist der Kreis und das Oval. Seine Landformationen sind sanft hügelig (Abb. 13), ihm entsprechen Kuppelbauten und Kuppeln. Die Stilmittel des Metalls bei der Inneneinrichtung sind glatte, runde Formen und Dekors. Zum Metall gehören alle Grau- und Silbertöne bis hin zum Weiß.

Abb. 13

Wetter, Blume und Himmelsrichtung

Dem Metall entspricht klares, schönes Wetter, das an Bergluft erinnert. Die Blume, die mit dem Herbst traditionell verbunden wird, ist die Chrysantheme, die Freude symbolisiert.
Die dem Metall zugeordneten Himmelsrichtungen sind der Westen und Nordwesten.

Wohnungsbereiche

In der Wohnung entspricht das Metall den Elektroleitungen und der Telefonleitung sowie den Schlössern und anderen Sicherheitsvorrichtungen. Es entspricht auch dem Arbeitszimmer und der Bibliothek.
Eine Wohnung mit schadhaften Telefon- oder Elektroleitungen oder anderen Mängeln, die mit Metall in Zusammenhang stehen, wie zum Beispiel Unordnung oder Baufälligkeit im West- oder Nordwestabschnitt, kann Ihr körperliches und emotiona-

les Wohlbefinden entsprechend beeinträchtigen und Sie beruflich aus dem Gleichgewicht bringen.

Die drei Zyklen

Nach dieser Einzelvorstellung der Elemente können wir sie jetzt in ihrer Beziehung zueinander betrachten.
Sie wirken in drei Zyklen zusammen: dem kreativen Zyklus, dem destruktiven Zyklus und dem vermittelnden Zyklus. Betrachten wir zunächst einmal den kreativen und den destruktiven Zyklus.

Der kreative Zyklus	Der destruktive Zyklus
Wasser vermehrt Holz	Wasser löscht Feuer
Holz nährt Feuer	Feuer schmilzt Metall
Feuer schafft Erde	Metall fällt Holz
Erde birgt Metall	Holz höhlt Erde aus
Metall sammelt Wasser	Erde saugt Wasser auf

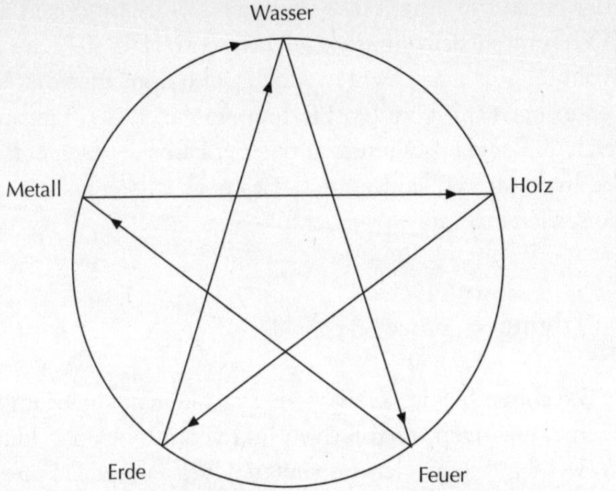

Abb. 14

Das Verhältnis zwischen beiden Zyklen demonstriert Abb. 14: Der Kreis zeigt im Uhrzeigersinn die kreative Reihenfolge an und der Stern in Pfeilrichtung die destruktive. Beachten Sie, daß die destruktive Reihenfolge durch jeweiliges Überspringen eines Elements zustande kommt. Merken Sie sich ebenfalls, daß das ausgelassene Element den Konflikt der es flankierenden Elemente mäßigt. So erhalten wir den dritten Zyklus:

Der vermittelnde Zyklus
Wasser vermittelt zwischen Metall und Holz Holz vermittelt zwischen Wasser und Feuer Feuer vermittelt zwischen Holz und Erde Erde vermittelt zwischen Feuer und Metall Metall vermittelt zwischen Erde und Wasser

Hier ein kurzes Anwendungsbeispiel: Wenn Ihr Geburtsjahr – 1952 – unter dem Einfluß des Elements Holz steht und Ihre Wohnungstür nach Westen schaut, also vom Element Metall beherrscht wird, könnten Sie zum Ausgleich den Eingangsbereich dunkelblau gestalten, also in der Farbe des Elements Wasser. In den folgenden Kapiteln wird noch stärker auf praktische Beispiele eingegangen werden.

Übungen

1. Zeichnen Sie das Kreis-Stern-Diagramm ab, bzw. lernen Sie den kreativen, destruktiven und vermittelnden Zyklus auswendig. Sie werden im weiteren Verlauf der Lektüre merken, daß die Kenntnis dieser Zyklen für das Verständnis der wichtigsten Feng-Shui-Verfahren unverzichtbar ist.
2. Wenn Sie in der Stadt wohnen, finden Sie heraus, welche Formen und Farben die durch Ihre Fenster sichtbaren Gebäude haben. Gehen Sie dabei systematisch vor. Welche Elemente werden durch sie verkörpert? Besteht zwischen diesen Elementen Harmonie oder Disharmonie? Sollten zwei Gebäude im elementaren Widerspruch stehen, was wäre ihr vermittelndes Element? Welche Farbe oder Form entspricht diesem vermittelnden Element? Welcher farblich passende Gegenstand könnte zur Vermittlung aufs Fensterbrett gestellt werden? Wenn Ihr Fenster zum Beispiel den Blick auf ein rotes Gebäude (Feuerentsprechung) neben einem weißen (Metallentsprechung) freigibt, könnten Sie durch irgendeine gelbe (Erdentsprechung) Fensterdekoration – gelbe Blumen, gelbe Vorhänge, einen gelben Stein oder Glasgegenstand – den Konflikt verringern.
3. Wenn Sie auf dem Land leben, sehen Sie zu den Türen und Fenstern Ihres Hauses hinaus, und studieren Sie die Land-

schaft. Welche Formen und Farben prägen sie? Mit welchen Elementen stehen sie im Zusammenhang? Wenn es widerstreitende Verhältnisse gibt, welches Element würde zwischen ihnen vermitteln? Welche Farbe oder Form gehört zu diesem vermittelnden Element? Welchen durch Farbe oder Form vermittelnden Gegenstand könnten Sie bei der Haustür oder am Fenster aufstellen?

4. Tragen Sie Ihre chinesische Geburtsjahreszeit mit dem korrespondierenden Element und dazugehörigen Einrichtungsstil in Ihre persönliche Datenliste ein, falls Sie es noch nicht getan haben.

5 Die Neun Sterne

Mittlerweile haben Sie Ihren Konstitutions- und Berufstyp nach der Yin-Yang-Einteilung sowie das Element (Wasser, Holz, Feuer, Erde, Metall) Ihrer Geburtsjahreszeit kennengelernt und erfahren, wie sich all dies in Ihrer Persönlichkeit und Ihren Umweltbedürfnissen widerspiegelt.
Wenden wir uns nun dem astrologischen Neun-Sterne-System zu, das noch genauere Horoskopinformationen liefert als die fünf Elemente. Wir werden erfahren, welchen Einfluß die Neun Sterne auf Raum und Zeit haben und somit auch auf Ihre Persönlichkeit und das Ch'i Ihrer Wohnung und wie sich die letzteren beiden vollkommen in Einklang bringen lassen.

Die Elementekarte

Die den Elementen zugeordneten Himmelsrichtungen sind: Norden für Wasser; Osten und Südosten für Holz; Süden für Feuer; Südwesten, Nordosten und Mitte für Erde; und Westen und Nordwesten für Metall. Erstellt man dazu eine Karte, erhält man Abb. 15.
Die neun Orientierungen entsprechen den Neun Sternen. Jedem Stern ist eine Zahl, der Aspekt Yin oder Yang, ein Element und eine Himmelsrichtung zugeordnet (siehe Tabellen nach Abb. 15).

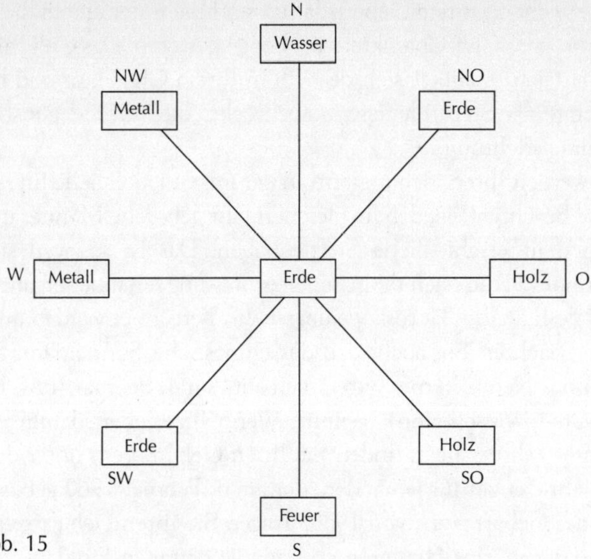

Abb. 15

Sternzahl	Yin/Yang	Element	Himmelsrichtung
1	Yin	Wasser	Norden
2	Yin	Erde	Südwesten
3	Yang	Holz	Osten
4	Yin	Holz	Südosten
5	Yin/Yang	Erde	Mitte
6	Yang	Metall	Nordwesten
7	Yin	Metall	Westen
8	Yang	Erde	Nordosten
9	Yang	Feuer	Süden

Die Sterne werden genannt 1 Wasser-Stern, 2 Erde-Stern, 3 Holz-Stern und so weiter.

Entsprechend Ihrem Geburtsdatum sind Sie unter einem dieser Sterne oder Ch'i-Charaktere ins Leben getreten. Das Ch'i Ihres Geburtsjahres äußert sich deshalb in Ihrem Charakter und bestimmt, als Stern/Element ausgedrückt, die für Sie günstige Himmelsrichtung.
Sie werden Ihren Geburtsstern in der folgenden Tabelle finden. Bitte beachten Sie, daß im gleichen Jahr geborene Männer und Frauen unterschiedliche Sterne haben. Das ist so, weil sich Mann und Frau nach taoistischer Auffassung einander ergänzen und deshalb ihre Horoskope umgekehrt berechnet werden müssen. Beachten Sie auch, daß das chinesische Sonnenjahr, auf dem das Neun-Sterne-System aufbaut, am 4. Februar (bzw. bei 15 Grad Wassermann) beginnt. Wenn Ihr Geburtsdatum vor dem 4. Februar liegt, finden Sie Ihren Geburtsstern unter dem Vorjahr. So gilt für jemanden, der am 3. Februar 1960 geboren ist, der Geburtsstern von 1959. Tragen Sie Ihren Geburtsstern, die dazugehörige Himmelsrichtung, die damit in Einklang stehenden anderen Himmelsrichtungen und seine entsprechenden Einrichtungsstilmittel in Ihre persönliche Datenliste ein.

Geburtsjahr	männl. Stern	weibl. Stern
1915	4	2
1916	3	3
1917	2	4
1918	1	5
1919	9	6
1920	8	7
1921	7	8
1922	6	9
1923	5	1
1924	4	2

Geburtsjahr	männl. Stern	weibl. Stern
1925	3	3
1926	2	4
1927	1	5
1928	9	6
1929	8	7
1930	7	8
1931	6	9
1932	5	1
1933	4	2
1934	3	3
1935	2	4
1936	1	5
1937	9	6
1938	8	7
1939	7	8
1940	6	9
1941	5	1
1942	4	2
1943	3	3
1944	2	4
1945	1	5
1946	9	6
1947	8	7
1948	7	8
1949	6	9
1950	5	1
1951	4	2
1952	3	3
1953	2	4
1954	1	5

Geburtsjahr	männl. Stern	weibl. Stern
1955	9	6
1956	8	7
1957	7	8
1958	6	9
1959	5	1
1960	4	2
1961	3	3
1962	2	4
1963	1	5
1964	9	6
1965	8	7
1966	7	8
1967	6	9
1968	5	1
1969	4	2
1970	3	3
1971	2	4
1972	1	5
1973	9	6
1974	8	7
1975	7	8
1976	6	9
1977	5	1
1978	4	2
1979	3	3
1980	2	4
1981	1	5
1982	9	6
1983	8	7
1984	7	8

Geburtsjahr	männl. Stern	weibl. Stern
1985	6	9
1986	5	1
1987	4	2
1988	3	3
1989	2	4
1990	1	5
1991	9	6
1992	8	7
1993	7	8
1994	6	9
1995	5	1
1996	4	2
1997	3	3
1998	2	4
1999	1	5
2000	9	6
2001	8	7
2002	7	8
2003	6	9
2004	5	1
2005	4	2
2006	3	3
2007	2	4
2008	1	5
2009	9	6
2010	8	7
2011	7	8
2012	6	9
2013	5	1
2014	4	2

Jedem der Neun Sterne entspricht eine bestimmte Persönlichkeit. Sie sind entsprechend den Elementen in folgende Gruppen zusammengefaßt: 1 Wasser-Stern; 3 und 4 Holz-Stern; 9 Feuer-Stern; 2, 5 und 8 Erde-Stern; und 6 und 7 Metall-Stern. Wenn unter ein Element zwei oder drei Sterne fallen, ist den Persönlichkeitsbeschreibungen der einzelnen Sterne eine übergreifende Persönlichkeitsbeschreibung des Elementes vorangestellt.
Außer der Typenbeschreibung erfahren Sie bei jedem der Neun Sterne auch seine günstige Himmelsrichtung, auf die Sie bei Ihren Überlegungen zur Plazierung solcher Möbelstücke wie das Bett zurückgreifen können. Die vollständige Plazierungstechnik wird jedoch erst im zweiten Teil besprochen. Bitte warten Sie mit dem Möbelumstellen noch so lange, bis Sie Teil II gelesen haben.

1 Wasser-Stern

Sie sind von Natur aus zurückhaltend, obwohl Sie Offenheit ausstrahlen. Sie haben es heraus, im stillen zu wirken und andere zu durchschauen. Obwohl Sie gewöhnlich wenig Aufhebens um sich machen, verstehen Sie es, sich durchzusetzen. Sie können eigensinnig und voreingenommen sein und, wenn Sie sich weigern zuzuhören, Ihre Beziehungen verderben. Nichtsdestoweniger ist Ihre Liebesfähigkeit groß und Ihre sexuelle Energie enorm. Sie brauchen einen Partner, der Ihre Leidenschaftlichkeit zu schätzen weiß und gleichzeitig Ihr Bedürfnis nach Ruhe und Einsamkeit respektiert.
Sie können unangenehm und gräßlich werden, wenn Ihnen keine Muße zum Nachdenken bleibt. Wenn Sie Ihr Ruhebedürfnis jedoch ernst nehmen und die Meditation pflegen, kommt Ihre natürliche Weisheit bald zum Vorschein, und da-

von werden sowohl Ihre Lieben als auch Ihre eigenen Vorhaben profitieren.

Berufe

Sie sind besser für Berufe geeignet, die mehr geistige als körperliche Anstrengung erfordern, wie etwa für die Schriftstellerei, Psychologie, naturwissenschaftliche und ökonomische Forschung, Kriminalistik und Pharmakologie. Im Handels-, Polizei- und Krankenpflegewesen, dem Restaurant- und Bargewerbe und allen Berufen, in denen Flüssigkeiten wichtig sind, sind Sie ebenfalls gut aufgehoben. Außerdem haben Sie einen Blick für die geistige Seite niederer Arbeit.

Verträglichkeit

Sie passen am besten zu 3 Holz-Stern, 4 Holz-Stern, 6 Metall-Stern, 7 Metall-Stern und 9 Feuer-Stern, relativ gut zu 1 Wasser-Stern und relativ schlecht zu 2 Erde-Stern, 5 Erde-Stern und 8 Erde-Stern.

Gesundheit

Sie sollten mit Ihren Körperkräften haushalten, damit Sie nicht medikamentenabhängig werden. Erkältungen machen Ihnen leicht zu schaffen, achten Sie also im Winter stets auf warme Kleidung. Sie sind sehr anfällig für Krankheiten und Infektionen der Nebennieren, Nieren, der Blase und der Sexualorgane. Ihre Neigung zu Jähzorn oder Ängstlichkeit kann zu großem Kummer und Nervosität führen.

Stilistische Hinweise für die Inneneinrichtung

Bei Ihrer Einrichtung sollte die Betonung auf rechteckigen und runden Formen, sanft geschwungenen Linien und Mustern und den Farben des Metalls, Wassers und Holzes (Weiß, Silber, Schwarz, Marineblau, Dunkelblau, Hellblau und Grün) liegen.

Himmelsrichtung

1 Wasser-Stern entspricht dem Norden. Die anderen mit ihm gut verträglichen Himmelsrichtungen sind der Westen, Nordwesten, Osten und Südosten.

Steine, Pflanzen und symbolische Entsprechungen

Dem Wasser entsprechen schwarze Steine, Strand- und Flußkiesel und Korallen.
Zu Ihren Pflanzen gehören Schilf, Lilien, große Binsen, alle Wasserpflanzen und solche Pflanzen, die Wasser lieben, wie Weiden, Erlen und Eschen, sowie alle Hänge- und Kletterpflanzen und Blumen von beinahe schwarzer Farbe.
Ihre symbolischen Entsprechungen sind das Herz, der Mond, der Abgrund, Regen, Eis, Einsamkeit, Abgeschiedenheit, Schwangerschaft, Gefahr, Diebe, das Schwein.

Allgemeine Persönlichkeitsmerkmale für Holz

Es gibt zwei Holz-Sterne. Folgende Eigenschaften treffen auf beide zu. Auf ihre Besonderheiten wird unter den Einzelbeschreibungen eingegangen.
Sie haben eine gutmütige, praktische Art und sind von allen Typen der tugendsamste. Dazu sind Sie sehr entschlossen und ein ausgezeichneter Problemlöser. Sie sind umgänglich, tatkräftig, mitfühlend und fähig, mit vielen komplizierten Details auf einmal umzugehen sowie aus allem, was Sie tun, Nutzen zu ziehen. Da Sie etwas Visionäres an sich haben, lieben Sie es, weit in die Zukunft hinein zu planen. Doch verlieren Sie bei unerwarteten Verzögerungen und Komplikationen leicht die Geduld und werden böse.
Sie erholen sich am besten im Wald oder am Meer.

Stilistische Hinweise für die Inneneinrichtung

Bei Ihrer Einrichtung sollte die Betonung auf rechteckigen Formen, weichen, fließenden Linien und Mustern, prachtvollen Blumensträußen, Kunstwerken und den Farben des Wassers, Holzes und Feuers (Schwarz, Marineblau, Dunkelblau, Hellblau, Grün-, Rot- und Rosatöne und Lila) liegen.

Steine und Pflanzen

Dem Holz entsprechen grüne, blaue sowie mit Moos oder Flechten bewachsene Steine.
Zu Ihren Pflanzen gehören alle blühenden Bäume, Bambus, Gräser, Hülsenfrüchte, tragende Pflanzen, blaue Blumen, üppig wuchernde Pflanzen, Ausläuferpflanzen, zum Beispiel wilde Erdbeeren und Blumen wie Gänseblümchen, Butterblumen, Mohnblumen und Anemonen.

3 Holz-Stern

So wie am Frühlingsanfang alles knospt und blüht, sind Sie voller Überraschungen. Sie haben eine unbefangene, jugendliche, lebhafte Art. Sie sind zielstrebig und fähig, sich lieben zu lassen. Freundlichkeit ist Ihre größte Stärke und Schwäche. In Ihrer beherzten Art, die einige für draufgängerisch halten, neigen Sie dazu, über die Stränge zu schlagen und sich in den unterschiedlichsten Situationen zu übernehmen. Und wenn Sie verletzt werden oder unter zu großem Druck stehen, neigen Sie zur Bissigkeit. Doch auch wenn Sie hin und wieder platzen, verzieht sich Ihre Wut wie ein Gewitter und hinterläßt frische, klare Luft.
Sie sind voller Pläne und haben die Kraft dazu, sie in die Tat umzusetzen. Dabei ist es wichtig, daß Sie sich neben Ihrer Arbeit die nötigen Ruhepausen gönnen.

Berufe

Ihnen liegen alle Berufe, die Planung und Koordination erfordern. So wären Sie als Journalist, Musiker, Designer, Kunstmaler, Fotograf, Filmemacher, Lehrer, Computer- oder Elektrotechniker geeignet. Freie Mitarbeit entspricht Ihnen besonders.

Verträglichkeit

Sie passen am besten zu 1 Wasser-Stern, 7 Metall-Stern und 9 Feuer-Stern, relativ gut zu 3 Holz-Stern und 4 Holz-Stern und relativ schlecht zu 2 Erde-Stern, 5 Erde-Stern, 6 Metall-Stern und 8 Erde-Stern.

Gesundheit

Sie sind außerordentlich agil, kräftig und widerstandsfähig. Achten Sie auf die Gesundheit Ihrer Leber und Gallenblase. Seien Sie bei Alkohol, Medikamenten und tierischen Fetten vorsichtig. Sie brauchen Ihre Ruhepausen. Zuviel Arbeit und Streß führt zu Überspanntheit, und diese kann in einem Nervenzusammenbruch enden.

Himmelsrichtung

3 Holz-Stern entspricht dem Osten. Die anderen mit ihm gut verträglichen Himmelsrichtungen sind der Norden, Südosten und Süden.

Symbolische Entsprechungen

Ihre symbolischen Entsprechungen sind der Donner, die Erweckung, Rührigkeit, Fortschritt, Förderung, schnelles Wachstum, das Frühjahr, Blüten, Aufregung, Lärm, Musikinstrumente, Überraschungen, das Telefon, das Radio, die Stereoanlage, der Fernseher, der Computer, der Drache.

4 Holz-Stern

Wie der Wind sind Sie ständig unterwegs und auf Achse. Sie sind flexibel und spannkräftig. Sie haben viele Interessen. Da Sie etwas von einem Wanderer an sich haben, schmieden Sie häufig Umzugspläne, ändern Sie gerne Ihren Beruf oder tun oft zwei Dinge auf einmal.
Kommunikation schreiben Sie groß, besonders bei Ihren Partnerschaften. Ihre Fähigkeit, nicht nur eine Seite zu verstehen, macht Sie sehr tolerant. Sie haben ein freundliches Naturell und großes Einfühlungsvermögen. Sie leben sehr stark in einer ideellen Welt und tauschen gerne Neuigkeiten aus.
Sie neigen dazu, sich über die Zukunft Sorgen zu machen, und verpassen Gelegenheiten gerne dadurch, daß Sie zuviel zweifeln und zögern. Ihr Glück hängt viel von der Art Umgang ab, den Sie haben.

Berufe

Berufe, die für Sie günstig sind, haben mit Kommunikation, Design, Möbelherstellung, Schreiben, Musik, Unterricht, Verlagswesen, Reisen, Schiffahrt, Post, Diplomatie und der Holz- und Papierindustrie zu tun.

Verträglichkeit

Sie passen am besten zu 1 Wasser-Stern, 6 Metall-Stern und 9 Feuer-Stern, relativ gut zu 3 Holz-Stern und 4 Holz-Stern und relativ schlecht zu 2 Erde-Stern, 5 Erde-Stern, 7 Metall-Stern und 8 Erde-Stern.

Gesundheit

Sie sind gewöhnlich tatkräftig und aktiv und brauchen eine Menge frische Luft, um fit zu bleiben. Passen Sie besonders auf Ihre Lungen, Eingeweide und Ihr Immunsystem auf.

Sie sind sehr anfällig für auf dem Luftweg übertragene Infektionen.

Himmelsrichtung
4 Holz-Stern entspricht dem Südosten. Die anderen mit ihm gut verträglichen Himmelsrichtungen sind der Norden, Osten und Süden.

Symbolische Entsprechungen
Wind, Reisen, Vormarsch und Rückzug, Handel, Transport, Entfernungen, Post, Postfilialen, Telefonanrufe, Gerüchte, Vögel, Flugzeuge, Hochzeit, der Kranich.

9 Feuer-Stern

Sie lieben sonnengleiche Auftritte und haben wie das Feuer etwas Sphinxartiges an sich. Ihr Phantasiereichtum ist groß, und um sich wohl zu fühlen, brauchen Sie ein gewisses Maß an Schönheit um sich herum. Jedoch kann Ihr Hang zur Extravaganz dazu führen, daß Sie über Ihre Verhältnisse leben und sich in Schwierigkeiten bringen.
Es mangelt Ihnen nicht an netten Bekannten, allerdings gibt es wenige Menschen, denen Sie wirklich vertrauen. Sie sind fordernd und leidenschaftlich. Ihr Glück und Wohlbefinden hängt stark von der Treue und Bewunderung Ihres Partners ab.

Berufe
Sie brauchen einen Beruf, in dem Kreativität und Selbstausdruck gefragt sind. Sie könnten Künstler, Autor, Schauspieler, Erfinder, Politiker, Journalist, Verleger, Modezeichner, Schönheitspfleger, Raumgestalter, Landschaftsgärtner und Gartenbaukünstler sein.

Verträglichkeit

Sie passen am besten zu 1 Wasser-Stern, 2 Erde-Stern, 3 Holz-Stern, 4 Holz-Stern, 4 Erde-Stern und 8 Erde-Stern, relativ gut zu 9 Feuer-Stern und relativ schlecht zu 6 Metall-Stern und 7 Metall-Stern.

Gesundheit

Ihre Gesundheit hängt stark von Ihren Gefühlen ab. Wenn Sie glücklich und voller Liebe sind, geht es Ihnen prächtig. Wenn Sie von Sorgen geplagt sind, leidet Ihre Verdauung, und es können sich Herzbeschwerden, Schlaflosigkeit und Depressionen einstellen.

Stilistische Hinweise für die Inneneinrichtung

Ihre Wohnung sollte warm und gemütlich eingerichtet sein, mit rechteckigen und quadratischen Formen, prachtvollen Blumensträußen und Kunstwerken und den Farben des Holzes, Feuers und der Erde (Hellblau, Grün-, Rot-, Rosa-, Lila-, Braun-, Beige- und Gelbtöne).

Himmelsrichtung

9 Feuer-Stern entspricht dem Süden. Die anderen mit ihm gut verträglichen Himmelsrichtungen sind der Osten, Südosten, Südwesten und Nordosten.

Steine, Pflanzen und symbolische Entsprechungen

Dem Feuer entsprechen spitze, scharfkantige, rote und lila Steine.

Zu Ihren Pflanzen gehören diejenigen mit lila, roten und rosa Blüten sowie rotblättrige Pflanzen, Ahornbäume, Apfelbäume, Heidekraut und Cayennepfeffer.

Die Sonne, der Sommer, der Blitz, die Entdeckung, die Aufklärung, das Auge, der Intellekt, Schönheit, Talent, Wissen, Anhänglichkeit und der Phönix sind Ihre symbolischen Entsprechungen.

Allgemeine Merkmale der Erdpersönlichkeit

Es gibt drei Erde-Sterne. Folgende Eigenschaften treffen auf alle drei zu. Besonderheiten später.
Leben zu schützen und zu erhalten ist Ihnen ein wesentliches Anliegen. Sie sind selbstbewußt, unabhängig, praktisch und konservativ, und Sie haben die Fähigkeit, durch harte Arbeit und Geduld ein Vermögen aufzubauen. Sie setzen Ihre Kräfte und diejenigen anderer effektiv ein und fühlen sich im Immobiliengeschäft, in der Bauindustrie, der Medizin, der Lebensmittelindustrie, im Finanzwesen und in allen bodenständigen Berufen zu Hause. Sie sind überlegt, sorgfältig und detailorientiert und hassen es, sich mit mehr als nur einer Sache gleichzeitig zu befassen. Sie haben große Kraftreserven und sind zu großer Ausdauer fähig.
In Ihren Beziehungen zu anderen sind Sie zugänglich, beständig und förderlich und dabei gleichzeitig emotional zurückhaltend und scheu. Sie können sehr mitfühlend sein und nehmen Opfer in Kauf, um anderen aus der Patsche zu helfen.
Sie sind eher stur und inflexibel und erwägen alles gründlich, bevor Sie zur Tat schreiten.

Stilistische Hinweise für die Inneneinrichtung

Bei Ihrer Einrichtung sollte Gemütlichkeit großgeschrieben sein und die Betonung auf quadratischen, runden und ovalen Formen, glatten Oberflächen, schönen Blumensträußen, Kunstwerken und den Farben des Feuers, der Erde und des Metalls (Rot-, Rosa-, Lila-, Braun-, Beige- und Gelbtöne, Weiß und Silber) liegen.

Steine und Pflanzen
Der Erde entsprechen breite, flache, glatte, braune und gelbe Steine.
Zu Ihren Pflanzen gehören Nußbäume, Bergeschen, Kiefern und der Berglorbeer; Zwiebelgewächse wie Tulpen, Schwertlilie, Narzissen, Jonquillen und Osterblumen und alle gelben und orangefarbenen Blumen.

2 Erde-Stern

Sie sind aufgeschlossen und hilfsbereit, freundlich, ehrlich und gutherzig. Es ist für Sie ganz natürlich, auf die Bedürfnisse anderer einzugehen und Dinge zu Ende zu führen, die andere begonnen haben. Da dies Ihre Stärke und zugleich Ihre Schwäche ist, müssen Sie aufpassen, daß Sie sich in Ihrer Fürsorglichkeit nicht ausnützen lassen.

Berufe
Günstig sind für Sie Berufe auf dem Gebiet des öffentlichen Dienstes, der Sozialarbeit, Krankenpflege sowie das Bau- und Immobiliengeschäft, der Antiquitätenhandel, Kochen und Gärtnern. Es fällt Ihnen leichter, für jemanden zu arbeiten, als selbst der Chef zu sein. Sie sind ein ausgezeichneter Teamarbeiter, weil Sie von Grund auf kooperativ und gesellig sind.

Verträglichkeit
In der Liebe sind Sie treu und zuvorkommend. Sie sind aber auch fordernd und eifersüchtig, und Ihr sexueller Appetit ist groß. Sie fühlen sich eher zu Menschen hingezogen, die älter sind als Sie oder deren Persönlichkeit stärker ist als die Ihre.
Sie passen am besten zu 6 Metall-Stern, 7 Metall-Stern, 8 Erde-Stern und 9 Feuer-Stern, relativ gut zu 2 Erde-Stern und 5 Erde-

Stern und relativ schlecht zu 1 Wasser-Stern, 3 Holz-Stern und 4 Holz-Stern.

Gesundheit

Sie müssen bewußt auf Ihre Ernährung und Eßgewohnheiten achten, damit nicht Ihre Vorliebe für Süßes zu Ihrem Verhängnis wird. Sie sind diabetesgefährdet und neigen zu Verdauungsproblemen und Blutanomalien. Es ist für Sie sehr wichtig, Sport zu treiben – Sie sitzen gerne viel.

Himmelsrichtung

2 Erde-Stern entspricht dem Südwesten. Die anderen mit ihm gut verträglichen Himmelsrichtungen sind der Westen, Nordwesten, Nordosten und Süden.

Symbolische Entsprechungen

Das Tal, die Mutter, Empfänglichkeit, Hilfsbereitschaft, Geduld, Mühsal, Fruchtbarkeit, Ausdauer, Gehorsam, der Bauer, der Arbeiter, die Massen, die Prärie, Felder, Waggons, Kessel, Kleider, die Kuh.

5 Erde-Stern

Obwohl Sie nach außen hin scheu und sanft erscheinen, sind Sie unter allen Sterntypen der hartnäckigste und entschlossenste. Es geht entweder nach Ihrem Willen oder gar nicht. Selbstbeherrschung spielt bei Ihnen eine große Rolle. Solange Sie sich nicht aus der Ruhe bringen lassen, geht es Ihnen gut. Wenn Sie aber zu sehr ins Extrem gehen oder zu weit von Ihrem Weg abkommen, ist das Ihr Ruin. Sie können, wenn nötig, große Mühsal auf sich nehmen. Sie sind ein Überlebenskünstler.

Da der 5 Erde-Stern in der Mitte liegt, ist Ihr Leben voller Wendepunkte. Ihnen kann auch das Leben anderer zum Mittelpunkt werden, die in Ihr Leben treten. Sie können mit jedem und keinem auskommen, je nach Ihrer Laune, wobei Sie immer auf die Durchsetzung Ihres Willens bedacht sind. Wenn Ihr Anliegen gefährdet ist, werden Sie mißtrauisch und zänkisch. Es geht Ihnen gegen den Strich, auf irgend jemand zu hören, es sei denn, Sie sind der Überzeugung, daß Ihnen dies letztlich nützt. Sie haben Führungsqualitäten, eine philanthropische Ader und übernehmen gerne große Verantwortung. Sie sind Ihren Eltern gegenüber sehr loyal und kümmern sich meist um deren Versorgung im Alter und um ihr Wohlergehen.

Berufe

Günstig sind für Sie Berufe im Gesundheitswesen, Management, in der Politik, Rechtswissenschaft, im Kirchenamt und jede Tätigkeit, die Ihnen hohe Aufstiegsmöglichkeiten bietet.

Verträglichkeit

Obwohl Sie vielleicht schüchtern und sogar unscheinbar wirken, können Sie Ihrem Partner gegenüber sehr fordernd werden, weil Sie ein starkes Geltungsbedürfnis haben.
Sie passen am besten zu 6 Metall-Stern, 7 Metall-Stern und 9 Feuer-Stern, relativ gut zu 2 Erde-Stern, 5 Erde-Stern und 8 Erde-Stern und relativ schlecht zu 1 Wasser-Stern, 3 Holz-Stern und 4 Holz-Stern.

Gesundheit

Auch wenn Sie sehr belastbar sind, schadet Ihnen übermäßiges Arbeiten. Sie täten gut daran, sich neben der Arbeit ein Hobby zu suchen, das Ihnen die nötige Erholung erlaubt. Achten Sie auf Ihr Herz, Ihren Kreislauf und Ihren Magen.

Himmelsrichtung

5 Erde-Stern entspricht der Mitte. Die anderen mit ihm gut verträglichen Himmelsrichtungen sind der Westen, Nordwesten, Nordosten, Südwesten und Süden.

Symbolische Entsprechungen

Der Polarstern, der Herrscher, Drehpunkte, ein Scharnier, die Mitte, die Schildkröte.

8 Erde-Stern

Im Gegensatz zum 2 Erde-Stern-Typ, der sich in der Gruppe wohl fühlt, ragen Sie einsam auf wie ein Berg. Sie sind von Natur aus reserviert. Sie bedenken alles, was Sie tun, sorgfältig. Dabei beziehen Sie die kleinsten und unscheinbarsten Details mit ein und erwägen jedes Für und Wider, so daß Sie einmal getroffene Entscheidungen schwer wieder umstoßen. Sie sind offen, zuverlässig, verständig und aufgrund Ihres verantwortungsvollen Verhaltens vertrauenerweckend.

Berufe

Sie sind ein harter Arbeiter und Konkurrent und können sich wie ein Berg zu einer Position erheben, die ihresgleichen sucht. Ihre Fähigkeiten liegen im Immobilien-, Rechnungs-, Bank-, Handels- und Erziehungswesen, in der Medizin, Wohlfahrt, Architektur, Bildhauerei und im Kirchenamt. Mit Ihrem Talent, Geld anzusammeln, zu sparen und klug zu investieren, können Sie zu großem Reichtum kommen.

Verträglichkeit

In der Liebe sind Sie der loyale Beschützer, und Sie arbeiten hart, um Ihrer Familie Sicherheit und Wohlstand zu bieten.

Sie passen am besten zu 2 Erde-Stern, 6 Metall-Stern, 7 Metall-Stern und 9 Feuer-Stern, relativ gut zu 5 Erde-Stern und 8 Erde-Stern und relativ schlecht zu 1 Wasser-Stern, 3 Holz-Stern und 4 Holz-Stern.

Gesundheit

Da Sie sich eher wenig bewegen, drohen chronische Erkrankungen. Wehren Sie den Anfängen von Krankheiten. Achten Sie bewußt auf Ihre Ernährung, und treiben Sie regelmäßig Sport. Sie sind für Verdauungs- und Darmprobleme sowie für Kreislaufstörungen anfällig.

Himmelsrichtung

8 Erde-Stern entspricht dem Nordosten. Die anderen mit ihm gut verträglichen Himmelsrichtungen sind der Süden, Südwesten, Westen und Nordwesten.

Symbolische Entsprechungen

Der Berg, der Bergpfad, der Übergang, die Stille, die Nachtwache, der Wächter, der Mönch, der Priester, der Weise, das Tor, die Öffnung, die Kreuzung, das Erbe, der Neuanfang, der Hund.

Allgemeine Merkmale der Metallpersönlichkeit

Es gibt zwei Metall-Sterne. Folgende Eigenschaften treffen auf beide zu. Besonderheiten anschließend.
Sie sind in hohem Maße ordentlich und gerecht und wissen intuitiv, was funktionieren könnte und was nicht. Sie stellen gerne hohe Anforderungen an sich und andere und können recht inflexibel darin sein. Sie glauben an Ihre Ideale und sind selbstmotiviert. Sie haben starke Führungsqualitäten, Durchsetzungs-

vermögen, Überzeugungskraft und sind in finanzieller Hinsicht sehr geschickt.
Wenn Sie auf Schwierigkeiten stoßen, halten Sie lieber mit sich selbst Rücksprache, als den Rat anderer zu suchen. Ihre Zielstrebigkeit kann aus Ihnen einen ziemlichen Einzelgänger machen, und wenn Sie dem nicht gegensteuern, verfallen Sie in Traurigkeit und Melancholie. Ihr Stolz kann zu Ihrer Schwäche werden. Andererseits ist Ihr soziales Engagement aufgrund Ihres Harmonie- und Ordnungssinnes groß, und Sie sind in der Liebe sehr treu und fürsorglich.

Stilistische Hinweise für die Inneneinrichtung

Ihre Einrichtung sollte schlichte Eleganz ausstrahlen. Dabei sollte die Betonung auf quadratischen, runden und ovalen Formen, glatten Oberflächen, fließenden Linien und Mustern liegen und die Farben der Erde, des Metalls und des Wassers (Braun-, Beige- und Gelbtöne, Weiß, Silber, Schwarz, Marineblau und Dunkelblau) vorherrschen.

Steine und Pflanzen

Dem Metall entsprechen glatte, runde weiße und graue Steine. Zu Ihren Pflanzen gehören alle Obstbäume, Bäume, deren Blätter sich im Herbst hellrot färben, weiße Blumen, Chrysanthemen und alle Herbstblumen.

6 Metall-Stern

So wie sich der Himmel über die Erde spannt, möchten Sie gerne alles und jeden einbegreifen. Als Idealist verfolgen Sie die höchsten geistigen Ziele. Sie sind direkt und intuitiv, und da Sie stets um Überblick bemüht sind, entwickeln Sie hellseherische Fähigkeiten. Sie sind freiheitsliebend und eigenwillig und reagieren sehr empfindlich auf Kritik. Ihre Selbstachtung gründet sich sehr stark darauf, ob es Ihnen gelingt, andere anzuführen und positiv zu beeinflussen. Sie sind ein Perfektionist. Sie arbeiten hart für Ihre Ziele und erwarten dasselbe von Ihrer Mitwelt.

Berufe

Die für Sie geeigneten Berufe liegen auf den Gebieten der Politik, Rechtswissenschaft, des Erziehungswesens, Kirchenamts, der psychologischen und sozialen Beratung, Kommunikationswesen, Management, Sport oder auf jedem anderen Gebiet, solange es Aufstiegsmöglichkeiten in einflußreiche Stellungen bietet.

Sie können durch Ihre Weitsichtigkeit und Ihr Investitions- und Organisationstalent ein Vermögen aufbauen und damit das Wohl Ihrer Familie, Freunde und Ihrer Gemeinschaft fördern.

Verträglichkeit

Aus Gründen der Vernunft und einem starken Gerechtigkeitsgefühl heraus können Sie zu Ihren Lieben sehr streng und fordernd bis überfordernd sein.

Sie passen am besten zu 2 Erde-Stern, 4 Holz-Stern, 5 Erde-Stern und 8 Erde-Stern, relativ gut zu 1 Wasser-Stern, 6 Metall-Stern und 7 Metall-Stern und relativ schlecht zu 3 Holz-Stern und 9 Feuer-Stern.

Gesundheit

Da Sie sehr hart im Nehmen sind, müssen Sie sich vor Überanstrengung hüten. Achten Sie darauf, daß Sie Sport treiben und Ihre Erholungsphasen nicht zu kurz bemessen und daß Sie sich vernünftig ernähren. Sie sind für Lungen- und Darmkrankheiten sowie für Herz- und Nervenleiden anfällig.

Himmelsrichtung
6 Metall-Stern entspricht dem Nordwesten. Die anderen mit ihm gut verträglichen Himmelsrichtungen sind der Südwesten, Westen, Norden und Nordosten.

Symbolische Entsprechungen
Der Himmel, der Vater, das Schöpferische, der Prinz, Autorität, die Ernte, Jade, das Pferd.

7 Metall-Stern

Sie haben Phantasie und Witz, sind unterhaltsam und lieben es, unterhalten zu werden. Sie sind freundlich und umgänglich, charmant und einfühlsam und können andere leicht für sich gewinnen. Sie sind schlagfertig, gesellig und optimistisch und sowohl im Geschäfts- als auch im Liebesleben sehr entgegenkommend.
Die Liebe bedeutet Ihnen viel, und Sie wachsen erst so richtig über sich hinaus, wenn Sie einen Partner haben, mit dem Sie sich in jeder Hinsicht gut verstehen. Sie sind ein Liebeskünstler. Sie verstehen sich auf erlesene Freuden. Ihr Partner sollte ebenso umgänglich sein wie Sie, und seine/ihre Ziele sollten mit den Ihren harmonieren. Sie haben ein natürliches Verhandlungstalent, durch das Sie und Ihr Partner sich stets auf gleicher Ebene begegnen können. Die Welt kann in dieser Richtung viel von Ihnen lernen.
Wenn Sie andererseits kein so großes Glück haben und mit jemandem zusammen sind, der unzugänglich und verschlossen ist, führt das dazu, daß Sie früher oder später falsch und kapriziös werden.
Sie sollten aufpassen, daß Sie sich nicht selbst verwirren; es könnte lange dauern, bis Sie wieder im Lot sind. Sie werden Ih-

ren Weg finden, wenn Sie ernsthaft Ihr gutes Aussehen und Ihre Selbstachtung pflegen. Sie brauchen einen Partner.

Berufe

Die für Sie geeigneten Berufe liegen auf den Gebieten der Unterhaltung, Kommunikation, Öffentlichkeitsarbeit, Werbung, des Handels, Unterrichtens, Bankwesens und Makelns sowie im Hotel-, Restaurant- und Bargewerbe.

Verträglichkeit

Sie passen am besten zu 2 Erde-Stern, 3 Holz-Stern, 5 Erde-Stern und 8 Erde-Stern, relativ gut zu 1 Wasser-Stern, 6 Metall-Stern und 7 Metall-Stern und relativ schlecht zu 4 Holz-Stern und 9 Feuer-Stern.

Gesundheit

Da Sie sinnlich sehr aufgeschlossen sind, brauchen Sie die Kultivierung Ihrer ästhetischen Ansprüche, um gesund zu bleiben. Sie reagieren auf gute Parfüms, Genußmittel, schöne Kunst, gute Kleidung und gute Musik positiv. Exzessives Schwelgen in sinnlichen Genüssen kann zu Erkrankungen des Mundes, der Zähne, des Magens, der Eingeweide, Nieren und Geschlechtsorgane führen.

Himmelsrichtung

7 Metall-Stern entspricht dem Westen. Die anderen mit ihm verträglichen Himmelsrichtungen sind der Südwesten, Nordwesten, Norden und Nordosten.

Symbolische Entsprechungen

Der See, laufendes Wasser, Freudigkeit, Vergnügen, Freizeit, Verspieltheit, Partys, Wein, Tanzen, Singen, der Mund und die Zunge, die Zauberin, die Liebenden, das Schaf.

Ihre Haustür

Sehen wir nun, ob Ihr Geburtsstern mit dem Element Ihrer Haustür harmoniert oder nicht, und wenn nicht, was sich dagegen tun läßt.
Aufgrund der Ausrichtung Ihrer Haustür entspricht sie auch einem Element, das wiederum Einfluß auf Ihre Wohnung hat. Mit anderen Worten, wenn Ihre Tür nach *Norden* schaut, wird Ihre Wohnung vom Element Wasser regiert, wenn Sie nach *Nordosten* oder *Südwesten* schaut, vom Element Erde; wenn sie nach *Osten* oder *Südosten* schaut, vom Element Holz; wenn sie nach *Süden* schaut, vom Element Feuer; und wenn sie nach *Westen* oder *Nordwesten* schaut, vom Element Metall.
Gültig ist immer die Tür, die Ihren Wohnraum von der Außenwelt trennt. Wenn Sie zum Beispiel in einem Mehrfamilien- oder Appartementhaus wohnen, zählt die Tür, die in Ihre Wohnung führt, als Haustür und nicht die Eingangstür ins Gebäude. Wenn Sie ein Einfamilienhaus bewohnen, zählt die Tür als Haustür, die Sie gewöhnlich benutzen. Wenn Sie ein Zimmer in einem Haus oder Appartement bewohnen, ist es die Tür zu Ihrem Zimmer.
Bestimmen Sie die Ausrichtung Ihrer Haustür mit Hilfe eines Kompasses. Stellen Sie sich dazu nach *außen* gerichtet in die Tür. Jetzt zeigt der Kompaß die Himmelsrichtung an, die das Element Ihrer Tür vorgibt (siehe Abb. 15 auf Seite 51).
Abb. 16 hilft Ihnen bei der Bestimmung der Himmelsrichtung, wenn diese unklar scheint, weil der Zeiger zwischen zwei Richtungen steht:
Der Norden erstreckt sich von 337.30 bis 22.30; der Nordosten von 22.30 bis 67.30; der Osten von 67.30 bis 112.30; der Südosten von 112.30 bis 157.30; der Süden von 157.30 bis 202.30; der Südwesten von 202.30 bis 247.30; der Westen von 247.30 bis 292.30 und der Nordwesten von 292.30 bis 337.30.

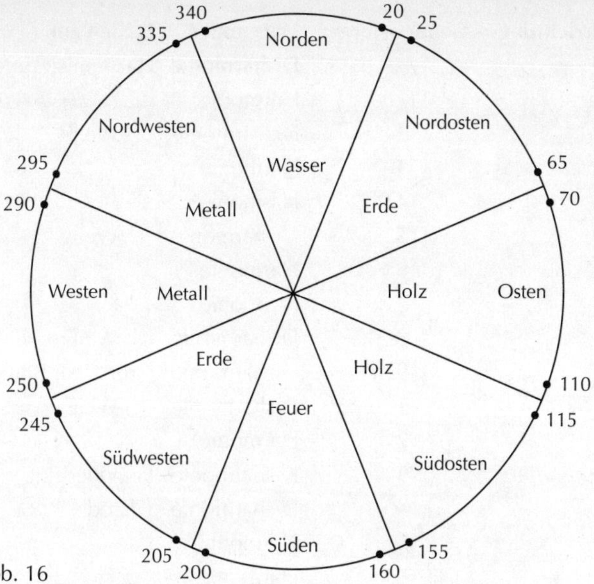

Abb. 16

In der folgenden Tabelle sind die Kombinationen der acht Haustürrichtungen mit den Neun Sternen aufgelistet. Es wird auch angegeben, ob es sich um ein harmonisches oder disharmonisches Verhältnis handelt und durch welche Farben Harmonie hergestellt werden kann.

Sollte eine Harmonisierung nötig sein, können Sie:

- Die Innen- und/oder Außenseite der Haustür anstreichen.
- Ein Bild an die der Haustür gegenüberliegenden Wand hängen.
- Einen Teppich in die Diele oder den Eingangsbereich nahe der Tür legen.
- Ein Blumengebinde an die Tür hängen.

Haustürrichtung	Geburtsstern	Harmonie/ Disharmonie	Farben zur Harmonisierung
Norden	1	Harmonie	
	2	Disharmonie	Weiß
	3	Harmonie	
	4	Harmonie	
	5	Disharmonie	Weiß
	6	Harmonie	
	7	Harmonie	
	8	Disharmonie	Weiß
	9	Disharmonie	Grün oder Blau
Nordosten	1	Disharmonie	Weiß
	2	Harmonie	
	3	Disharmonie	Lila oder Rot
	4	Disharmonie	Lila oder Rot
	5	Harmonie	
	6	Harmonie	
	7	Harmonie	
	8	Harmonie	
	9	Harmonie	
Osten	1	Harmonie	
	2	Disharmonie	Lila oder Rot
	3	Harmonie	
	4	Harmonie	
	5	Disharmonie	Lila oder Rot
	6	Disharmonie	Schwarz/Marine
	7	Disharmonie	Schwarz/Marine
	8	Disharmonie	Lila oder Rot
	9	Harmonie	

Haustürrichtung	Geburtsstern	Harmonie/ Disharmonie	Farben zur Harmonisierung
Südosten	1	Harmonie	
	2	Disharmonie	Lila oder Rot
	3	Harmonie	
	4	Harmonie	
	5	Disharmonie	Lila oder Rot
	6	Disharmonie	Schwarz/Marine
	7	Disharmonie	Schwarz/Marine
	8	Disharmonie	Lila oder Rot
	9	Harmonie	
Süden	1	Disharmonie	Grün oder Blau
	2	Harmonie	
	3	Harmonie	
	4	Harmonie	
	5	Harmonie	
	6	Disharmonie	Gelb
	7	Disharmonie	Gelb
	8	Harmonie	
	9	Harmonie	
Südwesten	1	Disharmonie	Weiß
	2	Harmonie	
	3	Disharmonie	Lila oder Rot
	4	Disharmonie	Lila oder Rot
	5	Harmonie	
	6	Harmonie	
	7	Harmonie	
	8	Harmonie	
	9	Harmonie	

Haustürrichtung	Geburtsstern	Harmonie/ Disharmonie	Farben zur Harmonisierung
Westen	1	Harmonie	
	2	Harmonie	
	3	Disharmonie	Schwarz/Marine
	4	Disharmonie	Schwarz/Marine
	5	Harmonie	
	6	Harmonie	
	7	Harmonie	
	8	Harmonie	
	9	Disharmonie	Gelb
Nordwesten	1	Harmonie	
	2	Harmonie	
	3	Disharmonie	Schwarz/Marine
	4	Disharmonie	Schwarz/Marine
	5	Harmonie	
	6	Harmonie	
	7	Harmonie	
	8	Harmonie	
	9	Disharmonie	Gelb

Sie können Ihren Geburtsstern nicht nur mit der Haustür in Einklang bringen, sondern mit jeder Tür in Ihrer Wohnung. Zur Erinnerung: Zur korrekten Bestimmung der Türrichtung nach *außen*, nicht hineinschauen.

Übungen

1. *Falls Sie dies noch nicht getan haben, tragen Sie in die Liste Ihrer persönlichen Daten ein:*
   - Ihren Geburtsstern
   - Die mit Ihrem Geburtsstern korrespondierende Himmelsrichtung
   - Die anderen mit Ihrem Geburtsstern harmonierenden Himmelsrichtungen
   - Die in Ihrem Geburtsstern entsprechenden Einrichtungsstilmittel (Linien und Formen) und Farben
2. *Schreiben Sie auf:*
   - Die Himmelsrichtung Ihrer Haustür
   - Die Harmonie oder Disharmonie zwischen Ihrem Geburtsstern und der Haustürrichtung
   - Falls zwischen ihnen Disharmonie besteht, die Farbe zur Harmonisierung GELB
3. *Wenn Sie mit jemandem zusammenleben, schreiben Sie auf:*
   - Seinen/ihren Geburtsstern mit den dazugehörigen Himmelsrichtungen, Einrichtungsstilmitteln und Farben
   - Die Harmonie oder Disharmonie zwischen seinem/ihrem Geburtsstern und der Haustürrichtung
   - Falls dazwischen Disharmonie besteht, die Farbe zur Harmonisierung

6 Zueinander passende Sterne

Mit Hilfe der zueinander passenden Sterne können Sie Ihre Wohnung so einrichten und gestalten, daß sich alle Bewohner darin wohl fühlen und entfalten können.

Wenn zum Beispiel zwei Personen zusammenleben, und eine 1 Wasser-Stern und die andere 2 Erde-Stern ist, passen beide zu 6 und 7 Metall-Stern. Sie können deshalb ihr Bett entweder nach Westen oder Nordwesten ausrichten. Die Farben Weiß und Silber passen zu beiden, und sie können ihre Wohnung mit

Geburtsstern		Sterne, die zu beiden passen
Person 1	Person 2	
1	1	1, 3, 4, 6, 7
1	2	6, 7
1	3	1, 3, 4, 9
1	4	1, 3, 4, 9
1	5	6, 7
1	6	1, 6, 7
1	7	1, 6, 7
1	8	6, 7
1	9	3, 4
2	2	2, 6, 7, 8, 9
2	3	9
2	4	9
2	5	2, 6, 7, 8, 9
2	6	2, 6, 7, 8
2	7	2, 6, 7, 8

Geburtsstern Person 1	Person 2	Sterne, die zu beiden passen
2	8	2, 6, 7, 8, 9
2	9	2, 8, 9
3	3	1, 3, 4, 9
3	4	1, 3, 4, 9
3	5	9
3	6	1
3	7	1
3	8	9
3	9	3, 4, 9
4	4	1, 3, 4, 9
4	5	9
4	6	1
4	7	1
4	8	9
4	9	3, 4, 9
5	5	2, 6, 7, 8, 9
5	6	2, 6, 7, 8
5	7	2, 6, 7, 8
5	8	2, 6, 7, 8, 9
5	9	2, 8, 9
6	6	1, 2, 6, 7, 8
6	7	1, 2, 6, 7, 8
6	8	2, 6, 7, 8
6	9	2, 8
7	7	1, 2, 6, 7, 8
7	8	2, 6, 7, 8
7	9	2, 8
8	8	2, 6, 7, 8
8	9	2, 8, 9
9	9	2, 3, 4, 8, 9

fließenden, runden und ovalen Formen akzentuieren, wie sie dem Metall entsprechen.
Wenn drei Personen zusammenleben, und die erste 2 Erde-Stern, die zweite 4 Holz-Stern und die dritte 9 Feuer-Stern ist, paßt zu allen drei 9 Feuer-Stern. Folglich passen zu ihnen die Farben Rot und Lila, und ihre Wohnung verträgt strahlenförmige Muster, prachtvolle Blumensträuße und Kunstwerke, wie sie dem Feuer entsprechen.
Je mehr Personen in einem Haushalt zusammenleben, desto schwieriger wird es, einen zu allen passenden Stern zu finden. Um ihnen allen gerecht zu werden, können Sie die Wohnung jedoch entsprechend einem Element einrichten, das den Zyklus der fünf Elemente vervollständigt.
Angenommen, es leben vier Personen in einem Haushalt. Die erste ist 1 Wasser-Stern, die zweite 2 Erde-Stern, die dritte 3 Holz-Stern und die vierte 9 Feuer-Stern. Ordnet man ihre Geburtssterne unter den Elementen ein, wird deutlich, welches Element hier zur Vervollständigung des Zyklus nötig ist:

	1 Wasser	**2 Erde**	**3 Holz**	**9 Feuer**
1 Wasser	*	6 u. 7 Metall	4 Holz	3 u. 4 Holz
2 Erde		*	9 Feuer	8 Erde
3 Holz			*	4 Holz
9 Feuer				*

Die von den vier Personen repräsentierten Elemente Wasser, Erde, Holz und Feuer brauchen das Element Metall, um den Zyklus zu schließen. Deshalb sollte in ihrer Wohnung die Betonung auf den Farben, Formen und Dekors des Metalls liegen.
In einem Mehrpersonenhaushalt sollten außerdem die Geburtssterne sämtlicher Personen mit dem Haustürelement ver-

glichen und eventuelle Disharmonien farblich an oder in der Nähe der Tür ausgeglichen werden.

Übungen

Wenn Sie mit jemandem zusammenleben, tragen Sie in Ihre Liste mit den persönlichen Daten ein:

- Die Sterne, die zu beiden passen
- Welche Himmelsrichtungen zu diesen Sternen gehören
- Welche Stilmittel (Linien und Formen) und Farben zu diesen Sternen gehören

7 Ihr Glücksstern: Der Schlüssel zu Ihrem persönlichen Stil

Da Sie mittlerweile sowohl Ihren Geburtsstern als auch seine Funktion innerhalb des Neun-Sterne-Systems kennen, können Sie nun Ihre Berechnungen durch die Bestimmung Ihrer Glückssterne weiter verfeinern. Ihre Glückssterne helfen Ihnen bei der Gestaltung Ihres einmaligen persönlichen Stils, indem sie die Himmelsrichtung, Farben, Formen und Dekors anzeigen, die für Sie am günstigsten oder vielversprechendsten sind.
Die Glückssterne sind tabellarisch aufgelistet. Bitte beachten Sie, daß für Männer und Frauen andere Berechnungen gelten.

Chinesischer Monat	Westliche Datierung
1	4. Februar bis 4. März
2	5. März bis 4. April
3	5. April bis 4. Mai
4	5. Mai bis 5. Juni
5	6. Juni bis 6. Juli
6	7. Juli bis 6. August
7	7. August bis 6. September
8	7. September bis 7. Oktober
9	8. Oktober bis 6. November
10	7. November bis 6. Dezember
11	7. Dezember bis 4. Januar
12	5. Januar bis 3. Februar

Ausgegangen wird in beiden Fällen vom Geburtsjahr und Geburtsmonat.
Zur Erinnerung: Das chinesische Sonnenjahr beginnt am 4. Februar. Seine Monate haben keine Namen, sondern sind von 1 bis 12 durchnumeriert. Ihnen entsprechen in der westlichen Datierungsweise:
Gehen Sie bei der Bestimmung Ihrer Glückssterne folgendermaßen vor:

1. Sehen Sie die Zahl Ihres Geburtssterns in Ihrer persönlichen Datenliste nach.
2. Stellen Sie Ihren chinesischen Geburtsmonat fest.
3. Bestimmen Sie mit Hilfe folgender Tabellen (eine für Männer und eine für Frauen) Ihre Monatssternzahl. Gehen Sie dabei von Ihrer Geburtssternzahl aus, und verfolgen Sie die Waagrechte, bis sie sich mit der Senkrechten Ihres chinesischen Geburtsmonats schneidet. Dort steht Ihre Monatssternzahl. Schreiben Sie diese auf.
4. Ermitteln Sie mit Hilfe Ihrer Geburtssternzahl und Ihrer Monatssternzahl in der Glückssterntabelle Ihre Glückssternzahlen.

Monatssterne für Männer

Chinesischer Monat		1	2	3	4	5	6	7	8	9	10	11	12
Geburtsstern	1, 4, 7	8	7	6	5	4	3	2	1	9	8	7	6
	3, 6, 9	5	4	3	2	1	9	8	7	6	5	4	3
	2, 5, 8	2	1	9	8	7	6	5	4	3	2	1	9

Wenn Sie zum Beispiel als Mann unter 1 Wasser-Stern und im ersten chinesischen Monat geboren sind, ist Ihr Monatsstern 8 Erde-Stern.
Wenn Sie als Mann unter 6 Metall-Stern und im achten chine-

sischen Monat geboren sind, ist Ihr Monatsstern 7 Metall-Stern.

Monatssterne für Frauen

Chinesischer Monat	1	2	3	4	5	6	7	8	9	10	11	12
Geburtsstern 5, 2, 8	7	8	9	1	2	3	4	5	6	7	8	9
3, 9, 6	1	2	3	4	5	6	7	8	9	1	2	3
4, 1, 7	4	5	6	7	8	9	1	2	3	4	5	6

Sind Sie als Frau unter 7 Metall-Stern im siebten chinesischen Monat geboren, ist Ihr Monatsstern also 1 Wasser-Stern. Merken Sie sich, die Elemente der Sterne sind 1 Wasser, 2 Erde, 3 Holz, 4 Holz, 5 Erde, 6 Metall, 7 Metall, 8 Erde, 9 Feuer. Bestimmen Sie jetzt mit Hilfe Ihres Monatssterns und Geburtssterns Ihre Glückssterne:

Ihre Glückssterne

Geburtsstern	Monatsstern	Glücksstern
1	1	3, 4, 6, 7
1	2	6, 7
1	3	4
1	4	3
1	5	6, 7
1	6	7
1	7	6
1	8	6, 7
1	9	3, 4

Geburtsstern	Monatsstern	Glücksstern
2	1	6, 7
2	2	5, 6, 7, 8, 9
2	3	9
2	4	9
2	5	6, 7, 8
2	6	5, 7, 8
2	7	5, 6, 8
2	8	5, 6, 7, 9
2	9	5, 8
3	1	4
3	2	9
3	3	1, 4, 9
3	4	1, 9
3	5	9
3	6	1
3	7	1
3	8	9
3	9	4
4	1	3
4	2	9
4	3	1, 9
4	4	1, 3, 9
4	5	9
4	6	1
4	7	1
4	8	9
4	9	3
5	1	6, 7
5	2	6, 7, 8, 9
5	3	9

Geburtsstern	Monatsstern	Glücksstern
5	4	9
5	5	2, 6, 7, 8, 9
5	6	2, 7, 8
5	7	2, 6, 8
5	8	2, 6, 7
5	9	2, 8
6	1	7
6	2	5, 7, 8
6	3	1
6	4	1
6	5	2, 7, 8
6	6	1, 2, 5, 7, 8
6	7	1, 2, 5, 8
6	8	2, 5, 7
6	9	2, 5, 8
7	1	6
7	2	5, 6, 8
7	3	1
7	4	1
7	5	2, 6, 8
7	6	1, 2, 5, 8
7	7	1, 2, 5, 6, 8
7	8	2, 5, 6
7	9	2, 5, 8
8	1	6, 7
8	2	5, 6, 7, 9
8	3	9
8	4	9
8	5	2, 6, 7, 9
8	6	2, 5, 7

Geburtsstern	Monatsstern	Glücksstern
8	7	2, 5, 6
8	8	2, 5, 6, 7, 9
8	9	2, 5
9	1	3, 4
9	2	5, 8
9	3	4
9	4	3
9	5	2, 8
9	6	2, 5, 8
9	7	2, 5, 8
9	8	2, 5
9	9	2, 3, 4, 5, 8

Farbskala der Glückssterne

Folgende Farbskala gilt nur in Verbindung mit Ihren Glückssternen. Verwenden Sie Ihre Glücksfarben zur Präzisierung Ihres persönlichen Stils. Die Glücksfarben sind:

Stern	Farbe
1 Wasser-Stern	Weiß
2 Erde-Stern	Schwarz
3 Holz-Stern	Jadegrün
4 Holz-Stern	Grün
5 Erde-Stern	Gelb
6 Metall-Stern	Weiß
7 Metall-Stern	Rot
8 Erde-Stern	Weiß
9 Feuer-Stern	Lila

Tragen Sie in Ihre persönliche Datenliste ein: Ihre Glückssterne sowie Ihre besonderen Farben, Ihre entsprechenden Himmelsrichtungen (Norden für 1 Wasser, Südwesten für 2 Erde, Osten für 3 Holz, Südosten für 4 Holz, Mitte für 5 Erde, Nordwesten für 6 Metall, Westen für 7 Metall, Nordosten für 8 Erde, Süden für 9 Feuer), Ihre entsprechenden Dekormerkmale (weiche, fließende, asymmetrische Formen und Muster für 1 Wasser; breite, flache, quadratische Formen und Muster für 2 Erde, 5 Erde und 8 Erde; rechteckige Formen und Muster für 3 Holz und 4 Holz; sanft geschwungene, runde und ovale Formen und Muster für 6 Metall und 7 Metall; strahlenförmige Dekors und prachtvolle Blumensträuße und Kunstwerke für 9 Feuer).
Hier einige Beispiele, wie Glückssterne interpretiert werden:

1. Ein Mann, der am 30. Mai 1964 geboren ist, hat 9 Feuer-Stern als Geburtsstern und 2 Erde-Stern als Monatsstern. Das heißt: 5 Erde-Stern und 8 Erde-Stern sind seine Glückssterne. Die ihnen entsprechenden Himmelsrichtungen sind die Mitte für 5 Erde und der Nordosten für 8 Erde; seine Glücksfarben sind Gelb und Weiß; und seine glückverheißenden Formen und Muster sind breit, flach und quadratisch.
2. Eine Frau, die am 30. Mai 1964 geboren ist, hat 6 Metall-Stern als Geburtsstern und 4 Wasser-Stern als Monatsstern. Das heißt: 1 Wasser-Stern ist ihr Glücksstern. Die ihm entsprechende Himmelsrichtung ist der Norden; Weiß ist ihre Glücksfarbe; und ihre glückverheißenden Formen und Muster sind weich, fließend und asymmetrisch.
3. Ein Mann, der am 17. Juli 1953 geboren ist, hat 2 Erde-Stern als Geburtsstern und 6 Metall-Stern als Monatsstern. Das heißt: 5 Erde-Stern, 7 Metall-Stern und 8 Erde-Stern sind seine Glückssterne. Die ihnen entsprechenden Himmelsrichtungen sind die Mitte für 5 Erde, der Westen für

7 Metall und der Nordosten für 8 Erde; seine Glücksfarben sind Gelb, Rot und Weiß; es sind breite, flache und quadratische sowie runde und ovale Formen und Muster, die für ihn glückverheißend sind.

Wenn bei der Wohnungseinrichtung neben Ihren Glückssternen auch diejenigen Ihres Partners oder anderer Familienmitglieder mit zu berücksichtigen sind, suchen Sie zunächst nach gemeinsamen Glückssternen. Gibt es keine, richten Sie Ihre Wohnung entsprechend den zueinander passenden Sternen ein, wie in Kapitel 6 beschrieben. Möglicherweise ist einer davon auch der Glücksstern eines Familienmitglieds.

Übungen

1. *Falls Sie dies noch nicht getan haben, tragen Sie in Ihre persönliche Datenliste ein:*
   - Ihre Glückssterne
   - Die ihnen entsprechenden Himmelsrichtungen
   - Die ihnen besonders zugeordneten Farben
   - Die ihnen entsprechenden Dekormerkmale (Formen und Muster)
2. Wenn Sie mit jemandem zusammenleben, notieren Sie seine/ihre Glückssterne mit den dazugehörigen Himmelsrichtungen, Spezialfarben und Dekormerkmale.

Bitte lesen Sie erst Teil II vollständig durch, bevor Sie mit dem Streichen der Wände anfangen und Ihr Bett oder andere Möbel umstellen. Überspringen Sie nichts.

8 Die Haustür als Schicksalsindikator

Schon Ihre Haustür sagt über die in Ihrer Wohnung herrschende Atmosphäre etwas aus. Wenn Sie wissen möchten, was sie prophezeit, brauchen Sie nur Ihren Geburtsstern mit der Himmelsrichtung Ihrer Haustür zu kombinieren. Zur Erinnerung: Die Himmelsrichtung Ihrer Haustür ist diejenige, in die Sie blicken, wenn Sie zur Tür hinausschauen.

Suchen Sie auf folgender Tabelle Ihre Prognosenzahl heraus. Wenn Sie zum Beispiel eine nach Osten schauende Haustür haben und 6 Ihre Geburtssternzahl ist, hätten Sie Prognose 21 zu lesen.

Obwohl die Prognosen nicht »in Stein gemeißelt« sind, haben sie doch eine gewisse Gültigkeit. Lesen Sie sie im positivsten und konstruktivsten Sinn. Wenn Sie zur Vorsicht ermahnt oder vor Schwierigkeiten gewarnt werden, denken Sie daran, daß Sie Ihrem Schicksal niemals hilflos ausgeliefert sind. Und seien Sie der Worte des Konfuzius eingedenk, der sagte: »Hinaus geht es durch die Tür. Seltsam, daß sie so wenige Menschen gebrauchen.«

Sie werden feststellen, daß Stern 5 in der Prognosentabelle fehlt. Männer, die unter ihm geboren sind, sollten statt dessen Stern 2 nehmen und Frauen Stern 8. So gilt beispielsweise für einen unter Stern 5 geborenen Mann, dessen Haustür nach Süden schaut, Prognose 34; und für eine unter Stern 5 geborene Frau, deren Haustür nach Süden schaut, Prognose 39.

Haustür – Geburtsstern – Kombinationen

Geburtssterne:		1	2	3	4	6	7	8	9
Haustür									
schaut nach	N	1	2	3	4	5	6	7	8
	NO	9	10	11	12	13	14	15	16
	O	17	18	19	20	21	22	23	24
	SO	25	26	27	28	29	30	31	32
	S	33	34	35	36	37	38	39	40
	SW	41	42	43	44	45	46	47	48
	W	49	50	51	52	53	54	55	56
	NW	57	58	59	60	61	62	63	64

Prognosen

1. BILD: *Jemand wandert im Finstern am Rand eines Abgrunds entlang*
Sie werden mit Ihren Ängsten konfrontiert. Lassen Sie sich auf keine halben Sachen ein, sonst warten auf Sie nur Ärger und Geldverlust. Wenn Verwirrtheit auftritt und zu zeitweiliger Orientierungslosigkeit führt, hören Sie auf guten Rat, um sich nicht sinnlos in Gefahr zu begeben. Seien Sie vorsichtig, und bleiben Sie ruhig. Halten Sie Wache. Warten Sie die Dämmerung ab, bis sich Ihnen der Weg klar zeigt. Dann handeln Sie. Wenn Sie auf Ihr Gespür hören, werden Sie Weisheit entwickeln. Schriftstellern winkt hier das Glück.

2. BILD: *Eine bunt zusammengewürfelte Menschenmenge, in der es zu Konflikten kommt*
Uneinigkeit verhindert Fortschritt. Streit und Intrigen führen

zu Trennungen und Verlusten. Vorwurfsvolles Aufrechnen des seelisch und materiell Geleisteten führt zu nichts. Bleiben Sie Ihren höchsten Idealen treu. Hüten Sie sich vor Betrug. Mit Spekulationen werden Sie kein Glück haben. Seien Sie umsichtig, so daß Sie sich nicht auf die falschen Leute verlassen, dann haben Sie Erfolg. Verschaffen Sie sich Klarheit darüber, was Sie wollen und was Sie bewirken.

3. BILD: *Eine abgelegene Hütte im Wald*
Gedulden Sie sich bei auftretenden Schwierigkeiten und Rückschlägen; die Dinge werden sich rechtzeitig zum Besseren wenden. Ihnen ist Freizeit gegenwärtig wichtiger als berufliche Weiterbildung. Finanziell könnte es besser stehen, aber Sie strecken sich nach der Decke. Hüten Sie sich vor Neid. Klatsch wird zum Problem und ruiniert den Ruf. Zufriedenheit ist Ihr größter Reichtum.

4. BILD: *Ein Bergsteiger, der einem gefährlichen Paß den Rücken kehrt*
Sie sind vom Glück begünstigt. Wenn Sie eine menschliche Haltung pflegen und bereit sind, anderen zu helfen, werden Sie es mühelos zu etwas bringen; wenn Sie andererseits nur an sich selbst denken, geraten Sie in die Enge. Ziehen Sie sich zur gründlichen Überprüfung Ihrer Motive zurück, wenn sich die Probleme häufen.

5. BILD: *Aus einem goldenen Gefäß wird Wasser ausgeschüttet*
Das Schicksal ist Ihnen wohlgesinnt. Sie werden mit allem, was Sie anpacken, Erfolg haben. Doch besonders vielversprechend ist für Sie der Dienstleistungssektor. Es ist Ihr Vorteil, anderen zu helfen. Bemühen Sie sich um die Zusammenarbeit mit Freunden.

6. BILD: *Aus einem klaren See fließt Wasser ins Tal*
Sie werden dauerhaften Erfolg haben. Verwirklichen Sie Ihre Pläne peinlich genau. Führen Sie Änderungen bedachtsam durch. Ihnen nützt ein strenges Abstecken der Grenzen. Heben Sie nicht mehr, als Sie tragen können.

7. BILD: *Ein großer Wasserfall stürzt in dichtes Waldesgrün*
Hier besteht viel Hoffnung, daß sich die Schwierigkeiten zum Guten wenden. Üben Sie Geduld. Wenn Sie widrigen Umständen die Stirn bieten, werden Sie großes Glück haben. Suchen Sie nach Wegen, Ihre unterschiedlichen Interessen in Ausgleich zu bringen. Ihre Erfolgsträume werden wahr, wenn Sie die Hilfe anderer annehmen.

8. BILD: *Ein reifes Kornfeld in der Nachmittagssonne*
Rechtzeitige Anstrengung bringt etwas zuwege. Der Anfang neuer Unternehmungen ist schwierig, doch wird sich die Situation laufend bessern. Gehen Sie geruhsam vor. Holen Sie fachmännischen Rat ein, und scheuen Sie sich nicht vor harter Arbeit. Dann werden Sie auf der Höhe Ihres Leistungsvermögens mit Ihren kreativen Ideen Erfolg haben. Großes Glück erwartet Sie und Ihre Lieben.

9. BILD: *Eine abgelegene Bergquelle*
Ein verlassener Ort. Wenn Sie ohne viel Aufhebens in aller Ruhe Ihre Talente entfalten, werden Sie es im Leben zu etwas bringen. Seien Sie anpassungsfähig und geduldig. Eigensinn und Ungeduld führen nur ins Verderben. Ihre schöpferischen Ideen und Bemühungen werden zu ihrer Zeit Frucht tragen. Gute Absichten sichern langfristigen Erfolg.

10. BILD: *Reiche Erbschaft*
Wenn Sie Zusammenarbeit großschreiben, werden bei Ihnen

Glück und Wohlstand einkehren. Seien Sie der Verbundenheit allen Lebens eingedenk. Hier ist die Verbindung zu den Ahnen besonders spürbar. Ihr Segen bürgt für ein langes, glückliches Leben und große Nachkommenschaft.

11. BILD: *Ein brachliegendes Feld*
Sie haben mit Anfangsschwierigkeiten zu tun. Ellbogentricks bringen nur Unglück. Kommen Sie zur Besinnung, und alles Nötige wird zur Stelle sein. Vergessen Sie nicht, daß an den Problemen auch Ihre eigene Weltsicht schuld sein könnte. Durch den Gebrauch Ihrer verborgenen Talente und ungenützten Ressourcen stellt sich der Erfolg ein. Rechtschaffene Menschen tragen zu Ihrem Glück, ja sogar Ruhm bei, so daß Sie schließlich ebenfalls anderen Menschen helfen können.

12. BILD: *Ein vom Nebel überraschter Hochgebirgswanderer*
Verzweifeltes Ankämpfen gegen Schwierigkeiten bringt Unheil. Vorschnelles Handeln zieht bittere Reue nach sich. Seien Sie Ihrer Fehler eingedenk, und hüten Sie sich vor Intoleranz. Lassen Sie Rachegelüste fallen. Es liegt an Ihnen, ob Sie sich Freunde oder Feinde machen. Glück hat, wer mit Klugheit und Bedacht handelt und in schwierigen Situationen Geduld übt.

13. BILD: *Scheintod*
Wer sich der hier angedeuteten Trägheit ergibt, wird beruflich wenig bis gar nicht vorankommen und auch in seinen Beziehungen auf einen toten Punkt zusteuern. Ohne die Überwindung der eigenen Trägheit gibt es kein Weiterkommen. Konzentrieren Sie sich auf Ihre Arbeit. Wachsende Initiative führt zu wachsender Verantwortung. Glück ist eine Frage der Disziplin.

14. BILD: *Ein umwaldeter, spiegelnder Bergsee*
Kontaktfreudigkeit und Natürlichkeit werden Ihnen helfen, Ihr Glück zu machen. Geschäftliche und künstlerische Partnerschaften stehen unter günstigen Vorzeichen. Wer allein ist, findet einen Partner. Gute Ehechancen. Sollten Sie andererseits den Alleingang bevorzugen, geht es freundschaftlich und finanziell zäh voran, aber schließlich wird sich Ihr Schicksal zum Besseren wenden.

15. BILD: *Ein Berg mit einer Goldmine*
Wenn Sie die Friedlichkeit eines Berges haben, werden sich Reichtum, Gesundheit und Glück einstellen. Frieden ist das Ergebnis geübter Gelassenheit. Der ruhige, konzentrierte Umgang mit jeder Situation garantiert Fortschritt und Wachstum. So wie die Erde Gold hervorbringt, schafft Ihr unablässiges Bemühen um Vernunft dauerhaften Reichtum für Sie und Ihre Lieben.

16. BILD: *Generationenfolge – Großmutter, Mutter und Tochter, Großvater, Vater und Sohn*
Sie werden alle Ihre Ziele schrittweise erreichen. Seien Sie mit Ihrem Schicksal zufrieden. Setzen Sie Ihre Talente ein, indem Sie das Nötige tun. Ein bescheidenes Leben ohne Angeberei bringt Sie langsam, aber sicher nach oben. Ihr Erfolg wird das Leben erleichtern, so daß sich Ihre Wünsche tatsächlich erfüllen.

17. BILD: *Im Wald glitzert ein Strom*
Großes Glück erwartet Sie. Wenn Sie auf der Partnersuche sind, werden Sie die richtige Wahl treffen. Ausgezeichnete Eheaussichten.
Durch die Befolgung der goldenen Sittenregel werden Sie eine Vorbildfunktion übernehmen. Kreatives Arbeiten bereichert in

jeder Hinsicht. Ihr Glück hängt von Ihrer Uneigennützigkeit ab.

18. BILD: *Blühende Bäume im Frühling*
Glück und Erfolg stellen sich eher ein, wenn Sie weisen Rat befolgen. Hüten Sie sich jedoch vor Angabe: sie verrät Schwäche und bringt Sie in Schwierigkeiten. Glückverheißend sind Wagnis bzw. Unternehmungen, die klein anfangen, aber wachstumsfähig sind. Es steht ein Gewinn in Aussicht.

19. BILD: *Eine Gewitterböe*
Umfassendes Gedeihen. Sie erhalten unerwartet hochkarätige Hilfe. Machen Sie sich Ihre Ziele klar, und schreiten Sie im richtigen Augenblick zur Tat. Sie erreichen das wirklich Gewollte. Erfolg, Gesundheit und Glück bleiben nicht aus. Wünschen Sie von ganzem Herzen ein besseres Leben, aber erzwingen Sie nichts. Es können plötzliche Schwierigkeiten auftreten. Geraten Sie dabei nicht aus der Fassung; sie gehen vorbei.

20. BILD: *Ein spätherbstlicher Sonnenuntergang*
Machen Sie sich an die Verwirklichung langfristiger Pläne und Ziele. Werden Sie seßhaft, und wachsen Sie. Anderswo ist das Gras nicht grüner. Durch Zweifel und Unbeständigkeit setzen Sie Ihr Vermögen und Ihre Ehe aufs Spiel. Wer die Dinge zu einem natürlichen Abschluß bringt, kommt in den Genuß großen Glücks. Beste Eheaussichten für Unverheiratete. Seien Sie allerdings zu den nötigen Opfern bereit.

21. BILD: *Eine Sternschnuppe*
Muten Sie sich in schwierigen Zeiten nicht zuviel zu, denn es lauern Gefahren. Nicht alles ist bare Münze, der Schein kann trügen. Wer unter unsicheren Bedingungen Pläne faßt und Entscheidungen fällt, fordert das Unglück heraus. Weshalb ei-

nem Phantom nachjagen? Besser ist es, abzuwarten und die Augen offenzuhalten. Alles ist im Wechsel und Wandel. Mit etwas Geduld werden Sie schließlich ungehindert ans Ziel kommen.

22. BILD: *Holz wird gehackt und verfeuert*
Der Erfolg ist vorerst verhindert. Die Durchsetzung weitreichender Pläne scheitert in schwierigen Zeiten, so daß Sie möglicherweise in Mißkredit geraten. Es sind auch Eheprobleme möglich. Hüten Sie sich vor Untreue in der Liebe. Vermeiden Sie Mißtrauen und Hektik. Falsche Methoden führen nirgendwohin. Handeln Sie einfühlsam, und der Durchbruch kommt. Dann werden Sie von Glück und Erfolg überschüttet.

23. BILD: *Ein Lotusesser*
Wer in Tagträumen lebt, darf auf keine großen Reichtümer hoffen. Sie werden Ihr Glück machen, wenn Sie Bescheidenheit üben. Seien Sie flexibel, in Ihrem Urteil zurückhaltend und bereit, anderen zu helfen. Dann werden sich Ihnen Gelegenheiten auftun, durch die Sie wirklich weiterkommen.

24. BILD: *Ein Gewitter*
Nehmen Sie einen vernünftigen Ratschlag an. Wer seine Ziele rücksichtslos und aggressiv verfolgt, schwört den Zusammenbruch herauf. Sie laufen Gefahr, viel Zeit, Energie und Geld zu verschwenden, üben Sie Zurückhaltung und Unvoreingenommenheit. Seien Sie flexibel. Die Schwierigkeiten liegen mit an Ihnen. Wenn Sie anderen Vorwürfe machen, versäumen Sie die Gelegenheit, die Lage zum Besseren zu wenden. Vernunft und Hilfe anderer führen zu Aufstieg und Erfolg.

25. BILD: *Ein Schiff, das in Gefahr ist, aufzulaufen*
Verlassen Sie sich nicht auf Ihr Glück. Die Umstände können

sich ändern. Anpassungsfähigkeit ist gefragt. Der kluge Umgang mit Hindernissen verlangt Wachsamkeit. Man muß wissen, wann man sich zurückhält und wann man handelt. Wer Verzögerungen in Kauf nimmt, erreicht sein Ziel schneller als durch Gewaltaktionen. Gemeinnütziges Handeln bringt Glück. Seien Sie fair, und Reichtum, Gesundheit und Ansehen kommen von allein.

26. BILD: *Ein üppig grünes Tal*
Glück und umfassendes Gedeihen wurzeln in ehrlicher Arbeit. Seien Sie rechtschaffen. Glückverheißend sind eigene Initiativen und ausbaufähige, überschaubare Unternehmungen. Die Entfaltung Ihrer Möglichkeiten hängt von Ihrer Aufgeschlossenheit, Ihrem familiären und kommunalen Engagement und allgemeinnützlichen Handeln ab.

27. BILD: *Ein Drache im Zentrum eines Wirbelwinds*
Umfassendes Gedeihen. Sie erhalten außergewöhnliche Hilfe. Selbst widrige Umstände sind Ihnen nützlich, wenn Sie das Wohl der anderen im Auge behalten. Sie erreichen alles, was Sie wirklich wollen. Tatkraft und Großmut führen zu einer verantwortungsvollen Position und lassen Sie Glück, Gesundheit und Liebe genießen. Hüten Sie sich jedoch vor Unaufrichtigkeit, denn sie schafft Unglück.

28. BILD: *Die Blätter rascheln im Wind*
Vermeiden Sie übermäßiges Mißtrauen. Alles für verdächtig zu halten ist unklug. Praktisches Denken und Entschiedenheit bringen Gedeihen. Sie erhalten nützliche Hilfe. Hüten Sie sich vor Besserwisserei, und konzentrieren Sie sich auf Ihre eigenen Aufgaben. Sie erreichen alles, was Sie wirklich wollen. Ständiges Fragenwälzen ist Zeitverschwendung.

29. BILD: *Ein Bodhisattva – jemand, der Erbarmen hat*
Viele Hindernisse stehen bevor, immer wieder sind Sie auf Ihre innersten Kraftreserven und verborgenen Talente angewiesen. Widerstehen Sie der Versuchung, aufzugeben und kleinmütig zu werden. Folgen Sie Ihrer Intuition. Sie erhalten unerwartet Hilfe. Vertrauen Sie Ihrem angeborenen Gerechtigkeitssinn, und Sie werden nicht zu Schaden kommen. In dem Maß, in dem Sie eigene Frustrationen abbauen, werden Sie anderen wirklich helfen können.

30. BILD: *Eine Burgruine*
Glückverheißend sind Bescheidenheit und selbstlose Hingabe. Wenn Sie mit dem Vertrauen, das man Ihnen entgegenbringt, verantwortungsbewußt umgehen, werden Sie im Leben vorankommen. Unaufrichtigkeit und Verantwortungslosigkeit andererseits unterminieren sowohl Ihre Karriere als auch Ihre persönlichen Beziehungen. Wer seine Ziele rücksichtslos verfolgt, verstrickt sich nur noch mehr in Schwierigkeiten. Besser ist Zurückhaltung. Legen Sie Wert auf Ehrlichkeit und Anstand. Alles ändert sich mit der Zeit. Wenn Sie Geduld üben, wird sich Ihr Schicksal bessern.

31. BILD: *Ein Bergwald brennt lichterloh*
Rücksichtslosigkeit und unaufrichtiges Verhalten führen zur Entzweiung. Dann kommt es zu beruflichen und privaten Schwierigkeiten. Vorsicht vor Gleichgültigkeit gegenüber Ihren Lieben. Halten Sie in kritischen Phasen durch, und lernen Sie aus Ihren Fehlern. Seien Sie wachsam. Rechtzeitiges Handeln bringt Glück. Nutzen Sie glückliche Zufälle. Wertvolle Hilfe steht für Sie bereit. Sie brauchen sich nur auf den Weg zu machen.

32. BILD: *Eine Frau, die ein Feuer hütet*
Sie ziehen das häusliche Leben den Wechselfällen im Konkurrenzkampf um Ruhm und Erfolg vor. Wenn Sie aufgeschlossen und hilfsbereit sind, ist Ihr Glück nahe. Häusliche Kreativität bringt Erfolg. Liebe, Gesundheit und ein glückliches Familienleben sind darauf angewiesen.

33. BILD: *Ein Pionier*
Schwierigkeiten aufgrund früherer Fehler können einen Neuanfang nötig machen. Überschätzen Sie nicht Ihre Kenntnisse und Fähigkeiten. Es gibt viel zu lernen. Folgen Sie dem Beispiel großer Menschen, und der Weg zu Gesundheit, Glück und Erfolg liegt vor Ihnen. Üben Sie in Streßsituationen Geduld. Halten Sie sich an das, was geistig nährt.

34. BILD: *Ein Sonnenuntergang in der Wüste*
Blinder Unternehmungsgeist wird Ihnen nichts als Schwierigkeiten bringen. Angesichts widriger Umstände ist es besser abzuwarten. Nutzen Sie die Wartesituation zur Weiterbildung. Suchen Sie nach den inneren Gründen für Ihre Probleme, und hüten Sie sich davor, anderen die Schuld zu geben. Dann wird sich Ihnen der Weg öffnen und eine Zeit erfolgreichen kreativen Handelns für Sie kommen.

35. BILD: *Die zahllosen Lebensformen auf der Erde*
Ihre Erfolgschancen sind ausgezeichnet. Dank Ihrer enormen Kreativität haben Sie das Glück, noch aus den schlechtesten Situationen das Beste machen zu können, sei es für Sie selbst oder auch für andere. Hilfsbereitschaft bringt Segen. Wenn Sie die goldene Sittenregel befolgen, werden Sie hohes Ansehen genießen.

36. BILD: *Ein funkelnder Stern*
Ihre Herzenswünsche werden wahr. Haben Sie Vertrauen, gehen Sie gezielt vor, und Sie erreichen das Gewünschte. An günstigen Gelegenheiten mangelt es nicht. Gesundheit, beruflicher Erfolg und ein guter Ruf stehen vor Ihrer Tür. Mit Geduld und kluger Planung können Sie ein Vermögen erwerben, das nicht nur Sie und Ihre Lieben, sondern auch nachfolgende Generationen absichern hilft.

37. BILD: *Eine Initiationszeremonie – eine Lichtübertragung*
Offenheit und Bescheidenheit sind keine leichte Sache. Wer sich egoistisch gebärdet und immer nur der Chef sein möchte, wird nicht nur am Wesentlichen vorbeigehen, sondern auch seine Kräfte verschwenden. Seien Sie gelassen und offen für Anregungen. Teilen Sie Ihre Kraft. Seien Sie kooperativ und flexibel. Man wird Sie wegen Ihrer Talente schätzen.

38. BILD: *Ein Einsiedler*
Wenn es nicht mehr weitergeht, ist es besser, Rückbesinnung zu halten. Hüten Sie sich vor illusorischen Projekten. Nutzen Sie Wartezeiten zur Vertiefung Ihrer Kenntnisse. Mehr Weltgewandtheit erhöht die Erfolgschancen. Sie erhalten wertvolle Hilfe. Alleinstehende werden jemanden finden, dem sie vertrauen können. Damit wird das Glück einkehren.

39. BILD: *Ein Sonnenuntergang in den Bergen*
Die Vergangenheit erscheint reizvoller als die Zukunft. Diese erscheint eingeengt. Sie übersehen einen wichtigen Aspekt Ihres Lebens. Denken Sie über Ihre Bedürfnisse nach. Es ist sinnlos, in der Vergangenheit zu schwelgen und andere für seine Probleme verantwortlich zu machen. Beachten Sie Anstand und Sitte, oder Sie kommen zu Fall. Seien Sie beharrlich. Ihnen liegen Berufe, die mit Forschung und Recherche zu tun haben.

40. BILD: *Wasser, kurz vor dem Siedepunkt*
Geben Sie nicht auf. Ergreifen Sie jede Gelegenheit, um sich Ihrem wahren Ziel zu nähern. Lassen Sie sich nicht ablenken, und schrecken Sie nicht vor nötigen Korrekturmaßnahmen zurück. Die Umstände können sich schnell ändern. Entscheiden Sie rasch und praktisch. Behalten Sie Ihr Ziel klar im Blick, und der Erfolg wird Sie überraschen.

41. BILD: *Eine Speerspitze*
Bleiben Sie auf Vorwärtskurs. Wer Gefahren ständig aus dem Weg geht, begibt sich auf lange Sicht in noch größere Gefahr. Mutloses Sichtreibenlassen bringt Unheil. Sie werden mit Frustration, Zweifel und Unsicherheit konfrontiert, denn wer vor ihnen davonläuft, kommt zu Fall. Sie haben keine andere Wahl, als weiterzugehen und neue Fertigkeiten zu entwickeln. Seien Sie beherzt.

42. BILD: *Eine Goldmine tief drunten im Tal*
Das Unterstützen liegt Ihnen mehr als das Anführen. Aufgeschlossenheit wird Ihnen ein glückliches und zufriedenes Leben ermöglichen. Gehen Sie alles mit Ruhe und Bedacht an, und Ihnen ist der Erfolg sicher. Wie die Erde Gold hervorbringt, werden Ihre ständigen Bemühungen Ihnen und Ihren Lieben dauerhaften Wohlstand bescheren.

43. BILD: *Ein Bauer, der bei schlechtem Frühjahrswetter das Feld bestellt*
Sich dem Zweifel zu ergeben oder sich von anfänglichen Mißerfolgen entmutigen zu lassen ist unklug. Gehen Sie geduldig die Überwindung von Hindernissen an. Auf Schwäche wird Stärke folgen. Durch Anpassungsfähigkeit und harte Arbeit werden Sie die Hilfe einflußreicher Menschen erwirken. Kreative Projekte werden endlich reiche Frucht bringen.

44. BILD: *Beim Grundausheben auf Gold stoßen*
Auf Mühsal folgt Gewinn. Seien Sie anpassungsfähig. Mit Durchhaltevermögen werden Sie Hindernisse überwinden. Wenn Sie mutig und optimistisch bleiben, werden Sie wertvolle Hilfe erhalten und schließlich selbst großen Einfluß gewinnen. Sie werden durch kreatives Handeln auf Gold stoßen.

45. BILD: *Ein Spiegel*
Weitere Vorstöße sind Rückschritte. Suchen Sie den Fehler bei sich, wenn Sie mit Ihrer Situation unzufrieden sind. Kommen Sie auf sich selbst zurück, und machen Sie etwas aus Ihren Talenten. Ihre Ausdauer wird schließlich zum Erfolg führen. Sie erhalten dazu die nötige Hilfe. Sehr günstig ist eine freie Mitarbeit im kreativen Bereich. Spätere Jahre werden leichter sein.

46. BILD: *Leute beim Tauziehen*
Schaffen wird mit Zerstören verwechselt. Geben Sie acht, daß Sie sich nicht selbst schaden. Sich in anderer Leute Geschäfte einzumischen ist Zeitverschwendung. Machen Sie sich Ihr Schaffensziel klar. Mit Scharfblick werden Sie viele interessante Möglichkeiten für Ihr eigenes Weiterkommen entdecken und sich ein harmonisches Zuhause schaffen können.

47. BILD: *Segen durch Ahnenverehrung*
Ihr Glück hängt davon ab, ob Sie eine bescheidene Haltung annehmen. Pflegen Sie gute nachbarliche Beziehungen. Bleiben Sie sich der Verbundenheit allen Lebens bewußt, dann machen sich die Ahnen bemerkbar. Ihr Segen bedeutet ein langes Leben, Gedeihen und viele Nachkommen. Alles weist auf Erfolg hin.

48. BILD: *Ein Kind großziehen*
Sie brauchen Geduld. Abwarten und zum richtigen Zeitpunkt

zu handeln bringt Erfolg. Üben Sie Nachsicht mit sich selbst. Pflegen Sie in Ruhe Ihre Gesundheit. In Wohlstand und Erfolg entwickeln sich Ehe und Kindersegen.

49. BILD: *Eine Fata Morgana*
Überprüfen Sie Ihre Wunschvorstellungen anhand der Wirklichkeit. Die Vorteile können kurzlebig sein. Seien Sie umsichtig. Scheinbar günstige Gelegenheiten können sich als gerades Gegenteil entpuppen. Nutzen Sie Freizeit für Ihre Weiterbildung. Seien Sie kritisch, halten Sie an dem von Ihnen als richtig Erkanntem fest, und Sie werden weiterkommen.

50. BILD: *Ein in der Sonne funkelnder Rubin*
Mit erfolgreicher Arbeit kommt Ruhm. Verlassen Sie sich bei Ihren Entscheidungen bezüglich zukünftiger Unternehmungen auf Ihre Intuition. Bleiben Sie bei der Sache, und Ansehen und Wohlstand werden gedeihen. Lassen Sie sich von jüngeren oder weniger hochgestellten Menschen helfen, aber sorgen Sie entsprechend für sie, und Ihr Glück wird Bestand haben.

51. BILD: *Ein Schiff wird nach den Sternen navigiert*
Sie werden Erfolg haben, wenn Sie Ihrem echten Ziel oder Potential folgen. Sollten Sie Ihren Weg noch nicht kennen, forschen Sie in den verschiedensten Richtungen, bis Sie Gewißheit haben. Verwenden Sie dann alle Kraft auf seine Verwirklichung. Das Streben nach neuen Erkenntnissen wird dabei von großem Wert sein, denn Ihr Erfolg hängt von Ihrer Selbstdisziplin ab. Machen Sie sich klar, was Sie brauchen. Seien Sie vorsichtig und kritisch. Verschwenden Sie Ihre Zeit nicht mit den falschen Leuten

52. BILD: *Ein unterirdischer See*
Das von Ihnen Gesuchte wird so lange unerreichbar sein, bis

die Hindernisse beseitigt sind. Hilfe ist dünn gesät, und Sie werden nur schwer Gesellschaft finden. Ihre Entwicklung geht zäh voran, bis Sie Ihre eigenen Ressourcen anzapfen. Suchen Sie nach Ihren Stärken und Talenten. Unabhängiges Denken und Handeln fußt auf Selbsterkenntnis. Erst dadurch können Sie anderen eine wirkliche Hilfe sein und damit selbst zu Wohlstand, Ansehen und Glück in der Liebe finden.

53. BILD: *Die Rodung eines Waldes*
Die Einschränkung von Mißständen ist sehr einträglich. Inkompetenz und Fanatismus stürzen allerdings ins Verderben, selbst wenn anfänglich scheinbar alles gutgeht. Finden Sie Ihre Mitte, und durchdenken Sie Ihre Situation genau, bevor Sie sich für einen Weg entscheiden. Geben Sie acht, wen Sie einstellen. Sparen Sie frühe Gewinne, üben Sie Vernunft und hören Sie auf sachlichen Rat.

54. BILD: *Eine Insel im Gartenteich*
Ihnen zeigt sich die Welt von der angenehmen Seite. Sie bekommen, was Sie wollen. Nützen Sie Ihre Möglichkeiten. Helfer gibt es genug um Sie herum. Großes Gedeihen. Hüten Sie sich jedoch vor Eitelkeit.

55. BILD: *Ein Bergsee, in dem sich der Himmel spiegelt*
Wessen Ansichten folgen Sie? Das sklavische Festhalten an fremden Regeln bringt Leid. Sie erreichen Ihre Ziele nur durch Selbständigkeit. Ihrer Kreativität sind keine Grenzen gesetzt. Unermüdlicher Eifer bringt viel zustande, Wohlergehen, Glück in der Liebe und eine glückliche und gesunde Familie.

56. BILD: *Gold wird durch Feuer geläutert*
Obgleich große Anstrengungen durchzustehen sind, ist Ihnen das Glück hold. Arbeiten Sie hart an der klaren Definition Ih-

rer Ziele. Entfalten Sie sowohl in beruflicher als auch in privater Hinsicht Ihr Organisationstalent. Abwechslung ist förderlich, da man durch sie Sicherheit gewinnt. Versuchen Sie sich aber erst an Ihrer Selbstvervollkommnung, bevor Sie andere verbessern.

57. BILD: *Die Mitternachtssonne*
Ängstlichkeit und Selbstsucht führen dazu, daß man von anderen benutzt wird und man trotz harter Arbeit kaum etwas erreicht. Wachsen Sie über sich hinaus. Sie werden Ihre wahren Stärken entdecken, wenn Sie Ihrer Intuition vertrauen. Bleiben Sie freundlich und friedfertig. Zusammenarbeit bringt Erfolg. Akzeptieren Sie göttliche Fügung.

58. BILD: *Die Kluft zwischen Himmel und Erde*
Greifen Sie nicht nach dem für Sie Unerreichbaren. Arbeiten Sie lieber an der Erweiterung Ihrer Fähigkeiten und Talente. Zur Überwindung von Unglück können harte Lektionen nötig sein. Folgen Sie Ihrem Herzen. Haben Sie erst die nötigen Fertigkeiten erworben und Ihr kreatives Potential befreit, wird der Erfolg nicht auf sich warten lassen. Eine unscheinbare Situation kann sich als große Chance erweisen.

59. BILD: *Ein vergrabener Schatz*
Das von Ihnen Erstrebte gelangt erst nach der Beseitigung von Hindernissen in Reichweite. Pflegen Sie Ihre Stärken und Talente, damit sie nicht verkümmern, oder Sie werden wenig Anschluß und kaum Hilfe finden. Es kommt auf Ihre Aufrichtigkeit an. Durch Umsicht vermeiden Sie Probleme. Wenn Sie sich auf Ihren inneren Wert besinnen, das Rechte tun und hilfsbereit sind, wird Glück einkehren.

60. BILD: *Ein Rechtsverletzer*

Geben Sie acht, daß sich keine schädlichen Einflüsse in Ihr Leben schleichen. Passen Sie vor Saboteuren auf, und pflegen Sie mit destruktiven Menschen keinen Umgang. Seien Sie im Falle von Einschränkungen geduldig. Sie werden viel Unglück heraufbeschwören, wenn Sie die Grenzen anderer verletzen. Es ist besser, auf positive Zeichen zu warten. Hilfe wird von hochherzigen Menschen kommen. Eine Schwangerschaft ist glückverheißend.

61. BILD: *Ein Goldtopf*

Großes Gelingen. Hüten Sie sich jedoch vor übermäßigem Ehrgeiz, sonst werden Sie fallen. Nichts und niemand ist völlig unabhängig. Seien Sie bescheiden und anderen gegenüber rücksichtsvoll, damit Sie keinem Hinterhalt zum Opfer fallen. Ihre Erfolgsaussichten sind groß. Ihnen wird von einer hochgestellten Persönlichkeit geholfen.

62. BILD: *Ein wolkenloser Herbsthimmel*

Geduldiges Zu-Ende-Führen wird reiche Ernte bringen. Seien Sie freundlich; erbittertes Vorgehen bringt Unheil. Mäßigen Sie Ihren Ehrgeiz, und bemühen Sie sich um ein inneres Wachstum. Erfolg hat Bescheidenheit nötig. Seien Sie wachsam. Warten Sie mit Ihren Maßnahmen auf den richtigen Augenblick.

63. BILD: *Paradies*

Sie bekommen alles, was Sie sich wünschen. Je größer Ihr Einsatz, desto größer Ihr Gewinn. Seien Sie zielbewußt. Nutzen Sie die Zusammenarbeit mit besser- und schlechtergestellten Menschen. Glück und Erfolg warten durch kreative Arbeit, besonders durch Schreiben auf Sie. Ungehinderter spiritueller Fortschritt.

64. BILD: *Ein Fuchs*
Nehmen Sie sich vor unwillkürlichen Vorbehalten in acht, wenn Sie die Zusammenarbeit mit anderen suchen. Ihr Argwohn fällt auf Sie zurück. Unaufrichtigkeit stößt ab. Bringen Sie sich seelisch und geistig ins Gleichgewicht. Blinde Emotionen führen zu Verstrickungen und Unheil. Klären Sie Ihre Ziele. Wankelmut führt zu nichts. Bewahren Sie die Ruhe, und Sie werden dauerhaften Erfolg haben.

Übung

Wenn Ihre Haustürprognose negativ ist, können Sie das negative Ch'i durch Aufhängen von Glockenspielen oder -strängen ablenken oder zerstreuen. Hängen Sie diese innen so vor die Tür, daß sie läuten, sobald die Tür bewegt wird.
Die Liste mit Ihren persönlichen Daten sollte jetzt vollständig ausgefüllt sein. Sie wird in Teil II gebraucht werden.

TEIL II
Harmonie in die Wohnung bringen

9 Anleitung zu den drei Diagnosemethoden

Problemzonen Ihrer Wohnung lassen sich auf dreierlei Art erkennen. Erstens durch die »Acht-Punkte-Methode«, zweitens durch die »Fünf-Elemente-Methode« und drittens durch die Projektion der menschlichen Gestalt (ein Strichmännchen) auf den Wohnungsgrundriß.

Die Acht-Punkte-Methode (oder Ba-gua-Methode, Anm. d. Ü.) schlüsselt die Problemzonen Ihres Wohnraums im Verhältnis zu verschiedenen Lebensbereichen auf, wie Karriere, Reichtum und Beziehungen. Die Fünf-Elemente-Methode und die Projektion der menschlichen Gestalt auf den Wohnungsgrundriß zeigen, was die Problemzonen Ihrer Wohnung bezüglich Ihrer Emotionen und Gesundheit aussagen.

Die Acht-Punkte-Methode

Obwohl die Acht-Punkte-Methode nicht zu den ganz klassischen Methoden des Feng Shui gehört, ist sie unter den Experten sehr beliebt. Mit ihr werden Problemzonen analysiert und beseitigt sowie für die Plazierung von Möbeln, Kunstwerken und Pflanzen wichtige Bezugspunkte geschaffen. Die Namen der acht Punkte oder Zonen lauten: Karriere, Wissen, Familie, Geld, Ruhm, Ehe, Kinder und Freunde (umfaßt Kommunikation und Reisen). Abb. 17 zeigt ihre räumliche Anordnung.

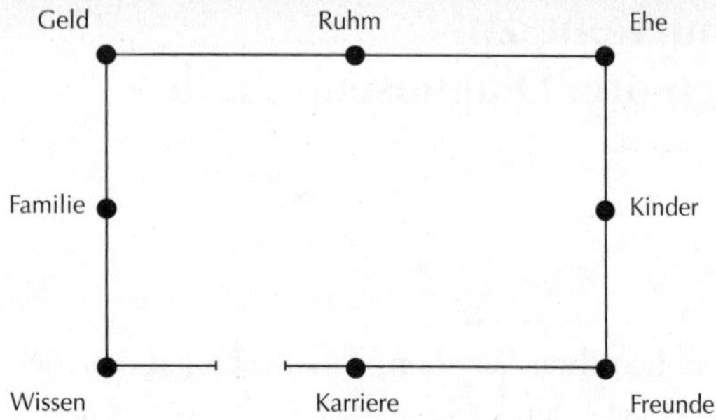

Abb. 17

Die Linie mit den Bezugspunkten Freunde, Karriere und Wissen entspricht stets der Wand mit der Haustür. Für die Bestimmung der Bezugspunkte schauen Sie von der Haustür aus *in* die Wohnung, oder stellen Sie sich dies vor. Bestimmen Sie die Bezugspunkte zunächst für die ganze Wohnung und dann für jedes Zimmer, und tragen Sie die Bezugspunkte im Wohnungsgrundriß ein. Für Einzimmerwohnungen sind die Bezugspunkte nur für das ganze Appartement festzulegen und nicht auch noch für einzelne Unterteilungen. Ist der Wohnungsgrundriß unregelmäßig, ergänzen Sie diesen zu einem Quadrat oder Rechteck, wie in Abb. 18 gezeigt. Die Anwendung der Acht-Punkte-Methode ist nicht immer einfach. Bei manchen Grundrissen scheinen gleich mehrere Bezugspunkte zu fehlen.

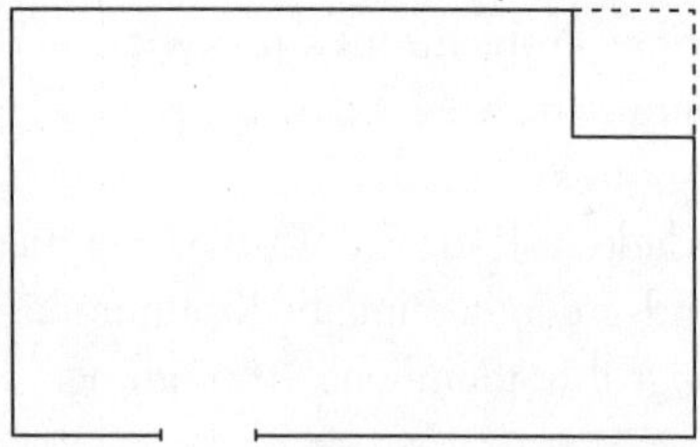

Abb. 18

Fehlen im Gesamtgrundriß einer Zwei- oder Mehr-Zimmer-Wohnung mindestens zwei Bezugspunkte (Abb. 19), teilen Sie die Räume separat ein (Abb. 20).

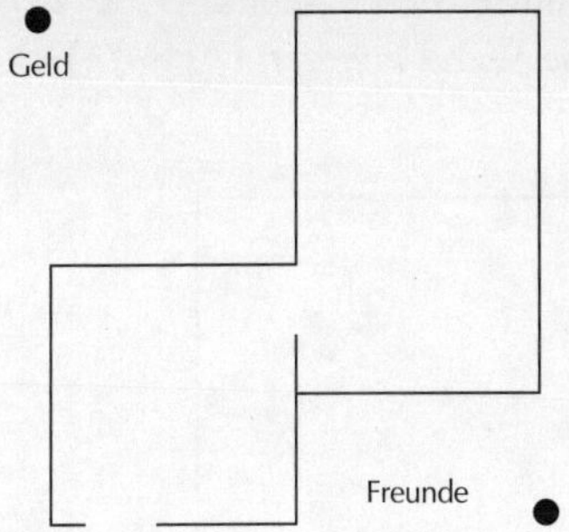

Abb. 19

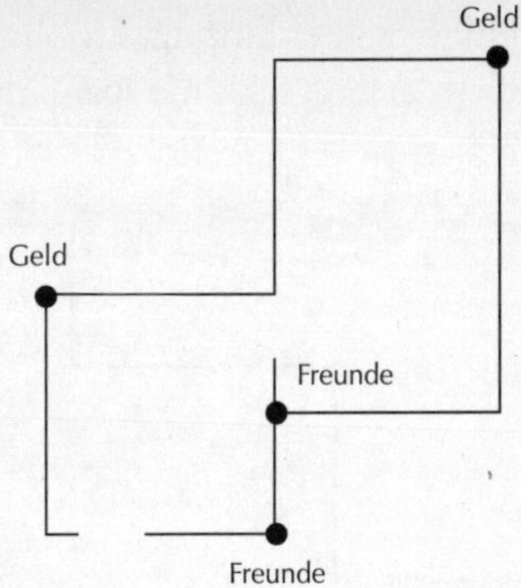

Abb. 20

Erscheint die Anwendung der Acht-Punkte-Methode, wie in Abb. 21, ausgeschlossen, dann verteilen Sie die Bezugspunkte entweder möglichst gleichmäßig im Raum (Abb. 22), oder Sie zergliedern diesen entsprechend Abb. 20.

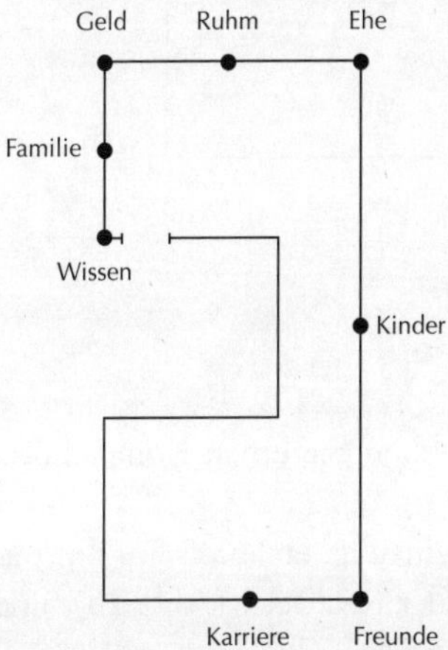

Abb. 21

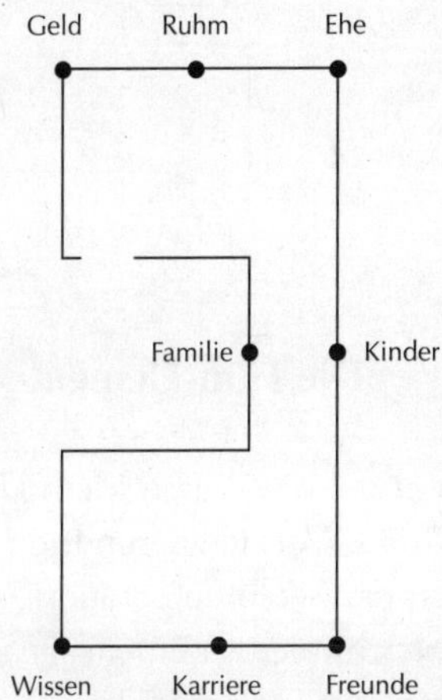

Abb. 22

Fehlt bei einer Einzimmerwohnung ein Bezugspunkt (Abb. 23), läßt er sich durch eine spanische Wand kreieren (Abb. 24).

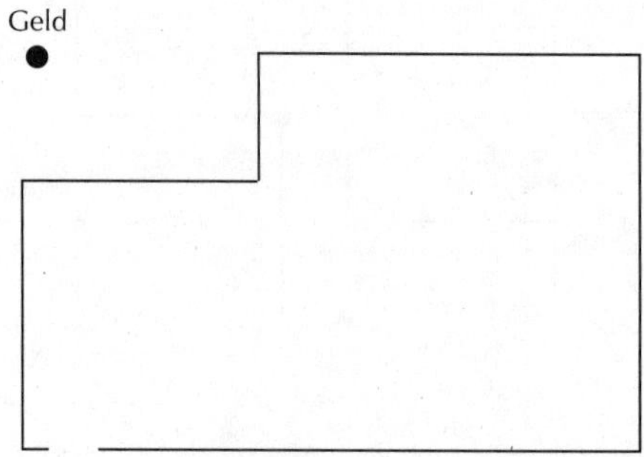

Abb. 23

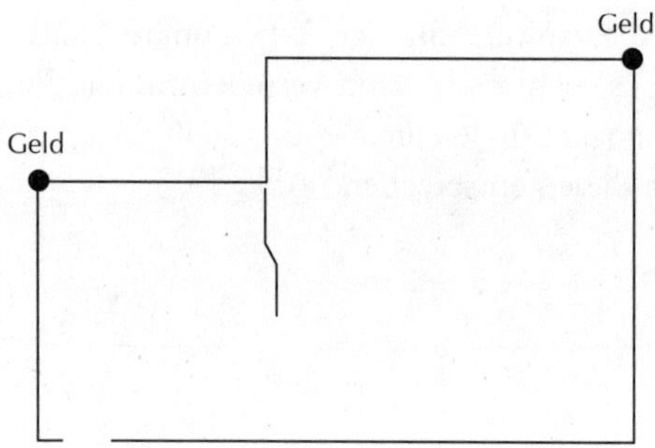

Abb. 24

Die Fünf-Elemente-Methode

Für diese wichtige Methode brauchen Sie einen Kompaß und Ihren Wohnungsgrundriß.
Ist der Wohnungsgrundriß unregelmäßig, ergänzen Sie ihn mit Strichlinien zu einem Quadrat oder Rechteck (Abb. 25), und tragen Sie dazu die Diagonalen ein (Abb. 26). Dort, wo sie sich kreuzen, ist Ihr Ausgangspunkt. Bestimmen Sie von dieser

Stelle aus mit Hilfe des Kompasses die Himmelsrichtungen, und tragen Sie diese auf dem Plan ein (Abb. 27).
Schreiben Sie dann die entsprechenden Elemente dazu (Abb. 28):

- Wasser für Norden
- Erde für Nordosten und Südwesten
- Holz für Osten und Südosten
- Feuer für Süden
- Metall für Westen und Nordwesten

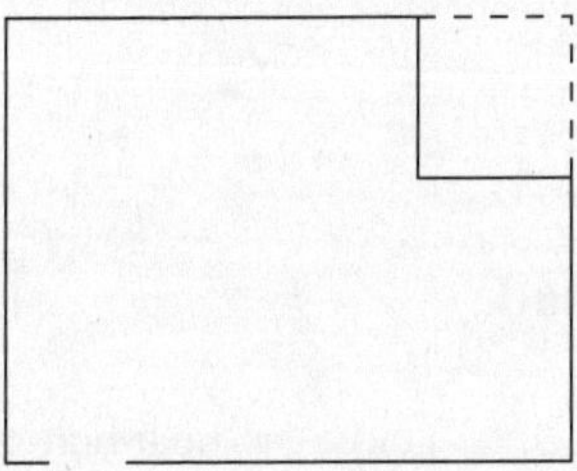

Abb. 25

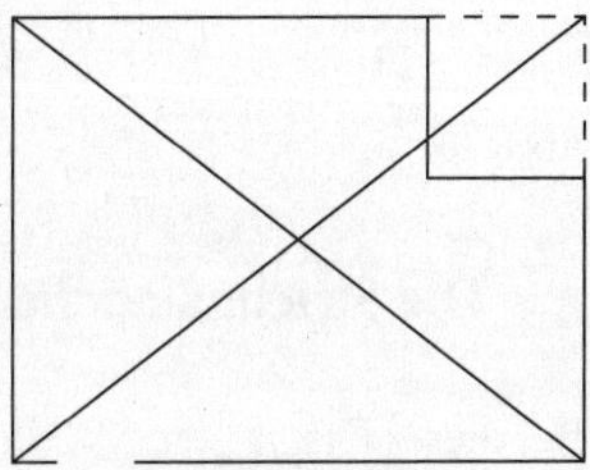

Abb. 26

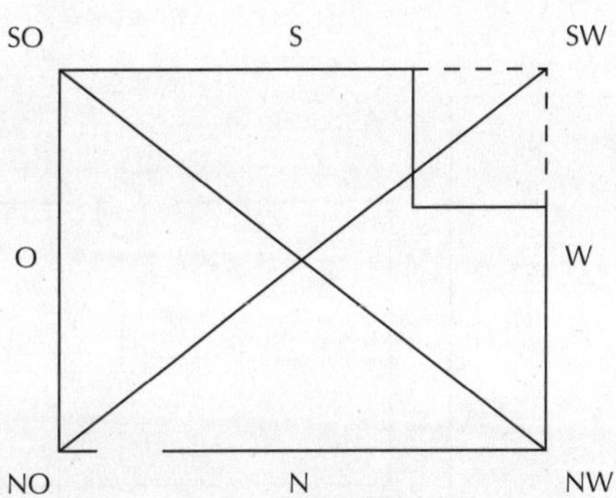

Abb. 27

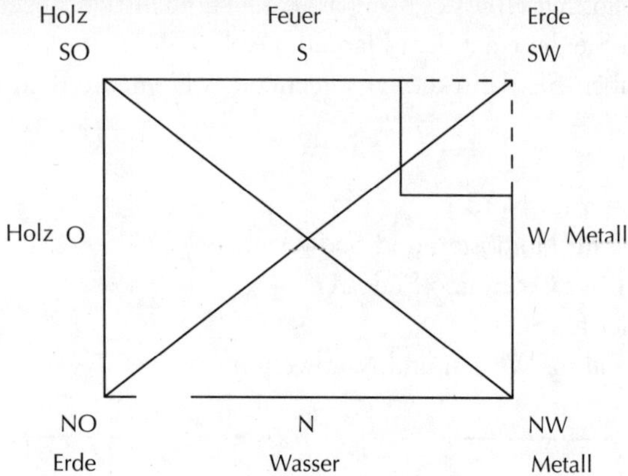

Abb. 28

Die Strichmännchenmethode

Bei dieser Diagnosemethode zeichnet man ein Strichmännchen in den Grundriß ein, und zwar so, daß der Kopf am Eingang liegt und der restliche Körper den Raum der Länge nach ausfüllt (Abb. 29) bzw. der Weite nach, wenn sich der Eingang in der Mitte befindet (Abb. 30).

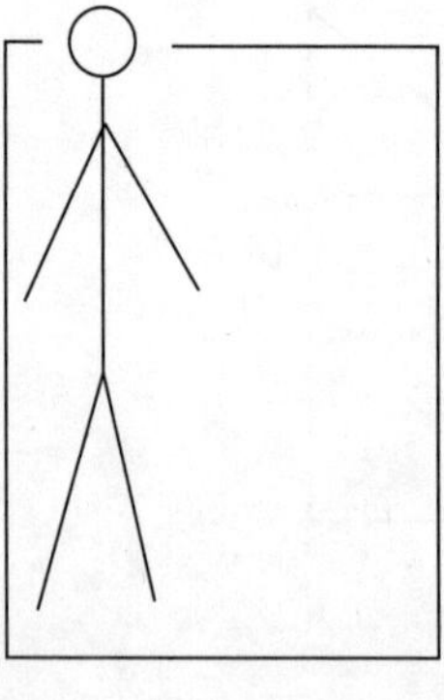

Abb. 29

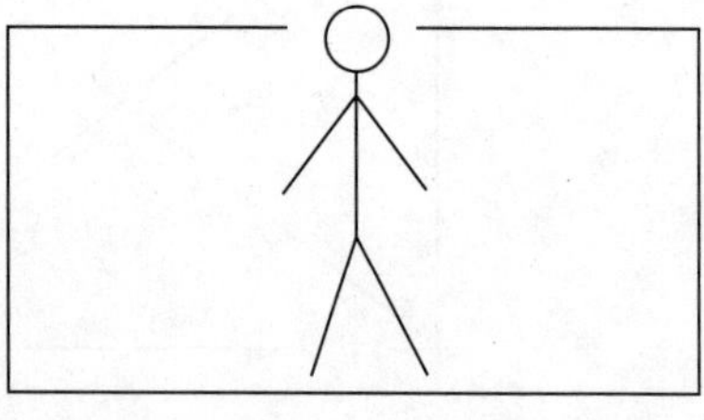

Abb. 30

Übung

Tragen Sie in Ihren Wohnungsgrundriß ein:

1. die acht Punkte,
2. die acht Himmelsrichtungen mit den Elemententsprechungen,
3. ein Strichmännchen.

Nun kann zu den verschiedenen Deutungen übergegangen werden.

10 Unordnung und ihre Auswirkungen

Ihr Zuhause atmet wie ein Lebewesen. Sein Atem oder Ch'i tritt durch Türen und Fenster ein und aus und durchströmt Gänge und Zimmer. Wenn es ungehindert fließt, vermittelt es ein angenehmes, behagliches Gefühl. Wird es aber durch Unordnung aufgehalten, tritt das Gegenteil ein: Ihr Ch'i staut sich, und die Elemente in Ihrem Körper geraten aus dem Gleichgewicht, worunter Sie gesundheitlich und anderweitig leiden.
Bei zahlreichen Feng-Shui-Beratungen in den letzten Jahren ist mir an Unordnung einiges Wesentliche aufgefallen. Einerseits hat Unordnung mit unserem Selbstschutz- und Sammeltrieb zu tun, andererseits mit Unsicherheitsgefühlen. Unordnung entspricht im wesentlichen dem Element Erde. Negative Erde führt zu Unruhe. Positive Erde nährt. Wer sich mit Unordnung umgibt, will umsorgt werden bzw. bringt damit zum Ausdruck, daß er Hilfe und Unterstützung braucht. Wenn Sie zur Unordnung neigen, sollten Sie sich fragen, was Ihnen zu Ihrem Glück fehlt und weshalb Sie dieses nicht erreichen können.
Unordnung kann mit Ihren Gefühlen zu tun haben. Ich will hierzu ein Beispiel geben. Ich beriet einmal einen Mann, der seit Jahren unter Angstzuständen litt. Seine Wohnung war vollgestopft mit alten Schachteln, kaputten Möbeln und Stapeln von Altpapier. Doch obwohl ihn die Unordnung störte, war er unfähig, etwas dagegen zu unternehmen.
Unordnung im Eingangsbereich verweist stets auf eine gewisse Weltangst. Die Unordnung versperrt gewissermaßen den Weg nach draußen. Man hat sich erst durch viele Hindernisse durchzukämpfen, um an sein Ziel zu kommen. Vollgestopfte Regale

oder bis zur Decke reichende Stapel von irgend etwas sind Zeichen von Angst, daß Unerwünschtes über einen hereinbrechen könnte.
Unordnung unter dem Bett verursacht einen Ch'i-Stau und erzeugt *sha*, das Sie während des Schlafs über den Körper aufnehmen. Entfernen Sie alles, was Sie unter Ihrem Bett aufbewahren, selbst wenn es ordentlich in Schachteln verstaut ist, und es wird Ihnen gesundheitlich bessergehen.
Aufräumen ist gar nicht so schwer, wenn man nicht mehr benötigte Dinge aussortiert und den Rest in Schränken, Schachteln, Ordnern und sonstigen geeigneten Behältern unterbringt.
Sehen wir uns nun mit Hilfe der drei Diagnosemethoden mögliche Auswirkungen von Unordnung an.

Unordnung im Licht der Acht-Punkte-Methode

Unordnung an einem der acht Bezugspunkte läßt auf irgendwelche ungelösten Probleme im entsprechenden Lebensbereich schließen. Stört ein Möbelstück oder ein anderer großer Gegenstand an einem der Punkte, deutet es auf Schwierigkeiten im entsprechenden Lebensbereich hin. Wenn sich zum Beispiel in Ihrem Schlafzimmer am Ehe-Punkt Unordnung angehäuft hat, läßt sich mit ziemlicher Sicherheit sagen, daß Sie mit der Entwicklung Ihrer Ehe bzw. Ihres Liebeslebens nicht sonderlich zufrieden sind. Vielleicht befinden Sie sich sogar in einem Tief. Wenn Sie die Unordnung beseitigen und durch etwas Hübsches ersetzen, etwa durch eine kleine Sitzgruppe, einen Tisch mit einer Blumenvase oder eine Solitärpflanze, regt dies positive Gedanken und damit die Liebe an.
Unordnung am Kinder-Punkt deutet auf Schwierigkeiten mit Kindern und/oder kreativen Projekten hin.

Unordnung am Freundes-Punkt verweist auf Kommunikationsschwierigkeiten und Probleme mit Freunden.
Unordnung am Karriere-Punkt verweist auf Berufsprobleme.
Unordnung am Wissens-Punkt verweist auf Lernprobleme.
Unordnung am Familien-Punkt deutet auf Familienschwierigkeiten hin.
Unordnung am Geld-Punkt auf Sorgen und Unklarheiten im finanziellen Bereich.
Unordnung am Ruhm-Punkt verweist auf Sorgen über das eigene Ansehen.

Unordnung und die fünf Elemente

Unordnung in den verschiedenen Raumabschnitten betrifft die entsprechenden Elemente folgendermaßen:
Unordnung, die sich über die ganze Wohnung ausbreitet, greift das Element Erde an. Dies verweist auf die Neigung zu Selbstvorwürfen und deutet auf Magen-, Milz- und Bauchspeicheldrüsenprobleme hin.
Ist die Unordnung auf den Nordosten und/oder Südwesten beschränkt, greift sie ebenfalls das Element Erde an.
Unordnung, die sich auf den Westen und/oder Nordwesten beschränkt, affiziert das Element Metall. Dies läßt auf die Neigung zu Selbstmitleid bzw. mangelndes Selbstbewußtsein schließen. Es deutet auch auf Gram sowie auf Lungen- und Dickdarmprobleme hin.
Unordnung, die sich auf den Norden beschränkt, affiziert das Element Wasser. Dies verweist auf die Neigung zur Unterdrückung der eigenen Gefühle, und es deutet auf Ängstlichkeit sowie auf Nieren- und Blasenprobleme hin.
Unordnung, die sich auf den Osten und/oder Südosten beschränkt, beeinträchtigt das Element Holz. Dies verweist auf

eine Neigung zu Verwirrtheit und Unschlüssigkeit und deutet auf Ärger sowie auf Leber- und Gallenblasenprobleme hin. Unordnung, die sich auf den Süden beschränkt, greift das Element Feuer an. Dies zeigt eine Neigung zu Liebeskummer an und deutet auf Launenhaftigkeit und Probleme mit dem Herzen, Dünndarm, der Verdauung und dem Immunsystem hin.

Die Strichmännchenmethode

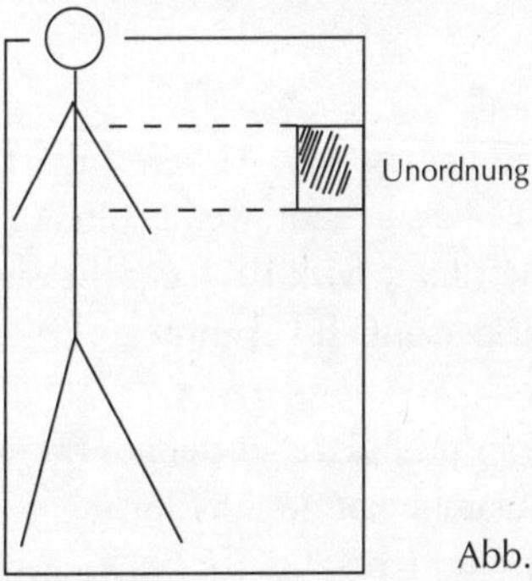

Abb. 31

Wenn Sie die Unordnung in Ihrer Wohnung mit dem eingezeichneten Strichmännchen in Beziehung setzen, können Sie ablesen, wo Ihre körperlichen Problemzonen liegen (Abb. 31).

Lucy

Die Anwendung der Strichmännchenmethode kann sehr aufschlußreich sein. Vor einigen Jahren beriet ich Lucy, eine junge Frau, die seit dem Tod ihres Mannes vor damals drei Jahren an einer mysteriösen Krankheit litt. Frustriert darüber, daß ihr kein Arzt helfen konnte, bat mich Lucy um eine Beratung. Als ich ihre Wohnung, eine Mansardenwohnung, untersuchte, fand ich das Ch'i harmonisch bis auf eine Ausnahme. Unter einem Abdecktuch gleich neben der Wohnungstür türmte sich eine Fotoausrüstung (Abb. 32).

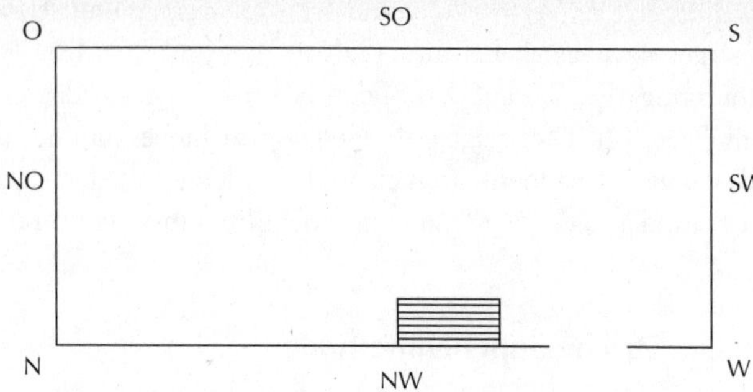

Abb. 32

Die Fotoausrüstung stammte von Lucys Mann. Als ich ihr riet, sie zu entfernen, erklärte sie, das wolle sie nicht, weil es ein Andenken an ihren Mann sei. Da ich Lucy wirklich weiterhelfen wollte, empfahl ich ihr einen mir persönlich bekannten chinesischen Arzt.

Einige Zeit danach rief er mich an und sagte, er denke, Lucys Zustand hänge mit irgendeinem Durcheinander im Eingangsbereich ihrer Wohnung zusammen, und ich sollte ihr nahelegen, diese zu entfernen. Ich antwortete ihm, daß ich das bereits ge-

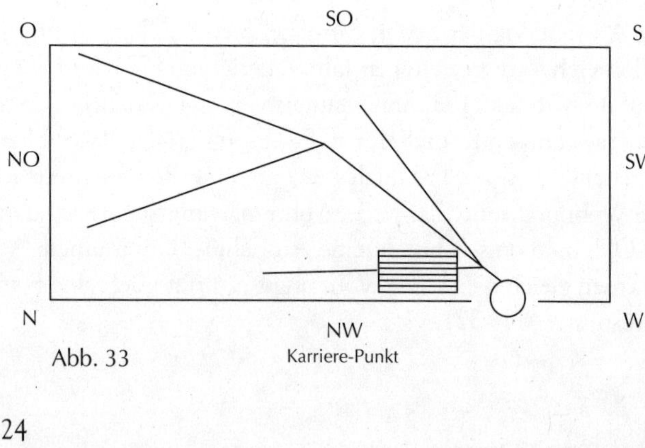

Abb. 33

tan hätte, sie aber nicht darauf einginge. Daraufhin besprach er selbst die Angelegenheit mit Lucy.
Das Strichmännchen in Abb. 33 zeigt, wo Lucys damalige Gesundheitsprobleme angesiedelt waren (s. S. 124):
Die zu einem Berg aufgetürmte, notdürftig zugedeckte Fotoausrüstung erinnerte Lucy ständig an ihren Ehemann und wurde so zum Zeichen ihres nicht überwundenen Kummers. Sie legte die Ausrüstung instinktiv genau dorthin, wo sie ihr am meisten schadete. Körperlich waren davon, wie die Zeichnung verdeutlicht, ihre Lungen, ihr Herz und die Herzregulation betroffen, dessen Zentrum auch für Gefühle der Zuneigung und das Immunsystem mit zuständig ist. Zieht man die Himmelsrichtung in Betracht, deutet der Nordwesten, der dem Metall entspricht, auf Probleme mit den Lungen und dem Dickdarm hin sowie auch auf mangelndes Selbstbewußtsein; Lucy wollte ihren Kummer einfach nicht aufgeben. Bezeichnend ist auch, daß sich die Ansammlung unmittelbar neben der Tür befand, so als wolle sie sich damit selbst verbarrikadieren.
Als Lucy, durch die Behandlung ermutigt, endlich die Fotoausrüstung verkauft hatte, wurde sie bald darauf gesund. Sie kündigte ihren Job und zog in den Südwesten, wo sie schon immer leben wollte. Jetzt endlich war sie dazu in der Lage.

Gwen

Auch wenn es anfänglich kompliziert erscheinen mag, lassen sich die drei Methoden (die Acht-Punkte-, Fünf-Elemente- und die Strichmännchenmethode) leicht kombinieren. Man erhält dadurch eine klare Darstellung des Problems und der Möglichkeit seiner Beseitigung. Nehmen wir zum Beispiel Gwen, die vereinsamt war und schwere Geldsorgen hatte. Gwen lebte in einer Ein-Zimmer-Mansardenwohnung, die an drei Stellen Unordnung aufwies (Abb. 34).
Durch die Eintragung des Strichmännchens, der Himmelsrich-

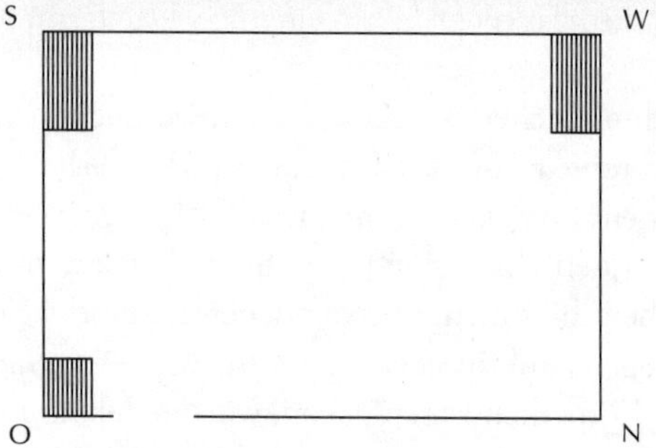

Abb. 34

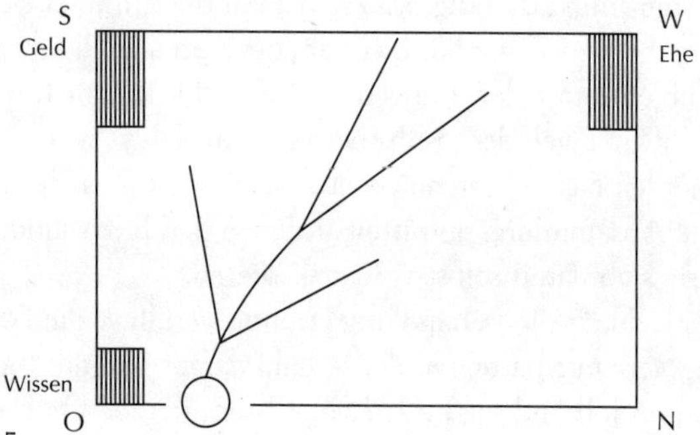

Abb. 35

tungen und relevanten Bezugspunkte können wir einiges erfahren (Abb. 35).

Offensichtlich sind von diesem Durcheinander der Hals und die Unterschenkel betroffen. Dem Hals und den Unterschenkeln entsprechen die Elemente Holz und Metall, und da Metall Holz zerstört, verweist dies auf einen Konflikt zwischen den Bedürfnissen zu wachsen und zu beherrschen. Gwen tat sich schwer, Pläne zu fassen und Entscheidungen zu fällen.

Unordnung im Ost-, Süd- und Westabschnitt betrifft die Elemente Holz, Feuer und Metall, was auf Entscheidungsschwierigkeiten, die Neigung zu Liebeskummer und die Neigung zu Unsicherheit hinweist. Das Durcheinander im Ostabschnitt verweist außerdem auf Ärger und Leber- und Gallenblasenprobleme; im Südabschnitt auf Launenhaftigkeit und Herz-, Dünndarm-, Verdauungs- und Immunbeschwerden; und Metall auf Kummer und auf Lungen- und Dickdarmprobleme.

Zog man die Acht-Punkte-Einteilung hinzu, zeigte Gwens östlicher Wissens-Punkt, daß ihr Hang zu Unentschlossenheit Selbsteinschätzungsprobleme bedingte. Außerdem deutete Gwens südlicher Geld-Punkt an, daß ihre Neigung zu Liebeskummer sie an ihrer finanziellen Entfaltung hinderte. Gwens westlicher Ehe-Punkt schließlich verwies darauf, daß sie wegen ihres mangelnden Selbstbewußtseins schlecht einen Partner fand.

Die angesprochenen inneren Probleme waren beim Aufräumen der äußeren Unordnung am besten anzugehen. Also arbeitete Gwen an ihrem Selbstbewußtsein, während sie den Ehe-Punkt im Westen umgestaltete, so daß sie mehr Zuversicht in eine künftige Partnerschaft gewann. Weiter zog sie, während sie den Geld-Punkt im Süden in Ordnung brachte, klare emotionale Grenzen, so daß sie plötzlich Schritte zur Verbesserung ihrer finanziellen Lage unternehmen konnte. Schließlich traf Gwen die nötigen Entscheidungen, während sie am Wissens-Punkt im Osten Ordnung schaffte. Sie wußte nun genauer, was sie wollte, und fühlte neuen Tatendrang in sich.

Übungen

Analysieren Sie Ihre häusliche Unordnung. Wenn Sie mehr als ein Zimmer bewohnen, betrachten Sie zuerst die Wohnung als Ganzes und dann die einzelnen Zimmer, indem Sie jedesmal die

drei Diagnosemethoden anwenden. Einzimmerwohnungen sind als Ganzes zu behandeln.
Wo herrscht Durcheinander? Lassen sich Parallelen zwischen unordentlichen Stellen der ganzen Wohnung und denjenigen einzelner Zimmer feststellen? Herrscht zum Beispiel an sämtlichen Geld-Punkten Unordnung – sowohl an dem der ganzen Wohnung als auch an dem des Wohnzimmers, des Schlafzimmers und der Küche?
Stellen Sie durch die Verbindung der Acht-Punkte-Methode mit der fünf Elemente-Methode fest, welche Gefühle mit der Unordnung in Verbindung stehen.
Werten Sie die durch die drei Diagnosemethoden gewonnenen Informationen aus. Wie verhält es sich zu dem, was Sie im ersten Teil des Buches über sich erfahren haben?
Trennen Sie sich beim Aufräumen des Durcheinanders von Dingen, die Sie nicht mehr brauchen. Dadurch werden Sie neuen Auftrieb gewinnen.

11 Ungünstige Lagen von Türen und Fenstern

Schließen Fenster oder Türen gleich an eine Zimmerecke an, entweicht das Ch'i zu schnell. Davon ausgenommen sind die Haustür und die Haupttür eines Zimmers. Betrachtet man dieses Problem mit Hilfe der Acht-Punkte-Methode, zeigt sich, daß durch das rasch entweichende Ch'i der dieser Ecke entsprechende Lebensbereich ausgelaugt wird. Die folgenden Fälle illustrieren dieses Problem.

Al

Al lebte in einer beengten Wohnung, deren Küchentür ausgehängt war: Das nur wenige Zentimeter von der Zimmerecke

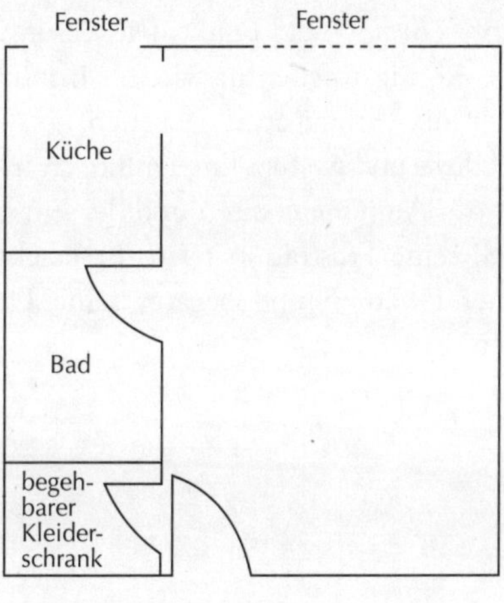

Abb. 36

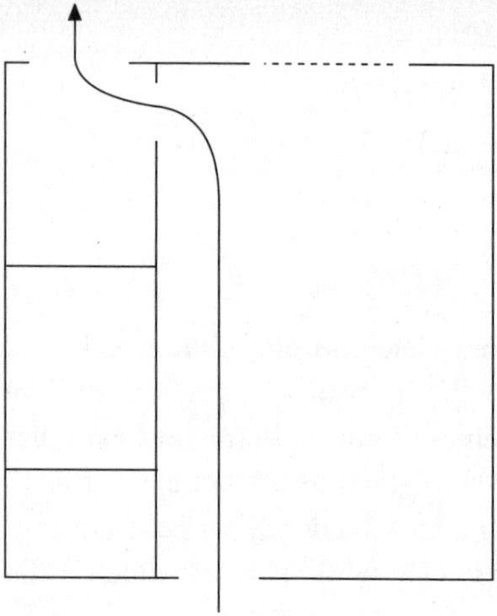

Abb. 37

entfernte Küchenfenster hatte zudem weder einen Vorhang noch eine Jalousie.

Sein chinesisches Horoskop und seine Haustürprognose sagten ihm Glück voraus. Aber die Problemzonen in seiner Wohnung zeigten, daß er sein ganzes Geld ausgab. Dies bestätigte er mir. Al war mit seinen beengten Wohnverhältnissen unzufrieden und wollte umziehen. Das Problem war dabei nur, daß er sich aus seiner Frustration heraus angewöhnt hatte, Schulden zu machen.

Verfolgt man einmal den Ch'i-Fluß durch die Wohnung, ergibt sich, von der Haustür angefangen, folgendes Bild:

Das Ch'i entweicht am Geld-Punkt. Die Lösung war ganz einfach: ich riet Al, die Küchentür wieder einzuhängen und das Küchenfenster mit Vorhängen zu versehen.

Nachdem Al diese und weitere Empfehlungen in die Tat umgesetzt hatte, wozu Aufräumarbeiten und der Einsatz von Farben gehörten, ließ seine Frustration nach. Er machte sich an die Klärung seiner Finanzen und begann seine Umzugspläne zu konkretisieren.

Pat und Tod

Pat und Tod lebten in einem Haus mit folgendem Grundriß:

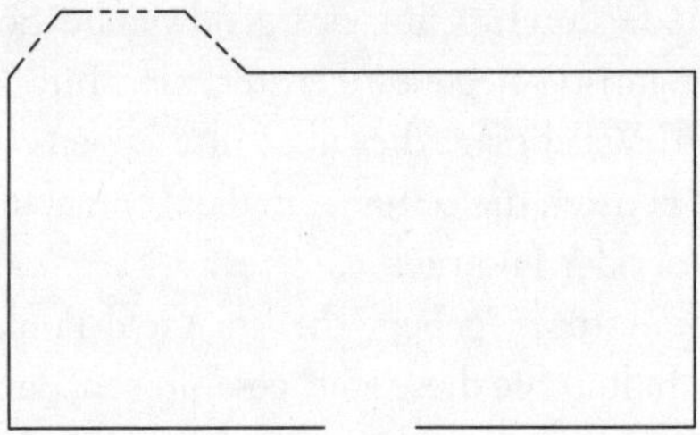

Abb. 38

Am Geld-Punkt, der mit dem Wohnzimmer zusammenfiel, befand sich ein Erker mit Flügelfenstern, die in den Garten hinausgingen. Am Ehe-Punkt befand sich eine nicht benutzte Toilette mit defekten Installationen. Neben der Toilette lag ein kleines, vollgestelltes Zimmer, das einmal das Zimmer für das Hausmädchen war und nun als Abstellraum benutzt wurde. Gleich daneben war die Küche.

Die Situationen am Geld-Punkt und am Ehe-Punkt zeigten mir, daß Pat und Tod finanzielle und eheliche Schwierigkeiten hatten. Dies bestätigten sie mir.

Zur Abhilfe dieser unerwünschten Situationen empfahl ich einmal Spitzenvorhänge für das Verandafenster am Geld-Punkt, da diese das Ch'i und somit ihr Geld innen halten würden. Und zum anderen riet ich, bezüglich des Ehe-Punktes, die Einrichtung eines Arbeitszimmers. Dazu sollte die Toilette samt Wand abgerissen werden. Der vergrößerte Raum würde durch den vermehrten Ch'i-Fluß am Ehe-Punkt die Ehespannungen lindern. Bald nachdem Pat und Tod diese und andere Veränderungen durchgeführt hatten, wobei auch Farben einbezogen wurden, fühlten sie sich wohler und geborgener. Es trat eine Besserung sowohl ihrer Finanzen als auch ihrer Beziehung ein.

Übungen

Gehen Sie Ihre Wohnung unter der Anwendung der Acht-Punkte-Methode durch. Gibt es irgendwelche Ecken, wo das Ch'i durch ungünstig liegende Fenster oder Türöffnungen entweichen kann? Was besagt dies über Ihre Lebenssituation?
Versehen Sie Fenster, die zu nahe an die Zimmerecken reichen, mit Vorhängen oder Jalousien.
Sollte es Zimmertüren geben, die am Geld-Punkt oder Ehe-Punkt liegen, halten Sie diese stets geschlossen, damit kein Ch'i entweichen kann. Stellen Sie eine lebende oder künstliche Solitärpflanze in die Nähe, um die Tür teilweise zu verdecken.
Fenster und Türen, die in der Wandmitte am Karriere-, Familie-, Ruhm- oder Kinder-Punkt liegen, sind kein Problem und brauchen keine spezielle Behandlung.

12 Raumformen

Untersuchen wir nun, was die drei Diagnosemethoden über ungleichmäßige Raumformen aussagen und wie sich eventuelle Mängel durch Spiegel, Pflanzen, Wandschirme und Farben korrigieren lassen.

Anwendung der Strichmännchenmethode

Betrachtet man den Wohnraum als Behälter oder Schutzhülle des Körpers, wird deutlich, daß Formasymmetrien das Ch'i beengen können.

Die Raumform in Abb. 39 engt offensichtlich den Kopf und Blick ein. Dies impliziert, im buchstäblichen und übertragenen Sinn, Engstirnigkeit und/oder Kopfschmerzen. Ein Raum läßt sich durch Spiegel erweitern. So kann man eine oder beide Wände mit einem Spiegel verkleiden, worauf die Pfeile auf Abb. 40 hinweisen.

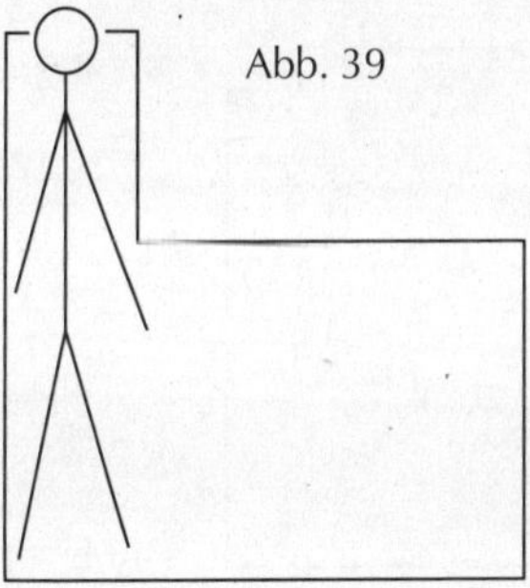

Abb. 39

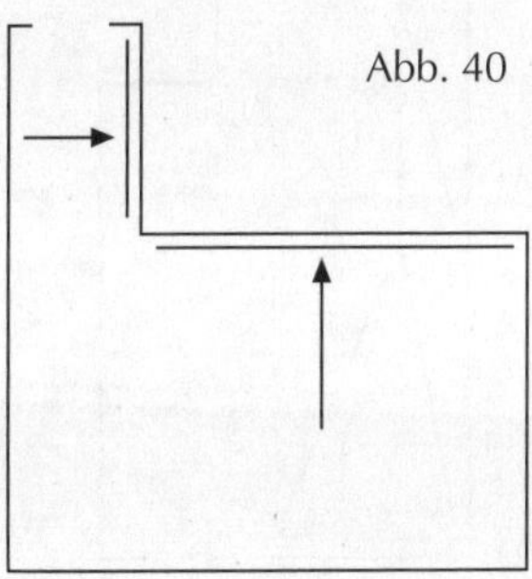

Abb. 40

Eine zweite, weniger kostspielige Möglichkeit ist die folgende Anbringung von Garderobenspiegeln: Um sie richtig aufzuhängen, ist der Grundriß auf ein Quadrat oder Rechteck zu ergänzen und mit beiden Diagonalen zu versehen (Abb. 41). Die kritischen Punkte sind die Schnittpunkte von Diagonale und Wand (auf Abb. 42 eingekreist), und genau dort sollten die Spiegel angebracht werden.

Die in Abb. 43 gezeigte Raumaussparung drückt auf den Ober-

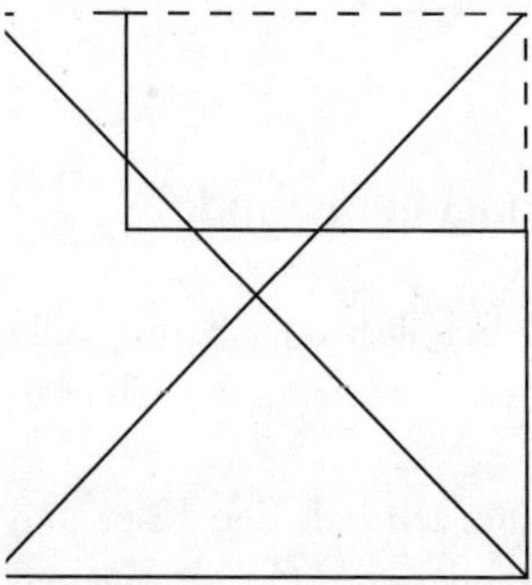

Abb. 41

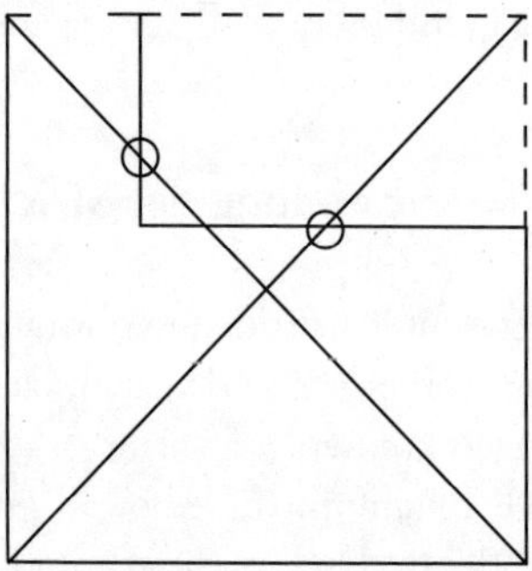

Abb. 42

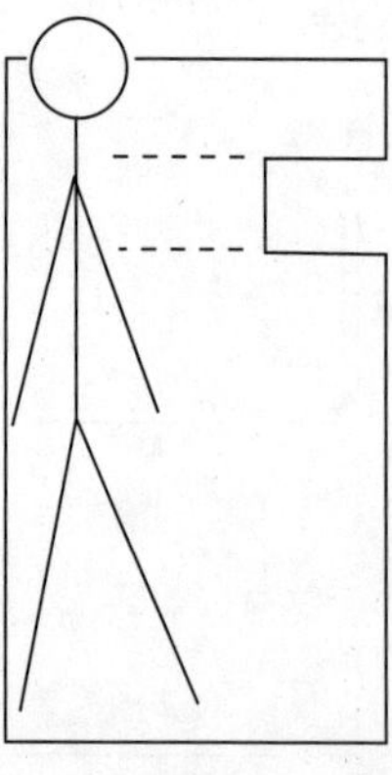

Abb. 43

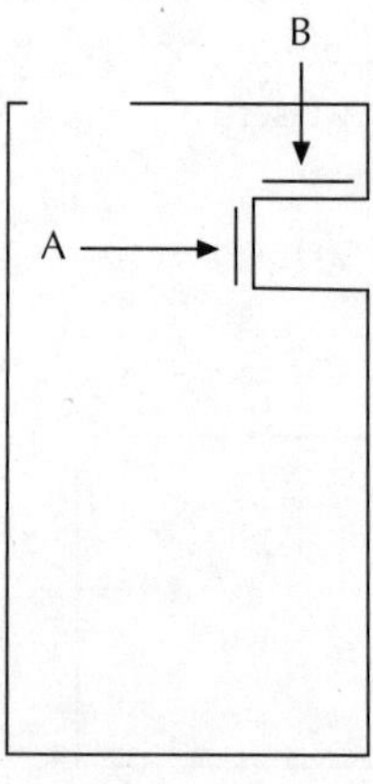

Abb. 44

körper und damit auf das Herz, die Lungen und die Herzregulation, was Herzenskummer impliziert.

Wenn Sie eine Wandverspiegelung planen, dann beginnen Sie mit der von Pfeil A bezeichneten Wand (Abb. 44), die von Pfeil B bezeichnete Wand wäre am zweitbesten geeignet.

Die in Abb. 45 gezeigte Raumaussparung drückt auf die Mitte des Rumpfes und damit auf die Leber, die Gallenblase, den Magen, die Milz, die Bauchspeicheldrüse und den Dünndarm; dies impliziert Ärger, Unruhe, Verdauungsprobleme und die Schwierigkeit, sich neuen Ideen gegenüber zu öffnen. Die Korrektur entspricht der in Abb. 44 gezeigten.

Die in Abb. 46 dargestellte Raumaussparung drückt auf den Unterleib und damit auf die Nieren, die Blase, die Sexualorgane und den Dickdarm. Dies impliziert Kummer und Angst.

Neben den obengenannten Symptomen beeinträchtigen die in Abb. 43–46 gezeigten Raumformen außerdem die Wärmeregulation, von der die Körpertemperatur und Wärmeerzeugung abhängen. Die in Abb. 47 gezeigte Raumform beeinträchtigt die Bewegungsfreiheit, was Erfolge erschwert und zu Frustration und Ärger führt. Die Korrektur entspricht derjenigen in Abb. 40 bis 42.

Abb. 45

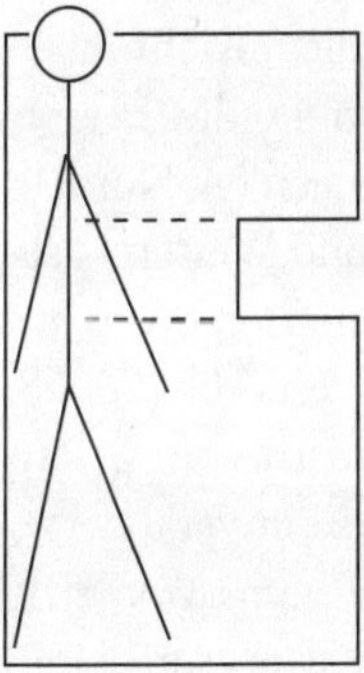

Abb. 46

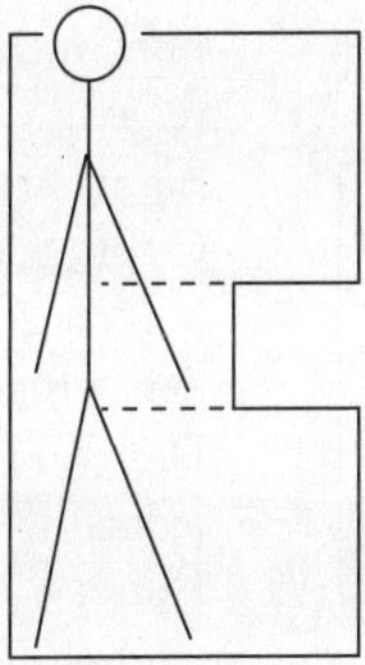

Abb. 47

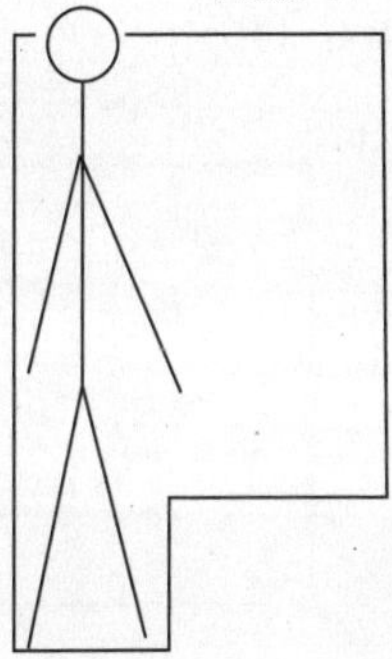

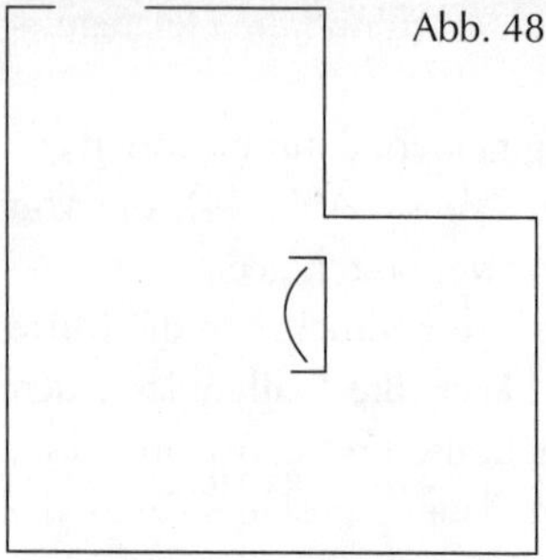

Abb. 48 Obwohl L-förmige Räume häufig vorkommen, sind sie aus der Feng-Shui-Sicht unausgeglichen. Man kann dieses Ungleichgewicht durch die Anbringung von Spiegeln korrigieren (Abb. 40–42) oder, wenn der Raum groß genug ist, ihn klar aufteilen durch eine Solitärpflanze, einen Wandschirm oder ein Möbel, z. B. durch eine Couch oder eine Kommode (Abb. 42).

Anwendung der Fünf-Elemente-Methode

Es gibt eine gute Methode, einen Raum ohne die Berücksichtigung des Geburtssterns oder der Glückssterne durch Farben energetisch auszubalancieren.

Dies soll unter Bezugnahme auf Abb. 49 demonstriert werden. Beachten Sie, daß die Ecken dieses Modellgrundrisses nach Nordosten, Südosten, Südwesten und Nordwesten zeigen.

Abb. 49

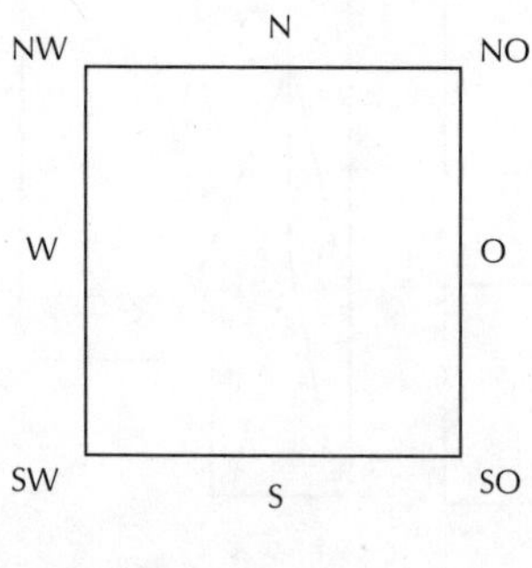

Sollten die Ecken Ihrer Wohnung nicht in diese Richtungen zeigen, sondern in die Haupthimmelsrichtungen – Norden, Osten, Süden und Westen –, sehen die Asymmetrien etwas anders aus als in den Abb. 50–68. Die Korrekturhinweise gelten jedoch weiterhin unverändert.

Durch die Raumasymmetrie wird ein Element entsprechend

hervorgehoben und unterdrückt. Ein Blick auf Ihren Grundriß zeigt Ihnen, wo es eventuell solche Raumerweiterungen und Raumaussparungen gibt. Sie machen immer nur einen Bruchteil, höchstens bis zu einem Drittel des gesamten Raumes aus. Raumerweiterungen ragen aus dem gesamten Raum heraus. Raumaussparungen ragen in ihn hinein (man spricht hier auch von »Projektionen« und »negativen Räumen«; Anm. d. Ü.).

Raumerweiterungen

Norden Bei einem räumlich hervorgehobenen Norden gewinnt das Element Wasser zu sehr die Oberhand. Wenn Sie körperliche Probleme mit Ihrem Wasserhaushalt haben und in einer solchen Wohnung leben, wird das Ihre Symptome verstärken. Sie könnten unter Ängsten leiden, sich von Problemen überwältigt oder überschwemmt fühlen oder in Gefühlsblockaden geraten. Streßsymptome machen sich dann bevorzugt im Nervensystem, in den Knochen und Gelenken oder in den Nieren, in der Blase, den Nebennieren und Sexualorganen bemerkbar. Bezüglich Ihrer Aktivitäten erschwert ein überbetonter Norden Reise- und Geschäftsvorhaben. Außerdem soll er zu Diebstahl einladen.
Ein räumlich hervorgehobener Norden (Abb. 50) läßt sich durch das Aufhängen von Spiegeln (Abb. 51) korrigieren.

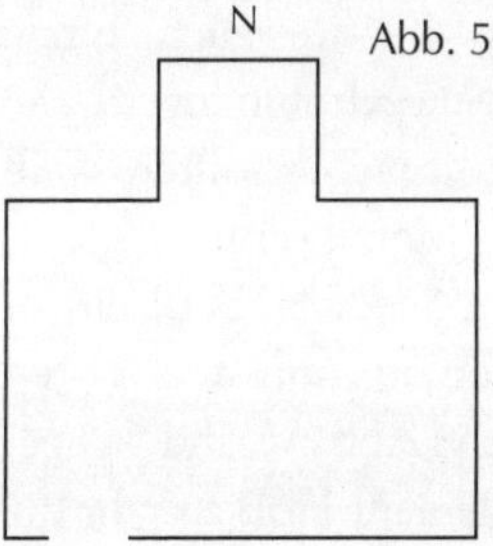

Abb. 50

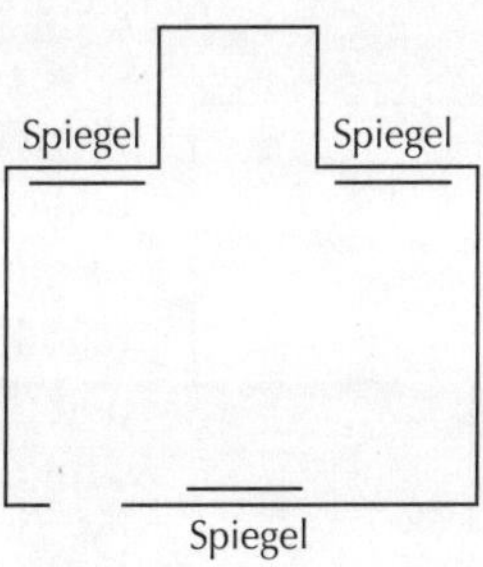

Abb. 51

Eine zweite, raffiniertere Korrekturmöglichkeit wäre die farbliche Gestaltung des erweiterten Nordbereichs, besonders der Nordwand, in Grün und/oder Hellblau. Sehr passend wäre hier ebenfalls eine blaue Vase mit Schilf oder auch ein senkrecht aufgehängter rechteckiger Spiegel in einem grünen oder blauen Holzrahmen.

Abb. 52

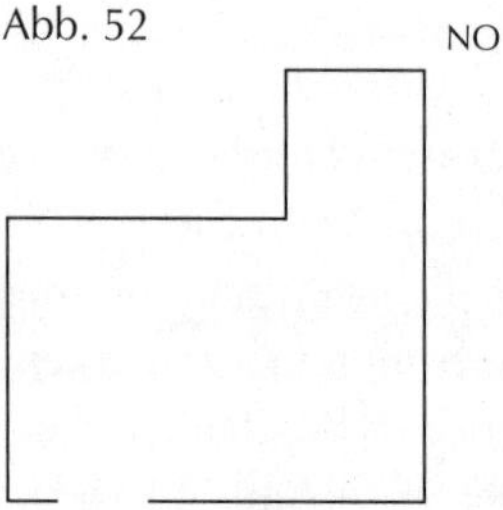

Abb. 53

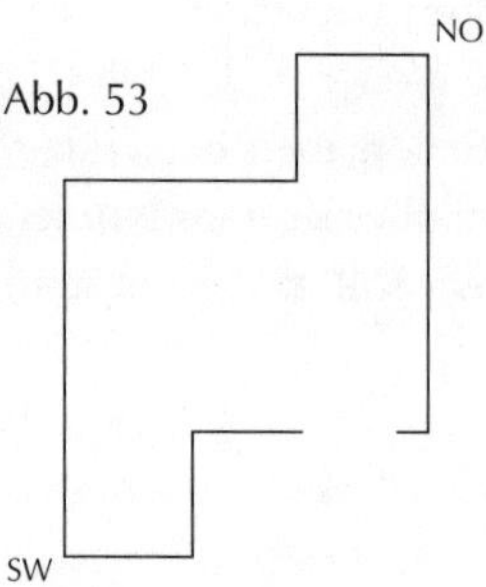

Abb. 54

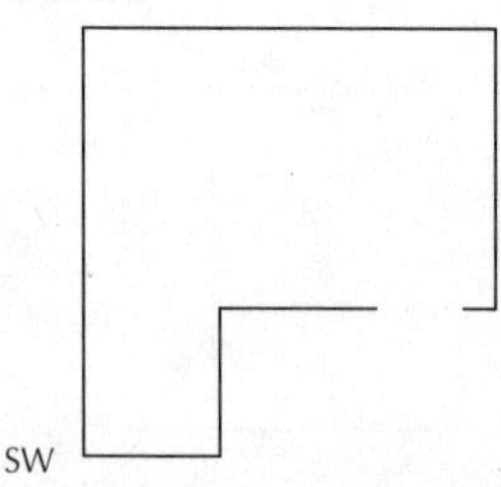

Nordosten und Südwesten Bei einem räumlich hervorgehobenen Nordosten und Südwesten (Abb. 52, 53, und 54) gewinnt die Farbe zu sehr das Übergewicht:

Zuviel Erde verweist auf Selbstsucht, Herrschsucht, Sturheit, Unausgeglichenheit, Fettleibigkeit, Aufgedunsenheit und Eßstörungen. Neben diesen Symptomen weist Abb. 52 außerdem auf Reichtum hin, der durch Gier verlorengeht; Abb. 53 zeigt Verluste durch Habgier und Diebstahl an und Abb. 54 eine dominante, herrische Hausfrau und Mutter. Hier ist das Übergewicht durch weiße Farbe zu korrigieren. Man könnte auch runde oder ovale Spiegel aufhängen. Die Rahmen der Spiegel sollten weiß und/oder aus Metall sein.

Osten und Südosten Bei einem räumlich hervorgehobenen Osten und Südosten (Abb. 55 und 56) gewinnt das Element Holz zu sehr die Oberhand.

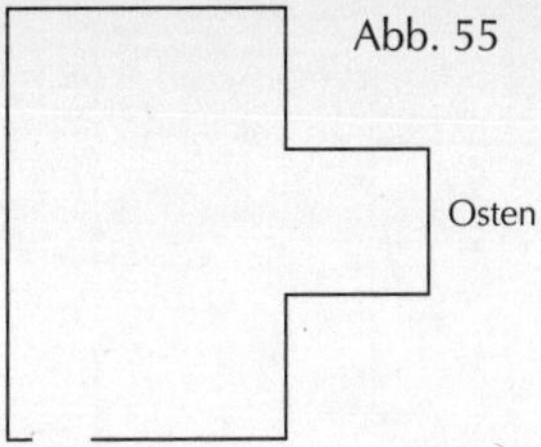

Abb. 55

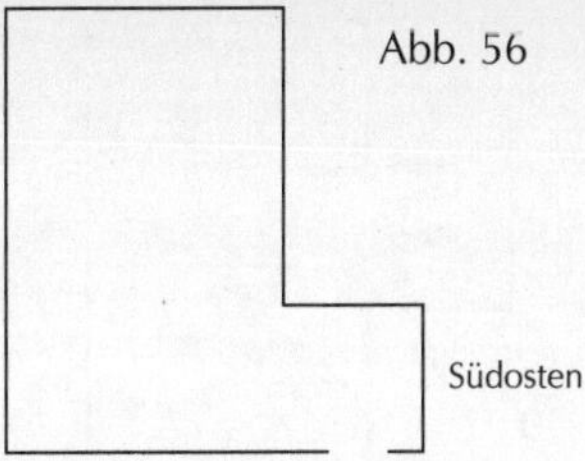

Abb. 56

Zuviel Holz verweist auf übermäßigen Ärger, verdrehtes Sehen, sowohl im buchstäblichen als auch übertragenen Sinne, und auf eine Stauungsleber und -gallenblase.
Hier ist das Übergewicht durch Rot- und/oder Lilatöne zu korrigieren. Oder man stellt eine mit einem kunterbunten Blumenstrauß gefüllte rote oder lila Vase auf.
Süden Bei einem räumlich hervorgehobenen Süden (Abb. 57) gewinnt das Feuer zu starken Einfluß.

Abb. 57

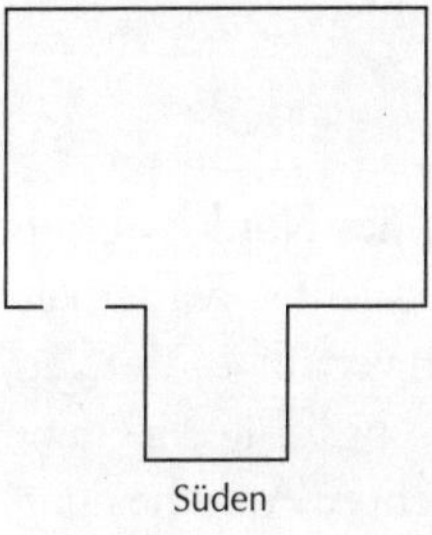

Zuviel Feuer verweist auf Launenhaftigkeit, Übereifer, seelischen und emotionalen Streß, auf Verdauungsprobleme, Bluthochdruck und Herzbeschwerden.
Hier ist das Übergewicht durch Gelb- oder andere Erdtöne zu korrigieren. Man kann auch einen braun oder gelb gerahmten, quadratischen Spiegel aufhängen und/oder an der Südwand einen kleinen Steingarten anlegen.
Westen und Nordwesten Bei räumlich hervorgehobenem Westen und Nordwesten (Abb. 58 und 59) gewinnt das Element Metall die Oberhand.

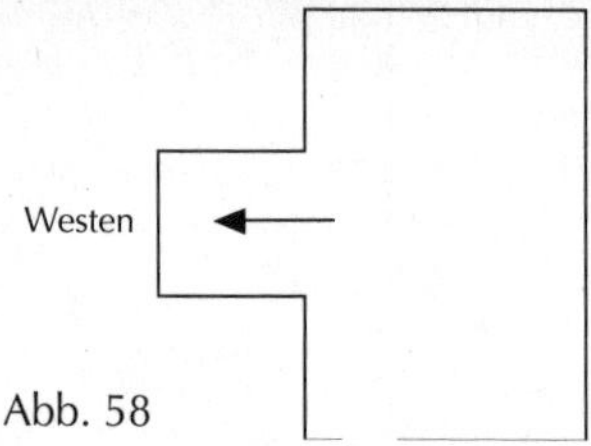

Abb. 58

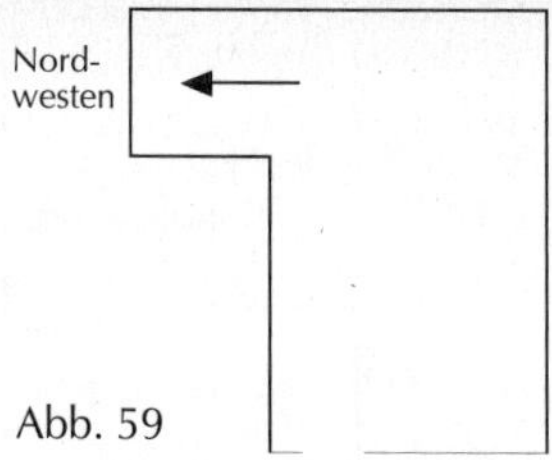

Abb. 59

Zuviel Metall verweist auf extremen Eigensinn, Gram und Gefühlsblockaden sowie auf Dickdarm- und Lungenprobleme. Übermäßige nach Westen gehende Raumerweiterungen bedeuten außerdem abnehmendes Glück; übermäßige nach Nordwesten gehende Raumerweiterungen einen arroganten Ehemann und Vater.

Hier ist das Übergewicht durch Schwarz oder Dunkelblau zu korrigieren. Man kann auch schwarz gerahmte runde oder ovale Spiegel an den von den Pfeilen angedeuteten Wänden anbringen.

Raumaussparungen

Norden Bei einer räumlichen Aussparung des Nordens (Abb. 60) hat das Wasser zuwenig Einfluß. Geschwächtes Wasser verweist auf geringe Vitalität, Depression, schwerfälliges Denken, schlechte Anpassungsfähigkeit und Angst, auf schlechte Ausscheidung, Toxizität, Sexualschwäche, Gelenktrockenheit sowie Ohren-, Nerven-, Blasen- und Nierenbeschwerden.

Abb. 60

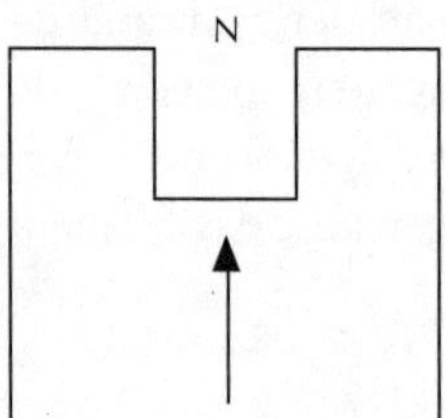

Zur Korrektur kann hier etwas Dunkles, die Farben Schwarz oder Dunkelblau Enthaltendes, plaziert werden, oder man tüncht die vom Pfeil angezeigte

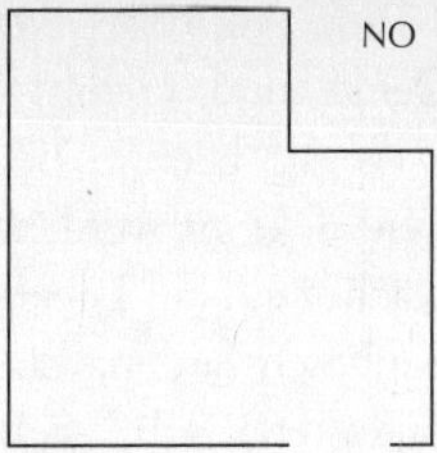

Abb. 61

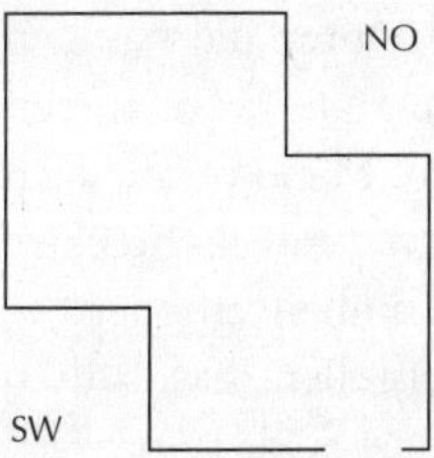

Abb. 62

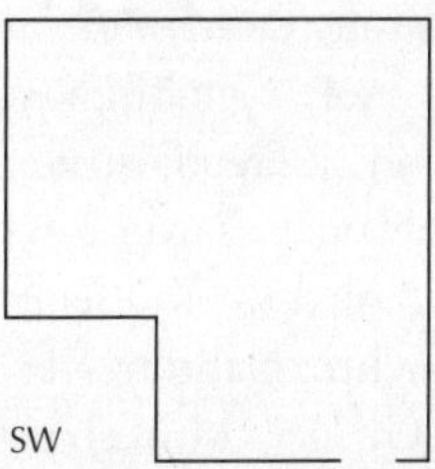

Abb. 63

Innenwand dunkelblau. Man kann dort auch einen schwarz gerahmten runden oder ovalen Spiegel anbringen. Wenn der Spiegel blau gefärbt ist, um so besser.
Nordosten und Südwesten Bei einer räumlichen Aussparung des Nordostens und Südwestens (Abb. 61, 62 und 63) ist der Einfluß der Erde zu gering.
Eine geschwächte Erde verweist auf Unsicherheitsgefühle und zuwenig Bodenständigkeit. Sie deutet auch auf Schlafstörungen, Unterernährung und Empfängnis- und Schwangerschaftsprobleme hin. Der in Abb. 62 gezeigte Grundriß ist in dieser Hinsicht am problematischsten. Abb. 61 deutet außerdem auf Schutzbedürftigkeit sowie auf extreme, unerwartete Ereignisse hin; Abb. 62 bedeutet kurzfristigen Reichtum und Abb. 63 eine schwache Hausfrau und Mutter.
Zur Korrektur kann hier mit Gelb gearbeitet werden. In einen Raum wie dem von Abb. 62 könnte ein gelber Teppich in die Mitte gelegt werden. Sollte genügend Raum vorhanden sein, könnten um die hereinragenden Ecken zur Kompensation auch kleine Steingärten angelegt werden. Möchte man statt dessen lieber Spiegel aufhängen, sollten sie quadratisch und gelb oder braun gerahmt sein.
Osten und Südosten Bei einer räumlichen Aussparung des Ostens und Südostens (Abb. 64 und 65) hat das Holz zuwenig Einfluß.

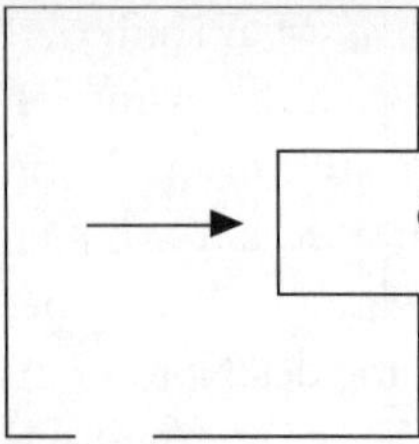

Abb. 64

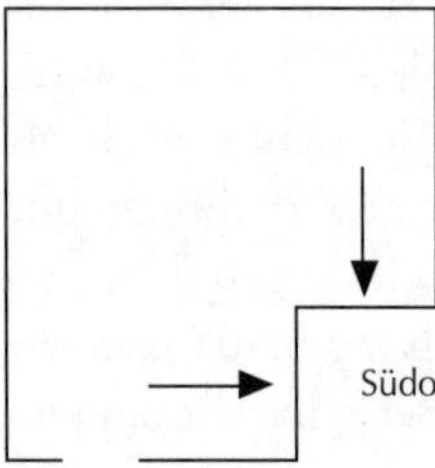

Abb. 65

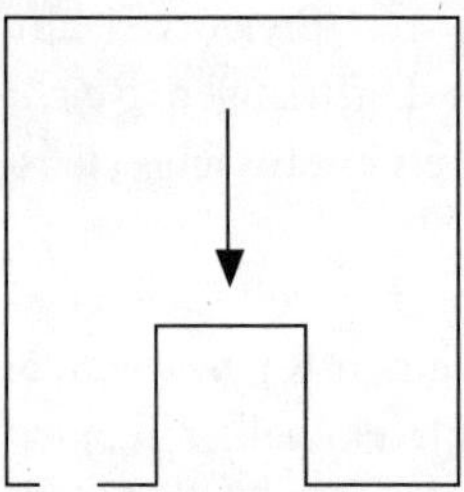

Abb. 66

Geschwächtes Holz verweist auf Verwirrtheit, Denk- und Gefühlsblockaden, die Angst, beengt, bedrängt und unterdrückt zu werden, auf Gliederschwäche und auf Leber- und Gallenblasenbeschwerden. Ein ausgesparter Südosten soll sich außerdem ungünstig auf das Geschäft auswirken.

Zur Korrektur könnten die von den Pfeilen angedeuteten Wände grün getüncht werden. Man könnte auch grün oder blau gerahmte rechteckige Spiegel vertikal aufhängen oder Solitärpflanzen aufstellen. Sie sollten echt und nicht aus Seide sein.

Süden Bei einer räumlichen Aussparung des Südens (Abb. 66) hat das Feuer zuwenig Kraft. Geschwächtes Feuer verweist auf Gefühlskälte, mangelnde Offenheit, Freudlosigkeit und Liebesprobleme sowie auf schlechtes Augenlicht, Kreislaufschwäche, schlechte Nahrungsverwertung, kalte Glieder, Muskelverspannungen und Sprachstörungen.

Zur Korrektur wäre die mit dem Pfeil angedeutete Wand rot oder lila zu tünchen. Die Farbe braucht nicht zu kräftig zu sein; ein zartes Lavendel, Violett oder Rosa genügt.

Westen und Nordwesten Bei einer räumlichen Aussparung des Westens oder Nordwestens (Abb. 67 und 68) ist der Einfluß des Metalls zu gering. Geschwächtes Metall verweist auf Kommu-

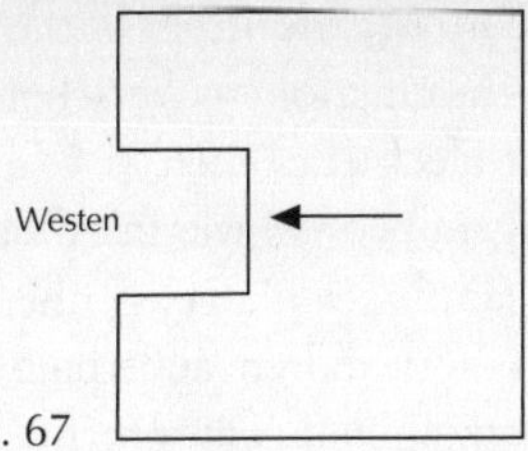

Abb. 67

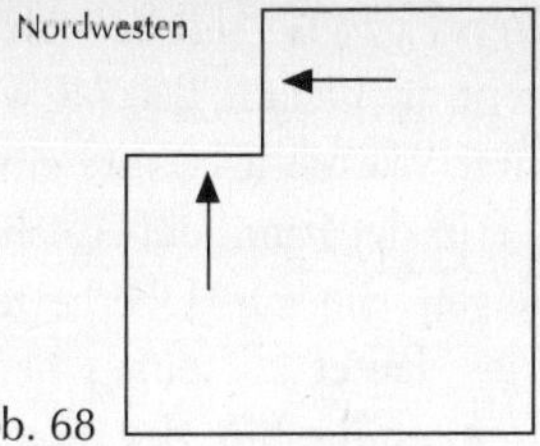

Abb. 68

nikationsstörungen, Gefühlsblockaden und Abgrenzungsprobleme sowie auf Ausscheidungs- und Atembeschwerden.
Zur Korrektur wären die raumaussparenden Wände weiß zu tünchen. Man könnte auch weiße und/oder metallgerahmte runde oder ovale Spiegel an den mit Pfeilen angedeuteten Wänden anbringen.

Anwendung der Acht-Punkte-Methode

Die Betrachtung des Raumes nach der Acht-Punkte-Methode zeigt Ihnen, in welchen Lebensbereichen es Schwierigkeiten gibt.
Wenn zum Beispiel der Karrierebereich hervorgehoben ist, wie in Abb. 57, neigen Sie zur Überbewertung beruflicher Angelegenheiten, so daß Ihnen zuwenig Zeit für Ihr Zuhause bleibt.
Wenn Ihr Karrierebereich ausgespart ist, wie in Abb. 66, kommt es leicht zu beruflichen Behinderungen durch unglückliche Umstände und eigene Unklarheiten sowie durch die Unfähigkeit, Hindernissen aus dem Weg zu gehen.
Wenn der Wissensbereich hervorgehoben ist, wie in Abb. 54, besteht die Möglichkeit, daß Sie durch übergroßen Wissensdurst andere Lebensbereiche vernachlässigt haben. Es könnte Ihnen auch etwas verspätet auffallen, daß Sie vieles umsonst gelernt haben.

Wenn der Wissensbereich ausgespart ist, wie in Abb. 63, besteht die Gefahr, daß Sie wichtige Informationen übersehen. In Ihrer Weltsicht könnte ein blinder Fleck entstehen.
Wenn der Familienbereich hervorgehoben ist, wie in Abb. 58, neigen Sie zur Überbewertung familiärer Angelegenheiten. Dies deutet auf einen herrischen Verwandten außerhalb der Kleinfamilie hin, der zuviel Aufmerksamkeit beansprucht.
Wenn der Familienbereich ausgespart ist, wie in Abb. 67, gibt die Familie viel Anlaß zur Sorge. Ein Familienmitglied könnte für lange Zeit erkranken, oder irgendein anderes Problem tritt auf.
Wenn der Geldbereich hervorgehoben ist, wie in Abb. 59, haben Sie große Ausgaben und Schwierigkeiten, Geld zu sparen, oder ihr Vermögen nimmt zu, nur um dann wieder zu verfallen.
Wenn der Geldbereich ausgespart ist, wie in Abb. 68, haben Sie Schwierigkeiten, finanziell auf einen grünen Zweig zu kommen. Vielleicht müssen Sie für jemand anderen zahlen und sind dadurch knapp bei Kasse.
Wenn der Ruhmbereich hervorgehoben ist, wie in Abb. 50, könnten Sie eine sehr hohe Meinung von sich entwickeln, während andere Sie in Mißkredit bringen. Vielleicht bitten Sie viele Leute auch um Rat und Hilfe, nur um Ihr Ch'i zu erschöpfen.
Wenn der Ruhmbereich ausgespart ist, wie in Abb. 60, könnten Sie wenig Profil zeigen und sich bedeckt halten. Sie könnten ebenfalls die Gewohnheit annehmen, durch jemand anderen zu leben.
Wenn der Ehebereich hervorgehoben ist, wie in Abb. 52, neigen Sie dazu, Ihre Ehe oder Liebesbeziehung komplizierter zu machen, als sie ist. Ihre Eigensinnigkeit kann bis zur Trennung führen.
Wenn der Ehebereich ausgespart ist, wie in Abb. 61, und Sie allein sind, könnten Sie Schwierigkeiten haben, einen Partner

zu finden, und wenn Sie liiert sind, könnte Ihre Beziehung ständig durch irgend etwas kurz vor dem Scheitern stehen.
Wenn der Kinderbereich hervorgehoben ist, wie in Abb. 55, und Sie Kinder haben, machen Ihnen wahrscheinlich Autoritätsprobleme zu schaffen; oder wenn Sie kinderlos sind, könnte es eine ziemlich kindische Person in Ihrem Leben geben, die Ihnen zuviel Aufmerksamkeit abverlangt.
Wenn der Kinderbereich ausgespart ist, wie in Abb. 64, wachsen Ihnen die mit Kindern verbundenen Anforderungen leicht über den Kopf: Sie könnten nicht bereit sein, sich emotional genügend zu engagieren.
Wenn der Freundesbereich hervorgehoben ist, wie in Abb. 56, kann Ihre Geselligkeit Sie zu sehr von zu Hause fernhalten, Ihre Einmischung in die Angelegenheiten anderer könnte Sie in eigene Schwierigkeiten bringen. Auch könnten, da Reisen mit unter den Freundes-Punkt fallen, zu viele Reisen anfallen und zur Vernachlässigung häuslicher Angelegenheiten führen.
Wenn der Freundesbereich ausgespart ist, wie in Abb. 65, könnten Freunde Sie hängenlassen. Es könnte unverhältnismäßig schwierig für Sie sein, benötigte Hilfe zu erhalten; entweder bleibt sie völlig aus, oder sie kommt zu spät. Schwierigkeiten wird es auch bei der Einhaltung von Reiseplänen geben.

Harry

Wenden wir uns nun einigen Beispielen zu.
Man bat mich um die Begutachtung von Harrys Wohnung, deren Grundriß in Abb. 69 zu sehen ist. Harry litt unter Magengeschwüren und Nervosität, worauf die Raumaussparungen, die auf die Taille des Strichmännchens drücken, und der ausgesparte Nordosten und Südwesten schließen lassen, die dem Element Erde entsprechen. Harry war allein. Er konnte sich offensichtlich auf niemand näher einlassen, worauf der ausgesparte Ehebereich hinwies. Er schien auch extrem eigenwillig zu sein, was

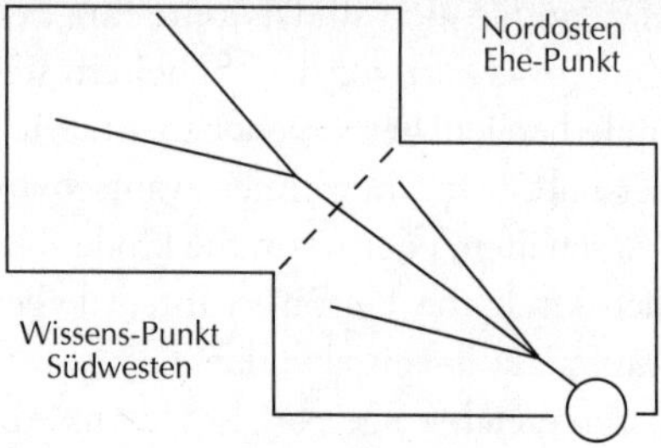

Abb. 69

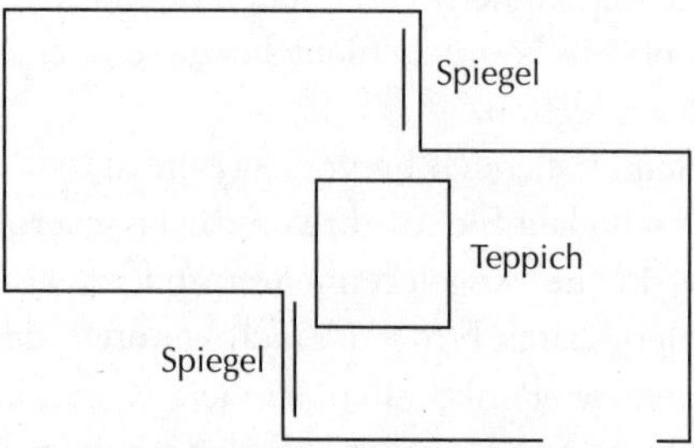

Abb. 70

der ausgesparte Wissensbereich zu verstehen gab. Harrys Wissens- und Eheprobleme standen mit dem Element Erde in Zusammenhang, da ihn große Unruhe und Unsicherheit plagten. Zur energetischen Ausbalancierung des Raumes empfahl ich die Anbringung von zwei Spiegeln und die Plazierung eines gelben Teppichs in der Wohnungsmitte (Abb. 70).

Harry kümmerte sich um Arzttermine und renovierte seine Wohnung nach meinen Empfehlungen. Das Ch'i wurde ruhig und hell, und weil es ihm das nötige Gefühl der Sicherheit vermittelte, ließ seine Nervosität nach, sein Gesundheitszustand besserte sich, und er begann das Leben positiver zu betrachten.

Joan

Joan hatte finanzielle Schwierigkeiten und lebte in einer Wohnung, deren Grundriß in Abb. 71 zu sehen ist. Sie litt außerdem unter Kreuzschmerzen, wie vom ausgesparten Bereich angezeigt. Zudem deutet die Raumerweiterung, durch die offensichtliche Einklemmung der Beine, auf wenig Erfolg im Leben hin. Der ausgesparte Ehebereich im Westen bedeutet, daß an den Schwierigkeiten, einen Partner zu finden, Gefühlsblockaden und mangelnde Kommunikation beteiligt sind, während der hervorgehobene Geldbereich im Süden darauf hinweist, daß die finanziellen Probleme mit vergangenem Herzenskummer zu tun haben. Als Korrektur empfahl ich Joan, die im Ehebereich eingerückten Wände weiß zu tünchen und mit ovalen Spiegeln zu versehen. Weiterhin riet ich zur Anwendung von Gelb und zur Verspiegelung der Innenwand im Geldbereich (Abb. 72).

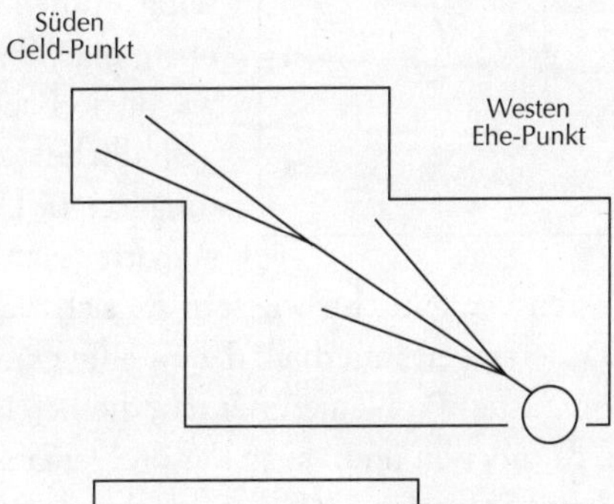

Abb. 71

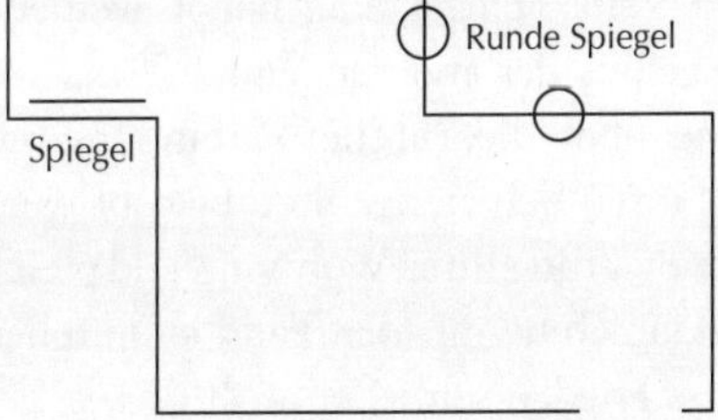

Abb. 72

Joans Wohnraum spiegelte ihren emotionalen Zustand wider, so daß sie durch die Renovierung auch zur Arbeit an sich selbst angeregt wurde. Während sie die Wohnung nach meinen Empfehlungen umgestaltete, gelang es ihr, Abschied von der Vergangenheit zu nehmen und sich nach einem besseren und interessanteren Job umzusehen, sowie ihr Interesse an einem Freundes- und Bekanntenkreis zu wecken.

Anne

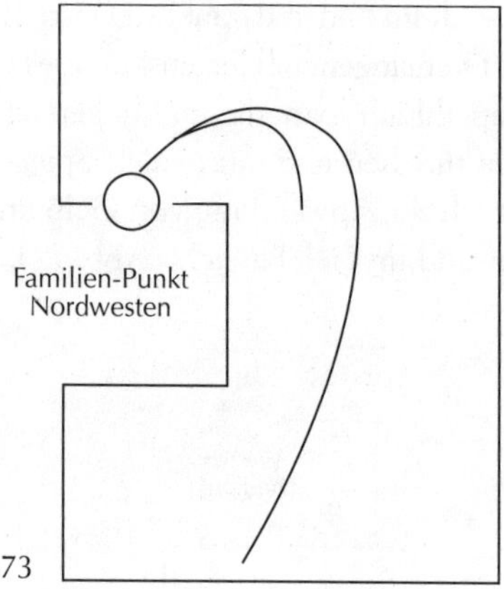

Abb. 73

Eine andere Frau, Anne, war über die Probleme mit einigen Mitgliedern aus der Familie bekümmert. Abb. 73 zeigt den Grundriß ihrer Wohnung. Anne neigte zu übergroßer Besorgnis, wie die in Bauchhöhe befindliche Aussparung zeigt. Der ausgesparte Familienbereich im Nordwesten verdeutlicht, wie sehr sie sich wegen der abgebrochenen Beziehungen innerhalb der Familie grämte.

Zur Korrektur von Annes Problemen riet ich, die hereinragenden Wände weiß zu tünchen und, da an der problematischeren Nordwestwand kein Spiegel aufgehängt werden konnte, zur vollen Verspiegelung der anderen Wand (Abb. 74).

Als sich Anne über die subtile Verbindung zwischen ihrer Wohnung und ihren Schwierigkeiten bewußt wurde, entschloß sie sich zur Renovierung ihrer Wohnung und gleichzeitig zur erneuten Kontaktaufahme mit den Familienmitgliedern, mit denen sie so gerne Frieden schließen wollte.

Übungen

1. Analysieren Sie mit Hilfe der drei Diagnosemethoden Ihre Wohnung, zuerst als Ganzes und dann Zimmer für Zimmer. Gibt es irgendwelche Asymmetrien? Wo wird das Strichmännchen eingeengt? Achten Sie darauf, daß es gut proportioniert in den Grundriß eingetragen ist. In welchen Himmelsrichtungen liegen die Raumerweiterungen bzw. -aussparungen? Welcher der acht Punkte ist davon betroffen? Kombinieren Sie die Informationen, die die Himmelsrichtungen und ihre entsprechenden Elemente sowie die acht Punkte liefern. Was besagen sie über Ihre Verhältnisse? Wie verbindet sich dies mit Ihren in Kapitel 10 gewonnenen Erkenntnissen?
2. Suchen Sie die zur Lösung Ihrer Raumprobleme passenden Korrekturen in diesem Kapitel heraus.

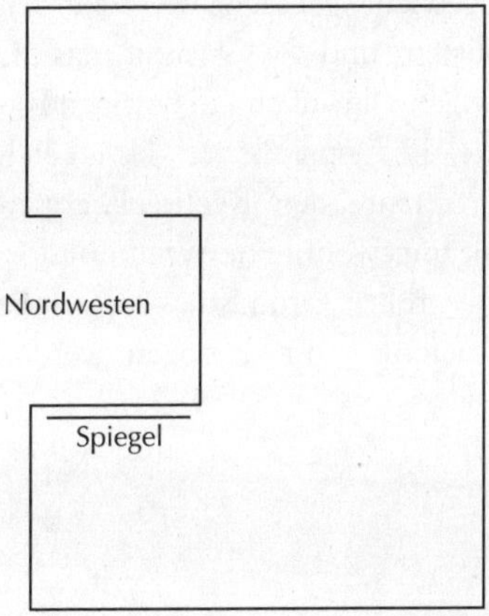

Abb. 74

13 Extrem asymmetrische Räume

Bis jetzt haben wir Wohnräume besprochen, die zwar asymmetrisch waren, aber in ein Raster paßten.

Jetzt wollen wir einige Wohnungen mit mehreren sich schneidenden Rastern betrachten. Diese Wohnungen haben etwas Fließendes und zugleich Widersprüchliches an sich. Die Wände verlaufen nicht parallel, die Ecken sind nicht rechtwinklig, und die Räume haben eine ungewöhnliche Form. Dies beeinflußt die psychische Energie, Gesundheit und das Geschick der Bewohner auf außergewöhnliche Weise.

Wegen der unglaublichen Variationsbreite solcher Formen sind deshalb auch die Feng-Shui-Diagnosen und Korrekturen entsprechend flexibel zu handhaben; hier sind Spontaneität und Erfindungsgeist gefordert.

Es gibt in der Feng-Shui-Praxis zwei Grundformen, durch die alle Asymmetrien ins Gleichgewicht gebracht werden: den Kreis, der den Himmel symbolisiert, und das Quadrat, das die Erde symbolisiert. Alle Wohnungen, die auf einem einzigen Raster aufbauen, wie die in Kapitel 12 besprochenen, lassen sich zu einem Quadrat oder dessen Variante, dem Rechteck, ergänzen. Der Kreis eignet sich gut für ungewöhnliche Wohnungsformen, besonders bei Häusern mit großen Grundstücken, wo die Gartengestaltung zur Ausbalancierung hinzugezogen werden kann.

Chloe

Abb. 75 zeigt Chloes Wohnung:

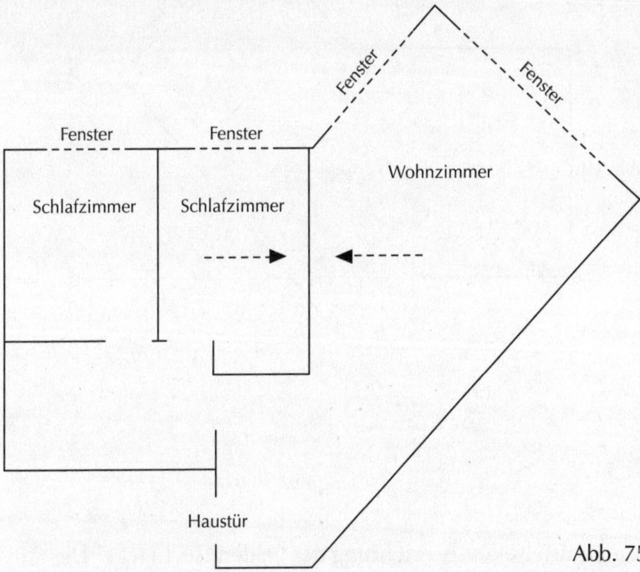

Abb. 75

Können Sie sehen, daß ihre Wohnung aus zwei sich schneidenden Rastern konstruiert ist? Die Frage war hier, wie sich die beiden Bereiche ausbalancieren ließen. Die Lösung sehen Sie auf der folgenden Seite.

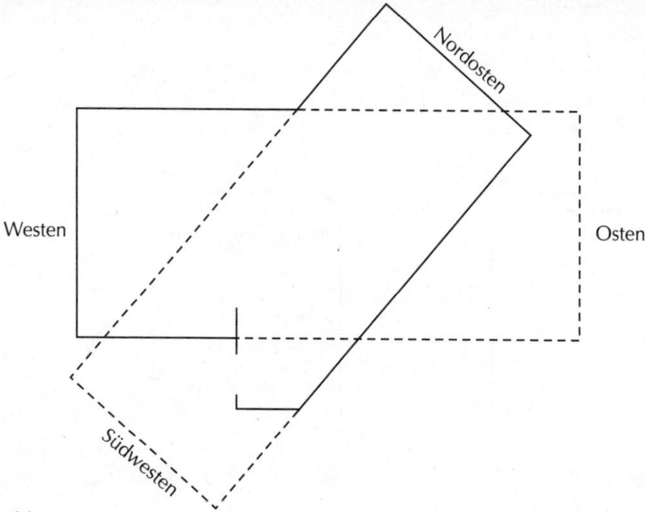

Abb. 76

Ich ermittelte die Ausrichtung der beiden Rechtecke. Die Ausrichtungen der beiden Rechtecke ergaben als Elemente einerseits Holz und Metall für Osten und Westen und andererseits Erde für Nordosten und Südwesten. Um Holz, Erde und Metall auszugleichen, braucht man Feuer, da Holz Feuer nährt, Feuer Erde schafft und so weiter. Ich empfahl deshalb, die in Abb. 75 mit Pfeilen angezeigte Wand in einem Rot- oder Lilaton zu tünchen.

Ich riet weiterhin, im Wohnzimmer einen Spiegel an die rote Wand zu hängen, um den Eindruck von Symmetrie zu schaffen.

Larry und Ruth

Abb. 77 zeigt ebenfalls einen ungewöhnlichen Wohnungsgrundriß, der den Bewohnern, Larry und Ruth, schwer zu schaffen machte.

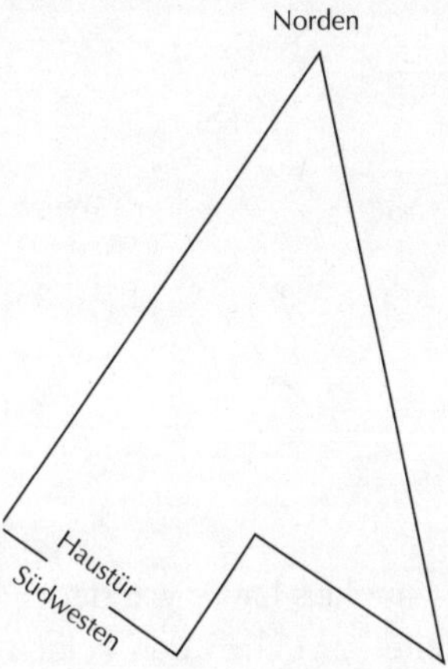

Abb. 77

Diese Wohnungsform entspricht im wesentlichen einem Dreieck, das dem Element Feuer entspricht. Das Dreieck ist aufgrund seiner Expansivität und Dynamik eine sehr aggressive Form. Der Scheitelpunkt dieser Wohnung weist genau nach Norden, der Richtung des Elements Wasser, und da die Haustür nach Südwesten schaut, wird die Wohnung vom Element Erde beherrscht. Folglich sind Feuer und Erde mit dem Wasser auszugleichen.

Da das durch die Wohnungsform gegebene Element Feuer das die Wohnung beherrschende Element Erde schafft und das Element Wasser absorbiert, deutet der Scheitelpunkt nicht bloß nach Norden, er *greift* den Norden *an*.

Zur Wiederherstellung des energetischen Gleichgewichts riet ich, einen kleinen runden Spiegel als Metallentsprechung in die Nordspitze zu hängen, wodurch das Element Erde der Haustür dem Element Wasser förderlich werden konnte. Außerdem empfahl ich, zur harmonischen Anziehung des Elements Wasser in der Nordspitze einige Pflanzen aufzustellen. So wurde ein zuerst äußerst aggressiver Raum zu einem harmonischen, friedlichen Ort, der es Larry und Ruth erlaubte, ihre Streitigkeiten zu bereinigen.

Louise und Alex

Abb. 78 zeigt den Grundriß eines ungewöhnlichen Landhauses, das ich einmal zu begutachten hatte.

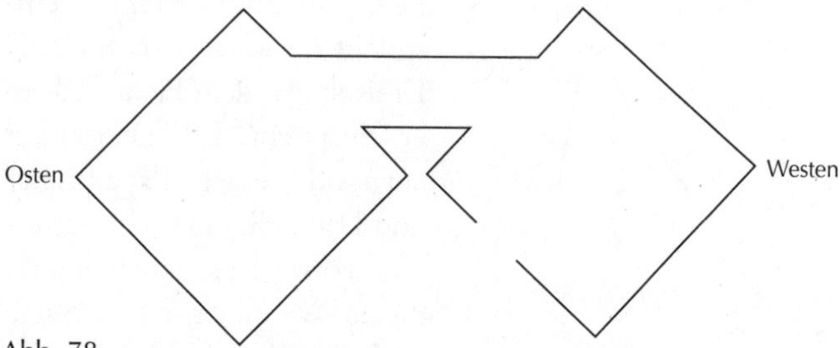

Abb. 78

Der erste Eindruck, den ich von diesem Haus hatte, war der eines gebrochenen Genicks. Im Mittelteil zwischen den beiden Quadraten liegt die Küche. Das eine Quadrat weist nach Osten bzw. in die Holzrichtung, und das andere nach Westen bzw. in die Metallrichtung. Metall durchschneidet Holz; eine Hälfte bekämpft die andere. Die Bewohner dieses Hauses, Louise und Alex, waren verheiratet. Als wir in der Küche die Farbauswahl besprachen, begannen sie sofort miteinander zu streiten. Das war wenig verwunderlich.

Die Farben, die ich für die Küche empfahl, dem am wenigsten ausgeglichenen Ort, waren Rot und Gelb, da ihre entsprechenden Elemente, Feuer und Erde, zwischen Holz und Metall vermitteln – Holz nährt Feuer (rot), Feuer schafft Erde (gelb), und Erde birgt Metall.

Nachdem der Gegensatz des Holz- und Metallbereichs vermittelt war, mußte eine übergreifende Form für den gesamten Grundriß gefunden werden. Ich entschloß mich, mit einem Kreis zu arbeiten.

Abb. 79 zeigt, wie: Die Seitenlinien der beiden Quadrate wurden verlängert, bis sie sich mit dem Kreis schnitten, der um den Grundriß gezogen worden war.

Ich riet, an den sich durch das westliche Quadrat ergebenden Schnittpunkten kleine Steingärten mit roten und lila Blumen anzulegen und an jenen des östlichen Quadrats Bäume einer Sorte, wie zum Beispiel Eschen oder Erlen.

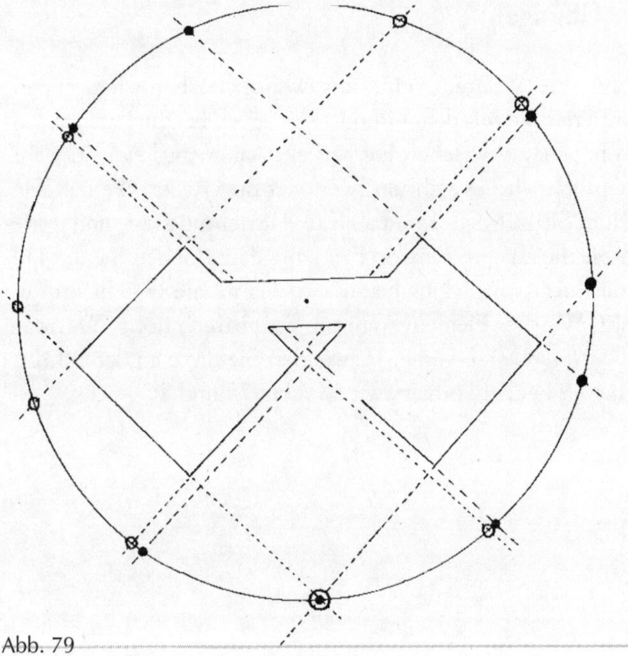

Abb. 79

Die Kreisform integriert das Haus auf zweierlei Art: Erstens erhalten so beide sich widerstreitende Quadrate den Segen des Himmels, und zweitens wird so eine weitere Elementebrücke zwischen Holz und Metall geschlagen, bestehend aus dem Ostquadrat und den Bäumen für Holz, die roten und lila Blumen für Feuer, die Steingärten für Erde und das westliche Quadrat für Metall.

Übungen

Wenn Ihre Wohnung eine ungewöhnliche Form hat, experimentieren Sie mit dem Grundriß so lange, bis Sie herausgefunden haben, aus welchen Formen er zusammengesetzt ist; wahrscheinlich wird es sich um zwei oder drei Rechtecke handeln. Stellen Sie mit dem Kompaß ihre Ausrichtung fest, und notieren Sie die entsprechenden Elemente dazu. Finden Sie mit Hilfe des kreativen Zyklus heraus, wo Harmonie besteht und wo nicht. Welches Element wäre zur Vermittlung nötig? Was wäre die entsprechende Farbe? Verwenden Sie diese an der Schnittstelle der beiden Formen, wie in Abb. 75 und 76 gezeigt.

14 Durch Farben die Raumenergie harmonisieren

Sie haben bereits erfahren, welche Ihre persönlichen Farben entsprechend Ihrem Geburtsstern und Ihren Glückssternen sind und wie das Element Ihres Geburtssterns mit dem Element der Haustürrichtung in Einklang zu bringen ist. Sie haben ferner gesehen, wie sich Farben zur Ausbalancierung von Raumasymmetrien einsetzen lassen.

Ich will nun zeigen, wie sich jeder Bereich der Wohnung mit dem Element der Haustürrichtung in Einklang bringen läßt, je nachdem wer darin wohnt.

Nehmen Sie eine Grundrißkopie. Wenn Sie ein Haus mit mehreren Etagen bewohnen, brauchen Sie den Grundriß von jeder Etage. Notieren Sie die Haustürrichtung. Zur Erinnerung: Wenn Sie direkt zur Haustür hinausschauen, blicken Sie in die gesuchte Richtung. Entsprechend erfahren Sie die Richtung des ersten Stockes, wenn Sie oben von der Treppe hinunterschauen, und die Richtung des Kellergeschosses, wenn Sie dessen Treppe hinaufschauen. Auf die gleiche Weise läßt sich die Richtung eines jeden Zimmers bestimmen, indem man jeweils zur Zimmertür hinausblickt.

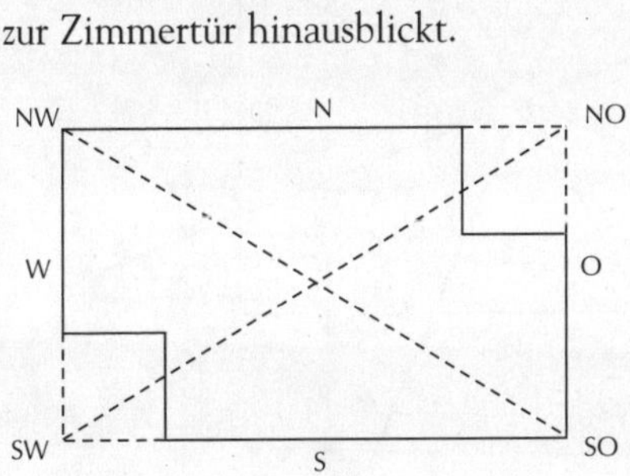

Abb. 80

Abb. 81

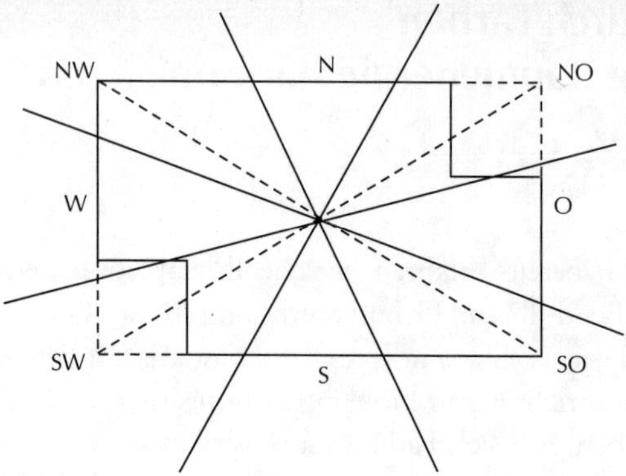

Sie haben Ihren Wohnungsgrundriß bereits zu einem Quadrat oder Rechteck ergänzt, die acht Himmelsrichtungen eingetragen und mit Hilfe der Diagonalen (Abb. 80) ein Kompaßdiagramm darübergezeichnet (Abb. 81).

Abb. 82

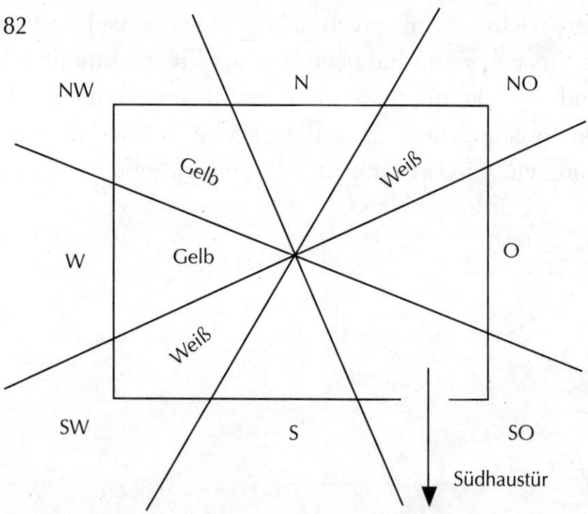

Wenn Ihre Haustür nach Süden schaut, herrscht im Südwest-, West-, Nordwest- und Nordostsektor Disharmonie, die auszugleichen ist. Verwenden Sie im Südwest- und Nordostsektor Weiß und im West- und Nordostsektor Gelb (Abb. 82). Zu Weiß gehören die Farbtöne Elfenbein, Grau und Silber; zu Gelb alle Farbtöne von Dunkelbraun über Beige und Orange bis Hellgelb.
Im Nord-, Ost-, Südost- und Südsektor herrscht bereits Harmonie, die nicht weiter unterstützt zu werden braucht. Sie können hier die Farbe Ihres Geburtssterns einsetzen, oder die Farbe, die zwischen Ihrem Geburtsstern und der Haustürrichtung vermittelt, oder die Farbe Ihrer Glückssterne.

Wenn Ihre Haustür nach Südwesten schaut, herrscht im Nord-, Ost-, Südost- und Südsektor Disharmonie, die auszugleichen ist. Verwenden Sie im Nord- und Südsektor Weiß, im Ost- und Südostsektor Rot oder Lila (Abb. 83). Rot und Lila umfaßt alle

Abb. 83

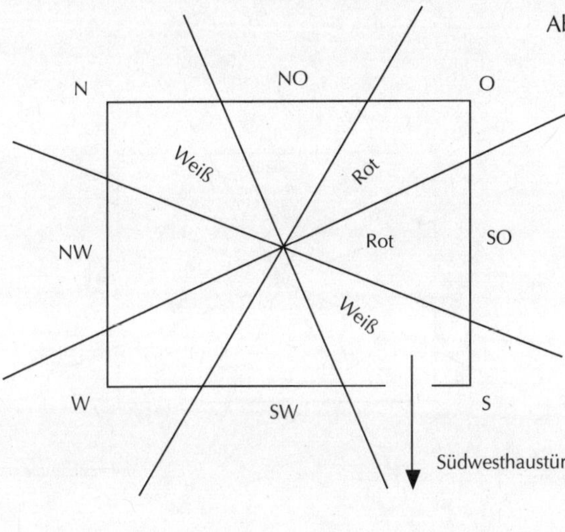

Abb. 84

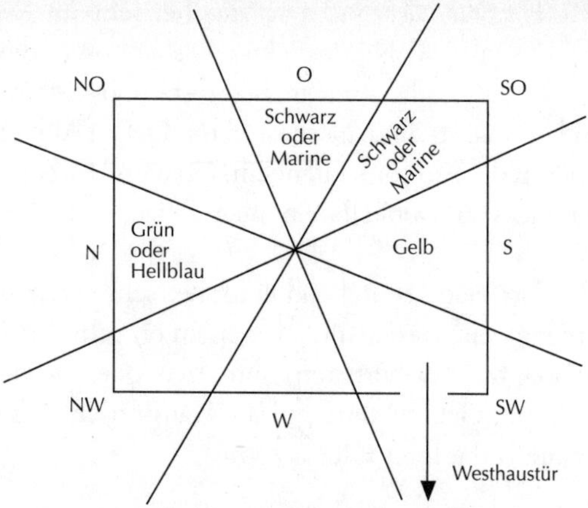

Schattierungen von Dunkel bis Hell, so zum Beispiel die Farben Rosa, Violett und Lavendel.

Wenn Ihre Haustür nach Westen schaut, herrscht im Nord-, Ost-, Südost- und Südsektor Disharmonie, die auszugleichen ist. Verwenden Sie im Nordsektor irgendeinen Grün- und/oder Hell-

Abb. 85

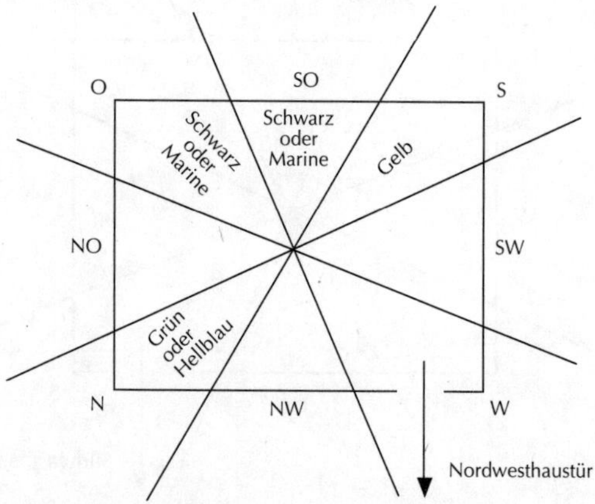

blauton, im Ost- und Südostsektor Schwarz, Marine- oder Dunkelblau und im Südsektor Gelb (Abb. 84).
Wenn Ihre Haustür nach Nordwesten schaut, herrscht im Nord-, Ost-, Südost- und Südsektor Disharmonie, die auszugleichen ist. Verwenden Sie Grün und/oder Hellblau im Nordsektor; Schwarz, Marine- oder Dunkelblau im Ost- und Südostsektor und Gelb im Südsektor (Abb. 85).

Wenn Ihre Haustür nach Norden schaut, herrscht im Nordost-, Südwest-, West- und Nordwestsektor Disharmonie, die auszugleichen ist. Verwenden Sie Weiß im Nordost- und Südwestsektor und Grün und/oder Hellblau im West- und Nordwestsektor (Abb. 86).

Wenn Ihre Haustür nach Nordosten schaut, herrscht im Ost-, Südost-, Süd- und Nordsektor Disharmonie, die auszugleichen ist. Verwenden sie Rot- und Lilatöne im Ost- und Südostsektor und Weiß im Nord- und Südsektor (Abb. 87).

Abb. 86

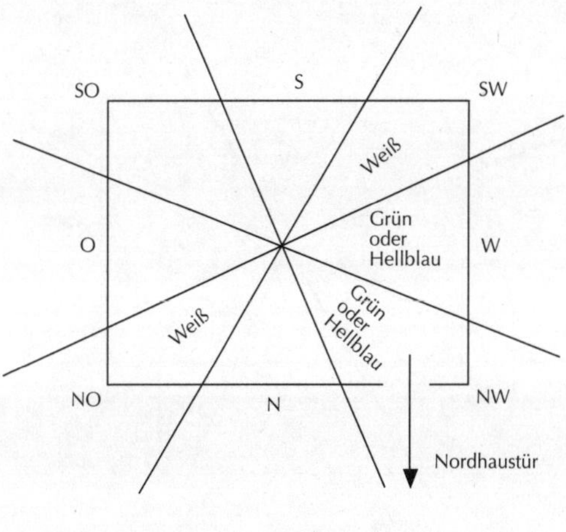

Abb. 87

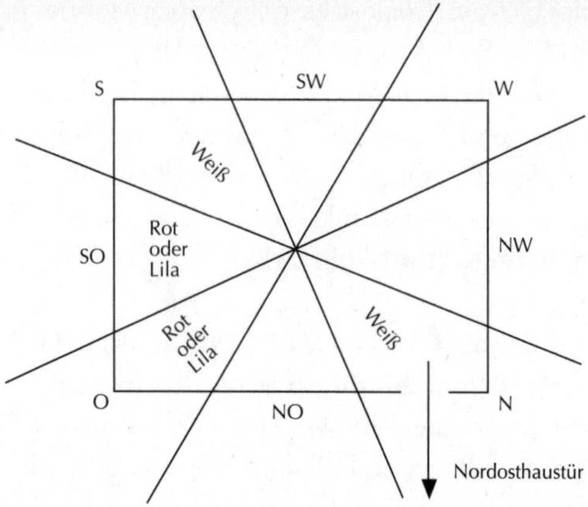

Wenn Ihre Haustür nach Osten schaut, herrscht im Südwest-, West-, Nordwest- und Nordostektor Disharmonie, die auszugleichen ist. Verwenden Sie Rot- und Lilatöne im Südwest- und Nordostsektor und Schwarz und Marine- oder Dunkelblau im West- und Nordwestsektor (Abb. 88).

Abb. 88

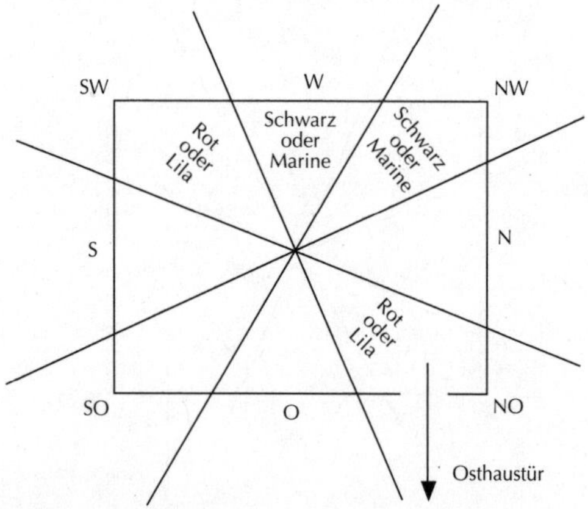

Abb. 89

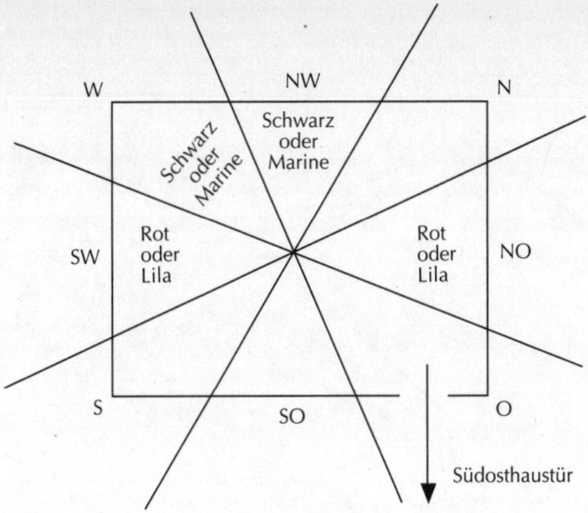

Wenn Ihre Haustür nach Südosten schaut, herrscht im Südwest-, West-, Nordwest- und Nordostsektor Disharmonie, die auszugleichen ist. Verwenden Sie Rot- und Lilatöne im Südwest- und Nordostsektor und Schwarz und Marine- oder Dunkelblau im West- und Nordwestsektor (Abb. 89).

Zur Ausbalancierung einer ungewöhnlichen Raumform kann auch so vorgegangen werden: Man bestimmt einerseits das Element der Haustür und andererseits das Element des nicht auf ihrer Achse liegenden Raumabschnitts (Abb. 90).

Zu der nach Osten schauenden Haustür gehört das Element Holz und zu dem Südwestabschnitt das Element Erde. Holz und Erde harmonieren nicht miteinander. Zu ihrem Ausgleich braucht man Feuer. Deshalb sollte hier der Südwestbereich in Rot- und/oder Lilatönen gehalten sein.

Abb. 90

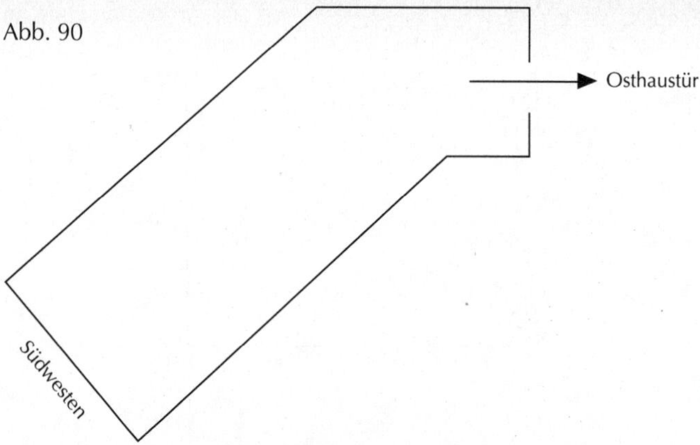

Yin- und Yang-Schattierungen

Schließlich und endlich hat man bei der Farbauswahl, dem Yin und Yang entsprechend, auch auf die Schattierung zu achten. Schließlich stellt sich nach der Farbwahl die nicht weniger wichtige Frage nach der Schattierung, die entsprechend den Yin- und Yang-Aspekten zu lösen ist.
Die Wahl des Farbtons hängt von zwei Dingen ab: ob der eigene Körpertyp oder Beruf bei der Wohnungsgestaltung mit berücksichtigt werden soll und ob ein Zimmer eher Yin- oder Yang-Funktion hat.
Das Wohnzimmer, die Küche, das Eßzimmer, der Familienraum, der Spielraum und das häusliche Geschäftszimmer sind Yang-Räume. Das Schlafzimmer und das Badezimmer sind Yin-Räume. Das Arbeitszimmer und die Einzimmerwohnung sind Yin-Yang-Räume. Folglich unterscheiden sich die Feuerfarben eines Wohnzimmers von denen eines Schlafzimmers. Im Wohnzimmer kämen die helleren Rot- und Lilatöne, im Schlafzimmer

hingegen die dunkleren oder gedämpfteren Varianten zum Einsatz, wie Pflaumenblau, Blauviolett, Lavendel und Violett.
Wir können nun alle drei Ebenen unseres Farbsystems kombinieren.
Wenn man einmal die Farben festgelegt hat, die zur Harmonisierung des Geburtssterns mit der Haustür, zur Ausbalancierung von Raumasymmetrien und zur Harmonisierung der einzelnen Wohnungssektoren mit der Haustür nötig sind, wird man feststellen, daß einige Stellen übrig sind, die keine besondere Farbe erfordern. Dies sind die Stellen, an denen Sie Ihre persönlichen Farben einsetzen können, wie sie durch Ihren Geburtsstern und Ihre Glückssterne festliegen. Sie können Ihre persönlichen Farben auch an anderen Wohnungsabschnitten mit den dort zur Raumharmonisierung nötigen Farben kombinieren. Das folgende Beispiel zeigt, wie dies geht.

Rose

Rose, geboren am 1. Dezember 1959, lebt in folgender Wohnung (Abb. 91):

Abb. 91

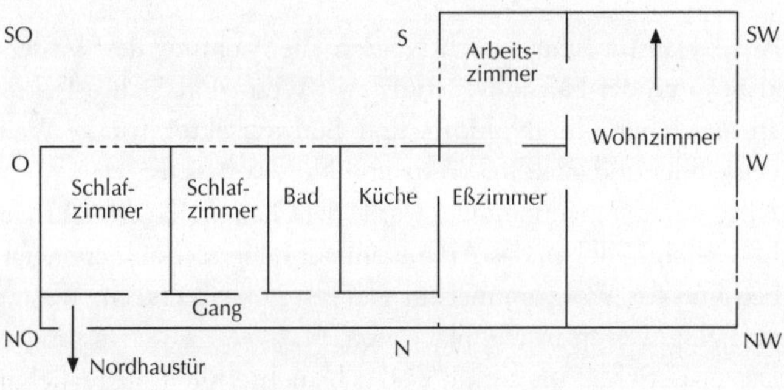

Roses Geburtsstern ist 1 Wasser-Stern mit den Farben Schwarz, Marine- und Dunkelblau.
Da ihre Haustür nach Norden, oder Wasser, schaut, steht sie mit ihrem Geburtsstern in Einklang.
Da Rose im zehnten chinesischen Monat eines 1 Wasser-Jahres geboren wurde, sind ihre Glückssterne 6 Metall und 7 Metall mit den Farben Weiß und Rot. Zusammen mit den Farben ihres Geburtssterns standen demnach als Grundfarben Schwarz und/oder Dunkelblau, Weiß und Rot zur Verfügung.
Zur Harmonisierung der Asymmetrie von Roses Wohnung wurde Weiß im erweiterten Südwestbereich verwendet sowie ein runder Spiegel angebracht (siehe Pfeil Abb. 91).
Zur Ausbalancierung der mit der Haustür disharmonierenden Sektoren bestimmte ich zuerst die Wohnungsmitte (Abb. 92), und trug dann das Kompaßdiagramm ein (Abb. 93).

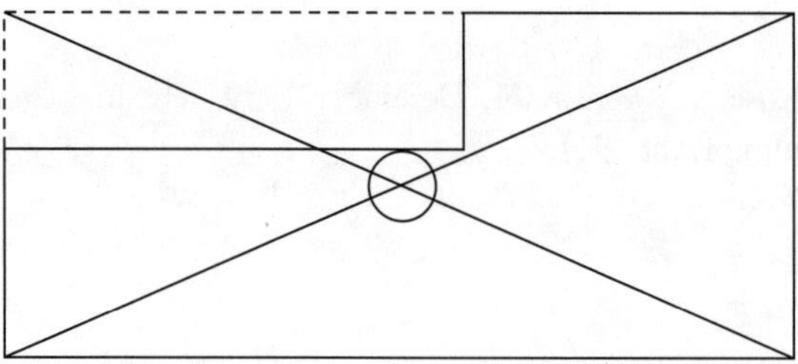

Abb. 92

Roses Haustür schaut nach Norden, die Richtung des Wassers, also waren der Nordost-, Nordwest-, West- und Südwestsektor auszugleichen. Im Nordost- und Südwestsektor wurde Weiß verwendet und Blau im West- und Nordwestsektor.
Alles zusammengenommen, wurde der Gang weiß getüncht, der Eßbereich hellblau, das Arbeitszimmer hauptsächlich cremefarben und das Wohnzimmer im Südwesten weiß und im Westen und Nordwesten in Hellblautönen.
Das erste Schlafzimmer im Osten brauchte nicht ausgeglichen

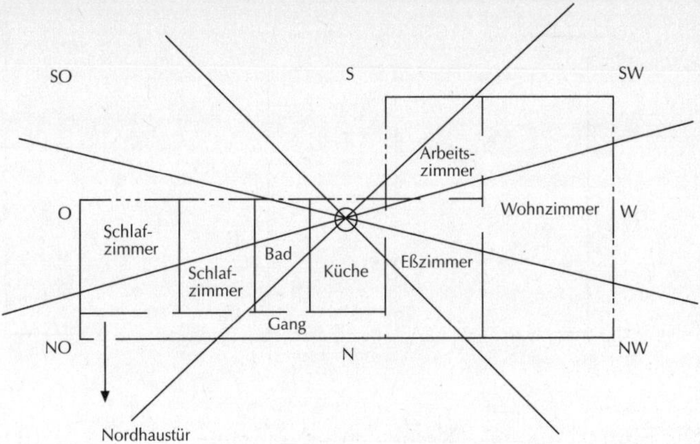

Abb. 93

zu werden. Deshalb wurde es in Rosa gehalten, einer Yin-Schattierung von Roses Glücksfarbe Rot. Das zweite Schlafzimmer wurde rosa und cremefarben getüncht. Das Badezimmer wurde schwarz und weiß gestaltet. Die Küche, die durch ihre zentrale Lage dem Element Erde entsprach, widersprach dem Wasser, der nach Norden schauenden Haustür. Folglich wurde sie zum Ausgleich ganz in Weiß gehalten, der Farbe des Metalls.

Charles

Betrachten wir nun Charles' Wohnung (Abb. 94), dessen Geburtsstern 3 Holz ist und dessen Glückssterne 1 Wasser und 9 Feuer sind, so daß sich Grün, Blau, Weiß und Lila als seine persönlichen Farben ergeben.
Zur Milderung des Widerspruchs zwischen dem Element der Haustür, Metall und dem Element von Charles' Geburtsstern, Holz, wurde die Innenseite der Haustür schwarz gestrichen. Dies hatte sogar einen eleganten Nebeneffekt.

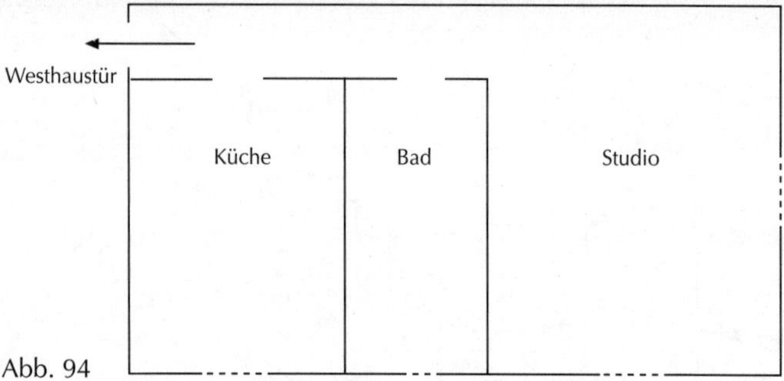

Abb. 94

Die Einzeichnung des Kompaßdiagramms ergab, daß der Nord-, Ost-, Südost- und Südsektor durch die Farben Grün, Dunkelblau und Gelb auszugleichen waren (Abb. 95).
So wurde im Norden ein grüner Wandbehang angebracht, das

Abb. 95

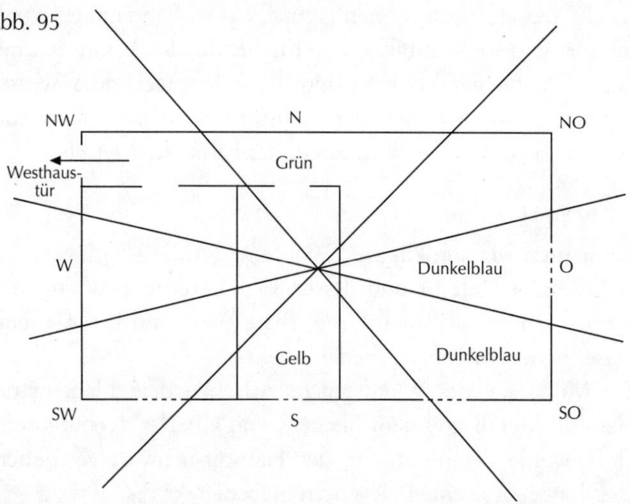

Badezimmer weiß und goldgelb dekoriert und das Studio weiß getüncht und mit einem dunkelblauen chinesischen Teppich, einer schwarzweißen afrikanischen Batikdecke über dem Sofa in der Südwestecke und Schwarzweißfotografien an den Wänden etc. dekoriert. Außerdem wurden an den Fenstern blaue Jalousien angebracht, um blaues Licht in den Raum zu bringen und damit eine kühle, erfrischende und entspannte Atmosphäre zu schaffen.

Richard und Dorothy

Werfen wir zum Schluß noch einen Blick auf die Wohnung von Richard und Dorothy, mit den Geburtsdaten 22. März 1959 und 1. August 1964:

Die Geburtssterne sind demnach 5 Erde und 6 Metall: 6 und 7 Metall sind seine Glückssterne und 2 Erde, 7 Metall und 8 Erde ihre. 7 Metall ist für beide günstig.

Als Farbpalette ergab sich Gelb und Weiß für die Geburtssterne 5 Erde und 6 Metall sowie Schwarz, Rot und Weiß für die

Abb. 96

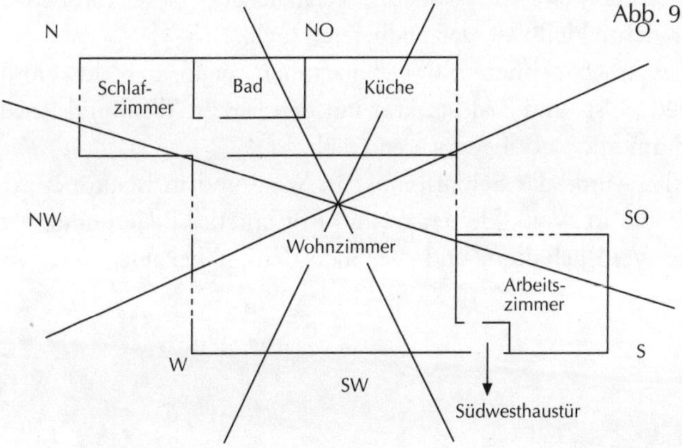

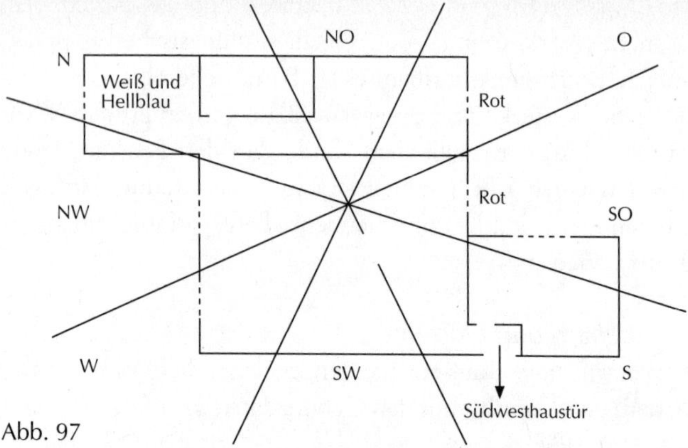

Abb. 97

Glückssterne 2 Erde, 7 Metall und 8 Erde. Rot hatten beide als Glücksfarbe.

Da beide Geburtssterne mit der Haustür im Einklang standen, war hier nichts weiter zu tun.

Die hervorgehobenen Bereiche im Norden und Süden der Wohnung waren farblich auszugleichen. Der Nordbereich brauchte Hellblau, der Südbereich Gelb.

Das eingezeichnete Kompaßdiagramm zeigte, daß der Nord-, Süd-, Ost- und Südostsektor mit den Farben Weiß und Rot in Harmonie zu bringen waren (Abb. 97).

Also wurde das Schlafzimmer in Weiß und in Blautönen, das Studio in Weiß, Hellbraun und Rot und das Badezimmer ganz in Weiß gehalten, und die Südostfenster bekamen rote Vorhänge.

Übungen

Bevor Sie mit dem Streichen und Dekorieren beginnen, sollten Sie den Farbenplan für Ihre ganze Wohnung aufgestellt haben:

1. Suchen Sie mit Hilfe der in Kapitel 12 beschriebenen Fünf-Elemente-Methode die Farben aus, die Sie zur Ausbalancierung eventueller Raumerweiterungen und -aussparungen brauchen.
2. Suchen Sie mit Hilfe der Abb. 82 bis 89 die Farben heraus, die die einzelnen Raumabschnitte mit der Himmelsrichtung der Haustür in Einklang bringen.
3. Setzen Sie Ihre persönlichen Farben, besonders Ihre Glücksfarben, in den Bereichen ein, die farblich nicht ausgeglichen werden müssen. Auch in den anderen Bereichen können Sie Ihre persönlichen Farben dazu kombinieren.
4. Wählen Sie je nach dem Yin-Yang-Aspekt Ihres Körpertyps, Berufs und der einzelnen Raumfunktionen (in den Kapiteln 17 bis 21 eingehend beschrieben) die Farbhelligkeit.
5. Wenn Sie mehr ins Detail gehen möchten, können Sie jeweils auch in jedem einzelnen Raum wie oben genannt verfahren. Bedenken Sie jedoch, daß zu viele Farben einen Raum unruhig machen können.
6. Warten Sie mit dem Streichen noch, bis Sie die nächsten Kapitel gelesen haben.

15 Beleuchtung und Spiegel

Beleuchtung

Durch die Beleuchtung kann in einem Raum das Yin oder Yang betont oder auch harmonisiert werden. Die Beleuchtung von Yang-Räumen sollte heller und umfassender sein. Bei Yin-Räumen sollte sie hingegen intimer und punktueller eingesetzt werden, das Badezimmer ausgenommen.
Wenn die Haustür in eine kleine Diele führt, sollte diese hell gestrichen und indirekt beleuchtet werden. Helle Farbtöne lassen einen Raum größer wirken, dunkle hingegen kleiner.
Treppen sollten immer viel Licht haben, und auch Gänge, die als die Adern der Wohnung sowohl Yin als auch Yang sind, lassen sich mit regelmäßig plazierten Wandleuchten gut ausleuchten.

Spiegel

Spiegel werden aus verschiedenen Gründen eingesetzt. Sie können Raumtiefe vortäuschen, Symmetrie schaffen, einen schönen Ausblick wiedergeben, positives Ch'i verstärken, stagnierendes Ch'i aktivieren, die Aufmerksamkeit ablenken und *Sha* zurückwerfen.
Man kann zur Korrektur asymmetrischer Räume mit einem Spiegel Raumtiefe vortäuschen (Abb. 98).
Man kann eine schräg verlaufende Wand symmetrisch auflösen, indem man sie mit einem Spiegel versieht (Abb. 99).

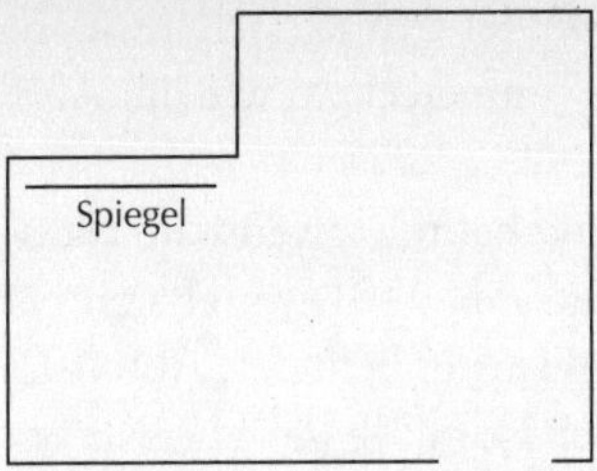

Abb. 98

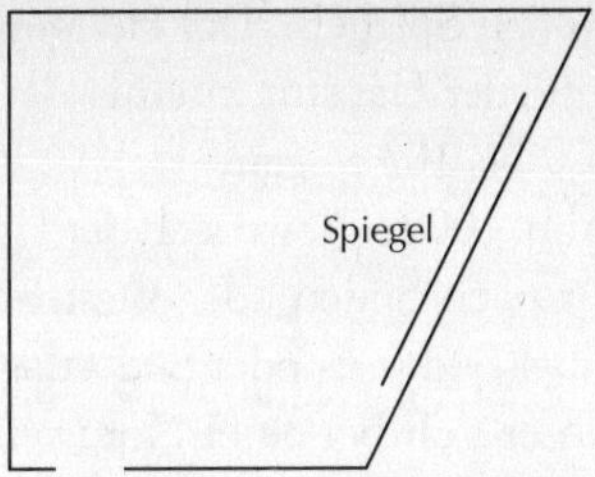

Abb. 99

Ein schöner Ausblick, etwa auf einen See, auf Berge, Bäume, Gärten, regt günstiges Ch'i an. Solche Ausblicke lassen sich mit einem richtig plazierten Spiegel leicht in einen Raum hereinholen, so daß man sie im Sitzen, zum Beispiel vom Lieblingssessel aus, genießen kann.

Durch die Verstärkung von positivem Ch'i kann Heilenergie in einen Raum gebracht werden. Dies geschieht mit zwei gleich

Abb. 100

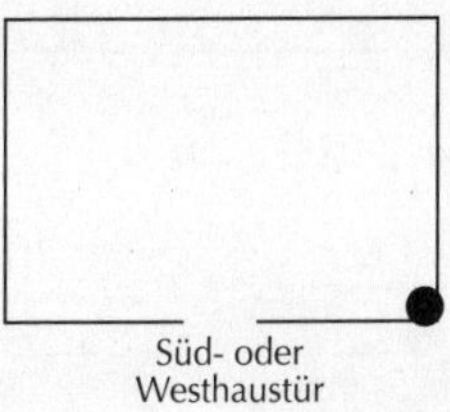

Abb. 101

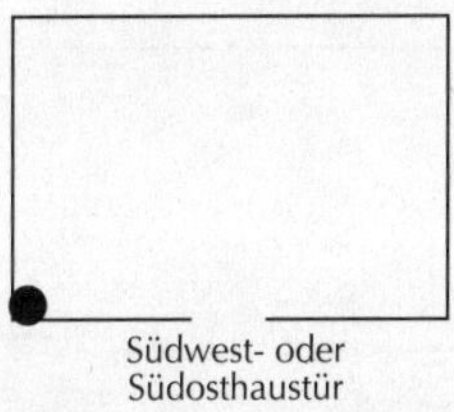

Abb. 102

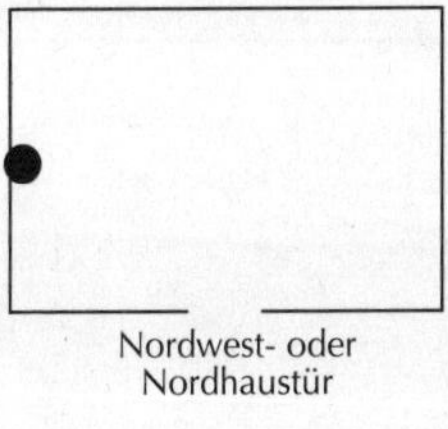

Abb. 103

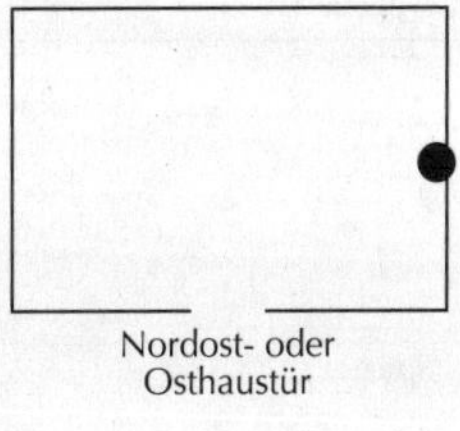

großen Spiegeln. Der Heilpunkt befindet sich je nach Ausrichtung der Haustür in einer der vier Zimmerecken, wie die Abb. 100 bis 103 zeigen.

Abb. 100 zeigt, wo sich der Heilpunkt befindet, wenn die Haustür nach Süden oder Westen schaut; Abb. 101, wo er sich bei einer Südwest- oder Südostlage der Haustür befindet; Abb. 102, wo er sich bei einer Nordwest- oder Nordlage der Haustür befindet; und Abb. 103, wo er sich bei einer Nordost- oder Ostlage der Haustür befindet.

Und so ist vorzugehen: Plazieren Sie am Heilpunkt einen Kristall oder irgendeinen anderen spirituellen Gegenstand, wie ein heiliges Buch, ein Bild oder eine Statue, und hängen Sie, so wie in den Abb. 104 bis 107 gezeigt, an zwei gegenüberliegenden Wänden einen Spiegel auf.

Bringen Sie zur Aktivierung von stagnierendem Ch'i einen Spiegel im betreffenden Bereich an, wie etwa einem Alkoven oder in Winkeln, die zuwenig Licht und/oder Luftdurchzug ha-

Abb. 104

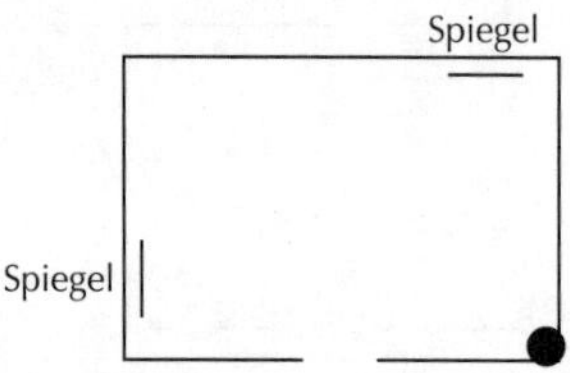

Abb. 105

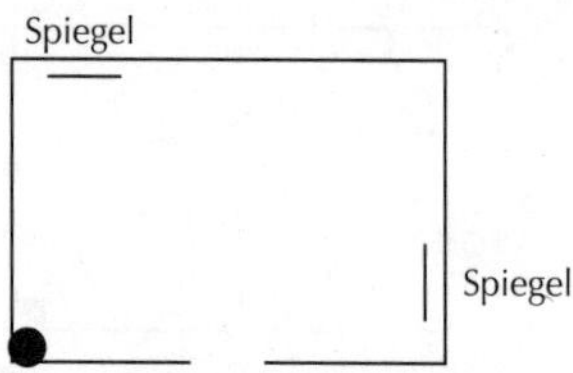

Abb. 106

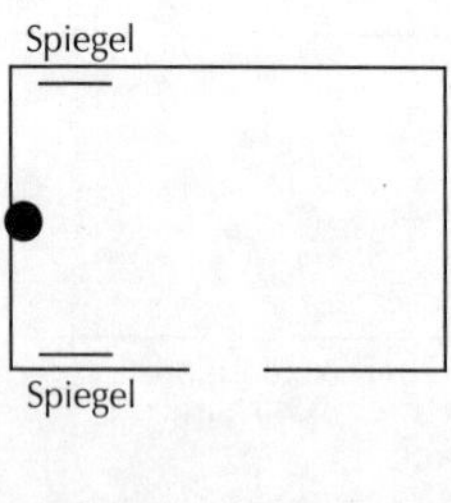

Abb. 107

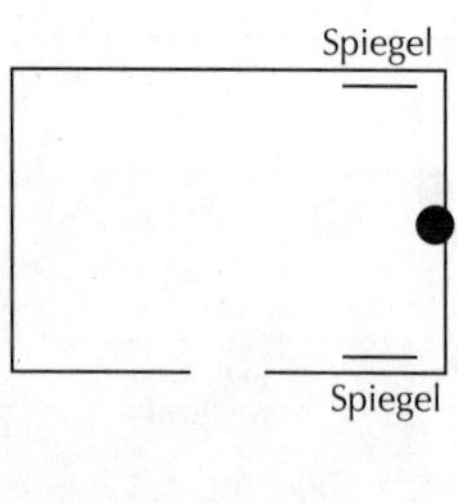

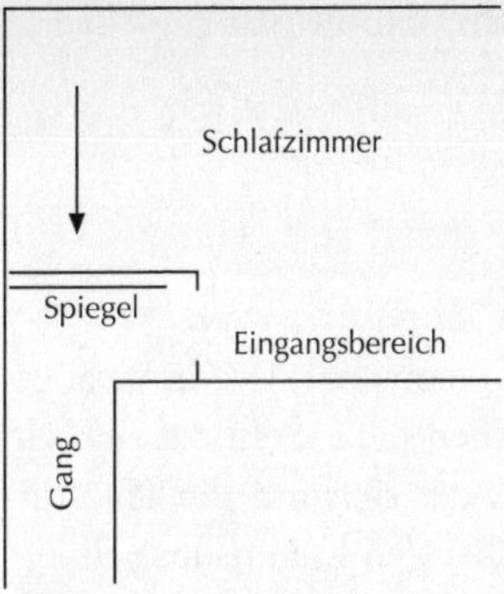

Abb. 108

ben. Ein Spiegel kann zur Ablenkung der Aufmerksamkeit dienen, wie Abb. 108 zeigt. Das Schlafzimmer am Gangende erhielt eine neue Wand (siehe Pfeil), die voll verspiegelt wurde, um den Zimmereingang zu kaschieren und eine Barriere zu schaffen. Die Zimmertür wurde verlegt, um mehr Privatraum zu gewinnen.

Kleine, runde Spiegel, wie der *Ba-gua*-Spiegel, in Abb. 109, können zur Abwehr von *Sha* verwendet werden.

Der *Ba-gua*-Spiegel ist ein traditionelles Feng-Shui-Instrument, das in beinahe allen chinesischen Buch- und Kramläden erhältlich ist. Er hat einen roten, achteckigen Rahmen mit den acht Trigrammen des I Ging in Gold darauf. Er wird zur Abwehr von geheimen Pfeilen, wie in Kapitel 2 beschrieben, aufgehängt. Er kann vor der Haustür oder, innen, ihr direkt gegenüber aufgehängt werden. Der Spiegel kann auch vor einem Fenster oder an einem Fensterbrett angebracht werden. Seine Wirksamkeit liegt nicht am Design, sondern an der Absicht, die man mit ihm verbindet. Jeder kleine, runde Spiegel tut es

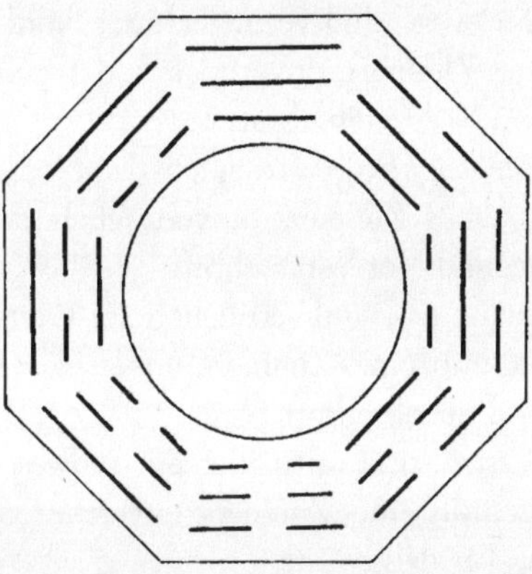
Abb. 109

genauso. Wenn Sie davon ausgehen, daß er *Sha* zurückwirft, wird er es tun.

Spiegel über Kaminen

Kamine entziehen den Zimmern Ch'i, obwohl sie Wärme abgeben. Spiegel aktivieren und verstärken Ch'i. Befindet sich ein Kamin in einem Zimmerabschnitt, der sich mit der Haustüranlage verträgt, sollte ein Spiegel über den Kaminsims gehängt werden.
Schaut die Haustür nach *Norden*, verträgt sich damit der Ost-, Südost- und Südabschnitt eines Zimmers, der Nordost-, Südwest-, West- und Nordwestabschnitt hingegen nicht.
Schaut die Haustür nach *Nordosten*, sind verträglich der Südwest-, West- und Nordwestabschnitt eines Zimmers, unverträglich der Ost-, Südost, Süd- und Nordabschnitt.
Schaut die Haustür nach *Osten*, sind verträglich der Nord-, Südost- und Südabschnitt eines Zimmers, unverträglich der Südwest-, West-, Nordwest- und Nordostabschnitt.
Schaut die Haustür nach *Südosten*, sind verträglich der Nord-, Ost- und Südabschnitt eines Zimmers, unverträglich der Südwest-, West-, Nordwest- und Nordostabschnitt.
Schaut die Haustür nach *Süden*, sind verträglich der Nord-, Ost- und Südostabschnitt eines Zimmers, unverträglich der Südwest-, West-, Nordwest- und Nordostabschnitt.
Schaut die Haustür nach *Südwesten*, sind verträglich der West-, Nordwest- und Nordostabschnitt eines Zimmers, unverträglich der Nord-, Ost-, Südost- und Südabschnitt.
Schaut die Haustür nach *Westen*, sind verträglich der Südwest-, Nordwest- und Nordostabschnitt eines Zimmers, unverträglich der Nord-, Ost-, Südost- und Südabschnitt.
Schaut die Haustür nach *Nordwesten*, sind verträglich der Süd-

west-, West- und Nordostabschnitt eines Zimmers, unverträglich der Nord-, Ost-, Südost- und Südabschnitt.
Gibt es in Ihrer Wohnung irgendwelche Stellen, wo ein Spiegel eingesetzt werden könnte, um Symmetrie zu schaffen, Ch'i zu aktivieren, geheime Pfeile abzuwehren und/oder eine schöne Aussicht hereinzuholen? Notieren Sie diese, aber warten Sie mit der Anbringung, bis Sie die Kapitel 16 bis 21 gelesen haben.

16 Möbel und Dekor

Wir können uns nun der Frage der Möbelplazierung widmen. Zunächst einige grundsätzliche Anmerkungen, bevor auf die Zimmer im einzelnen eingegangen wird.
Stellen Sie sich das Ch'i wie einen Fluß vor, der zur Haustür hereinkommt, durch die ganze Wohnung fließt und sie am anderen Ende durch die Fenster verläßt.
Das Ch'i wird durch die Inneneinrichtung beeinflußt. Sie ist daran beteiligt, wie das Ch'i durch die Zimmer fließt.
Das Ch'i sollte sanft und ruhig durch Ihre Wohnung fließen; es sollte an keiner Stelle stürzen oder stagnieren. Gegenstände und Möbel sollten praktisch und harmonisch angeordnet sein.
Ideal ist es, wenn das Ch'i um die Wohnungsmitte fließt sowie auch um die Mitte eines jeden Zimmers. Stellen Sie sich die Mitte Ihrer Wohnung wie eine Radnabe vor. Sie sollte frei sein. Wenn Sie diesen Bereich vollstellen oder in Unordnung halten, ersticken Sie das Ch'i in Ihrer Wohnung. Ebenso sollte jedes Zimmer in der Mitte frei sein, mit Ausnahme des Eßzimmers und eventuell des Schlafzimmers. Der Eßtisch sollte in der Mitte des Eßzimmers stehen. Nur in sehr großen Schlafzimmern reicht das Bett nicht bis zur Zimmermitte.
Die Möbel sollten sogar allgemein parallel zu den Wänden stehen. Dies vermittelt den Eindruck von Harmonie und Einfachheit. Ist ein Zimmer jedoch groß genug, können Möbelstücke zur Abrundung des Raumes auch diagonal in die Ecken gestellt werden.
Schaffen Sie sich keine Hindernisse, indem Sie Möbel ungeschickt plazieren oder zu viele oder zu große Möbel in ein Zim-

mer stellen. Ein Zimmer, das mit Möbeln zugestellt ist, macht Sie unbeweglich und führt zu Frustrationen.

Verstellen Sie keine Durchgänge, Türen oder Fenster.

Isolieren oder versperren Sie kein Zimmer. Ein abgesonderter Raum oder Wohnungsbereich läßt Ch'i stagnieren.

Gruppieren Sie keine Möbel vor einer Tür, wie in Abb. 110 gezeigt, weil dadurch geheime Pfeile, der *Sha* ins nächste Zimmer geschickt wird.

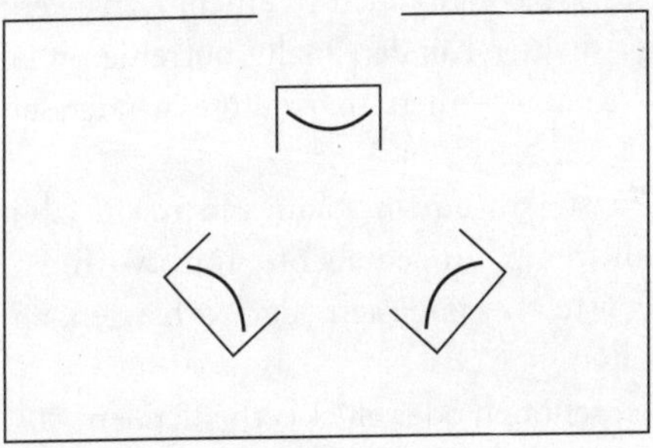

Abb. 110

Ausgangspunkt für die Einrichtung eines Zimmers ist das dort wichtigste Möbelstück (das Bett im Schlafzimmer, der Schreibtisch im Arbeitszimmer und das Lieblingssofa im Wohnzimmer).

Wenn Sie einmal herausgefunden haben, wo das wichtigste Möbelstück stehen soll, können Sie alles andere in Bezug dazu setzen.

Die Zimmerwände haben Schutzfunktion. Sofas und Sessel sollten größtenteils an der Wand stehen. Wenn man mit dem Rücken zu einem Fenster oder einer Tür sitzt, fühlt man sich unsicherer, als wenn man mit dem Rücken zu einer Wand sitzt. Wenn sich zwei Menschen in einem Zimmer gegenübersitzen, und der eine vor einem Fenster oder einer Tür sitzt und der andere vor einer Wand, befindet sich derjenige mit der Wand im Rücken in der überlegenen Position.

Dicke, schwere Deckenbalken unterdrücken Ch'i und schaffen *Sha*. Es ist nicht ratsam, unter einem schweren Deckenbalken zu schlafen oder zu sitzen. Wenn ein Deckenbalken bedrohlich wirkt, kann man an ihm eine Lampe, einen Leuchter oder ein Mobile aufhängen, um ihn freundlicher zu gestalten. Man kann dort auch ein Ornament anbringen. Eine meiner Kundinnen klebte eine rote Terrakotta-Sonne an einen solchen Balken in ihrer Wohnung. Es sah wunderschön aus.

Tragende Säulen blockieren Ch'i und schaffen *Sha*, es sei denn, sie befinden sich in den Ecken. Steht eine Säule mitten im Raum, kann sie verspiegelt oder durch Solitärpflanzen verdeckt werden. Eine exponierte Säule kann auch zu einem Kunstwerk gemacht werden. Einer meiner Kunden malte auf eine große Säule in seinem Wohnzimmer einen sich darum windenden blauen Drachen.

Zu viele Türen oder Fenster in einem Raum zerstreuen Ch'i. Verschließen sie die am wenigsten gebrauchte Tür bzw. Türen, und versehen Sie die Fenster mit Jalousien oder Vorhängen, um das Ch'i drinnen zu halten.

Wenn das Fenster einen schönen oder glückverheißenden Ausblick bietet, wie zum Beispiel ein Gewässer, einen Hain, einen Garten oder eine wunderschöne Allee, können Sie einen Spiegel so plazieren, daß Sie diesen Ausblick auch von Ihrem Lieblingssessel aus sehen können. Ein guter Ausblick läßt sich auch durch eine Motivwiederholung im Zimmer ergänzen. Einen Garten etwa kann man durch einen kleinen Bonsaigarten oder ein Gartenbild ergänzen und den Ausblick auf einen Fluß durch ein Bild mit einer Wasserszene.

Aquarien bedeuten Glück, und sie werden traditionell zur *Sha*-Abwehr verwendet. Wenn Sie ein Aquarium zu diesem Zweck aufstellen wollen, sollten Sie sechs rote Fische und einen schwarzen kaufen und das Aquarium gegenüber demjenigen Fenster plazieren, durch das geheime Pfeile kommen (siehe dazu Kapitel 2).

Übung

Für diese Übung brauchen Sie eine neue Kopie Ihres Wohnungsgrundrisses.
Vergegenwärtigen Sie sich den Ch'i-Fluß durch Ihre Wohnung, indem Sie ausgehend von der Haustür eine fortlaufende Linie durch die Zimmer ziehen, so wie dies in Abb. 111 demonstriert ist. Folgen Sie dabei sorgfältig der Kontur eines jeden Zimmers, ohne irgendeinen Raum entzweizuschneiden. Markieren Sie die Ch'i-Fluktuation durch die Fenster ebenfalls durch Linien. Versuchen Sie sich den Ch'i-Fluß auf verschiedene Weise vorzustellen. Anhand Ihrer fertigen Zeichnung ist dann die Inneneinrichtung zu planen.

Abb. 111

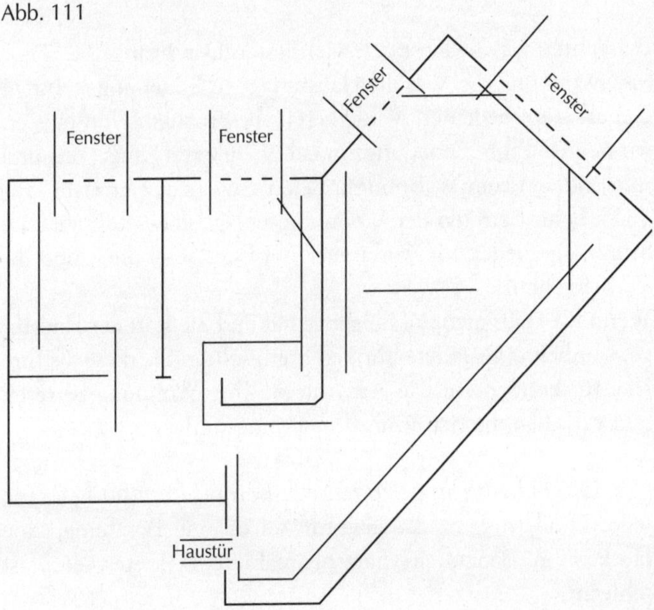

17 Durchgänge

Eine Wohnung teilt sich in Durchgänge und Zimmer auf. Zu den Durchgängen zählen die Türen, die Diele, die Flure und die Treppen. Zu den Zimmern zählen das Wohnzimmer, der Familienraum, die Küche, das Eßzimmer, Schlafzimmer, Bad, Arbeitszimmer/Bibliothek und das private Büro oder Geschäftszimmer.

Die Haustür

Betrachten wir zunächst den wichtigsten Durchgang, die Haus- bzw. Wohnungstür. Was die Haustürlage in Beziehung zu Ihrem Geburtsstern bedeutet, wurde bereits besprochen. Nun müssen wir noch auf ihre Beziehung einmal zur äußeren Umgebung und zum anderen zum Wohnungsinneren eingehen. Der erste Eindruck beim Betreten der Wohnung schlägt sich subtil auf Ihre Stimmung nieder und damit auch auf Ihre Gesundheit und Ihr Wohlergehen.
Wenn Ihr Haus mehrere Eingänge hat und Sie statt der Haustür gewöhnlich eine andere Tür benutzen, sollten Sie diese als Ihre Haustür betrachten. Die Art, wie Sie Ihre Wohnung betreten und verlassen, bestimmt mit Ihr Wohngefühl.

Die Haustür in bezug zur äußeren Umgebung

Jedes Hindernis vor der Haustür, sei es eine Böschung, eine Hecke, ein Baum, ein Laternenpfahl, ein Pfosten etc., ist schlecht.

Ein großes Hindernis direkt vor der Haustür blockiert den Eintritt von Ch'i und folglich von Wohlstand. Wenn sich der Gegenstand direkt vor Ihrer Haustür nicht entfernen läßt, etwa ein Laternenpfahl, kann man ihn durch das Aufstellen anderer Gegenstände ausgleichen, indem man beispielsweise Kübelbäume oder Statuen links und rechts neben der Haustür aufstellt (Abb. 112) oder auf der gegenüberliegenden Seite des Hauses eine Entsprechung schafft, beispielsweise durch einen Baum (Abb. 113).

Abb. 112

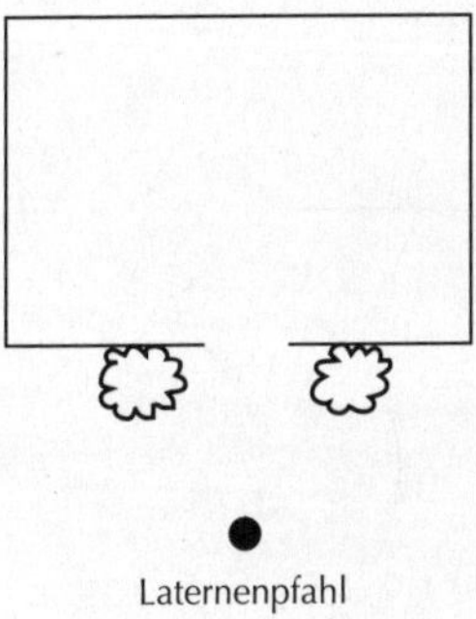

Abb. 113

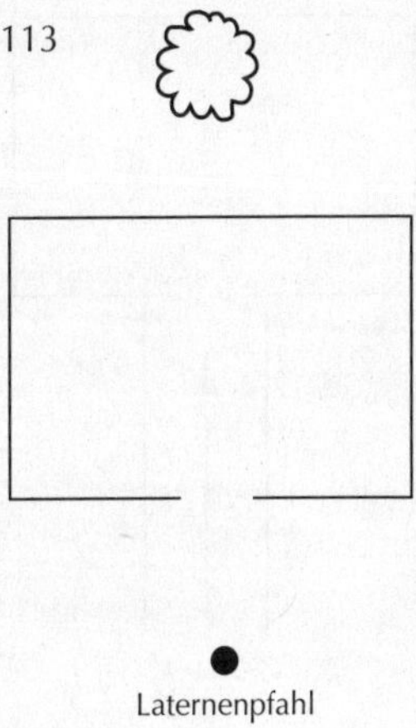

Bäume und Büsche, die zu dicht an der Haustür oder an den Fenstern wachsen, sollten entfernt werden, weil sie einengen und das häusliche Ch'i ersticken.

Es ist vorteilhaft, wenn das Grundstück vor der Haustür eben oder leicht abschüssig ist. Ich habe einigen Kunden deshalb sogar zur Verlegung der Haustür geraten. Vor der Haustür sollte es nicht gleich bergauf gehen. Wenn man einen Hügel hinaufsteigen muß, um fortzugehen, läßt das auf Hindernisse und Verzögerungen in weltlichen Dingen schließen.

Führt ein Weg oder eine Zufahrt schnurgerade zu einer ebenerdigen Haustür, werden dadurch geheime Pfeile ins Haus geschickt (Abb. 114).

Korrigieren läßt sich dieses Problem durch eine Umgestaltung des Weges oder der Zufahrt, so daß man das Haus langsamer erreicht (Abb. 115), oder man hängt draußen einen *Ba-gua*-Spiegel über der Haustür auf. Man kann auch an die der Haustür gegenüberliegende Dielenwand einen Spiegel hängen, um die geheimen Pfeile abzuwehren.

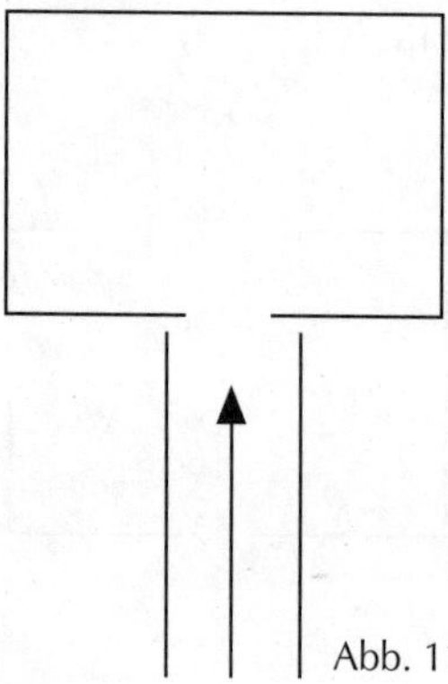

Abb. 114

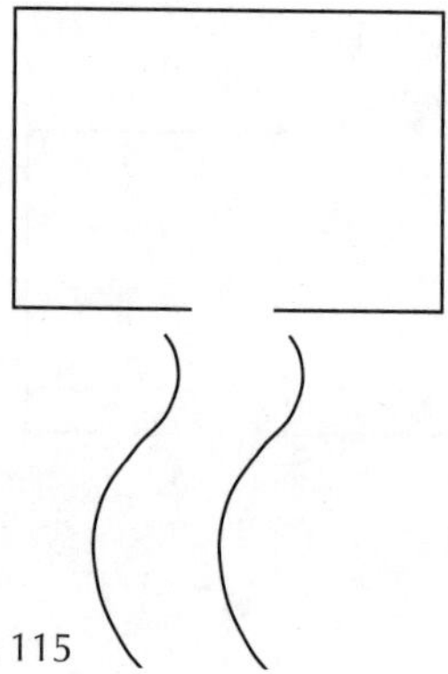

Abb. 115

Ein Weg, der direkt zu einer erhöhten Haustür führt, schickt keine geheimen Pfeile ins Haus, da der Treppenaufgang einen Ebenenunterschied schafft. Dennoch sollte der Weg nicht zu schmal sein.

Geheime Pfeile, die ein Haus treffen, weil es am Ende einer Sackgasse oder T-Kreuzung liegt, können durch eine Hecke oder durch Bäume zwischen Haus und Straße abgewehrt werden, oder wenn es nicht genug Platz gibt, durch einen Spiegel an der Dielenwand direkt gegenüber der Haustür. Ein Glockengehänge im Eingang hilft auch, aber nicht soviel.

Die Haustür in bezug zum Wohnungsinneren

Achten Sie darauf, daß sich die Haustür nicht so wie in Abb. 116 zur Wand hin öffnet. Dies engt ein. Umgekehrt bewirkt eine Haustür, die sich so wie in Abb. 117 von der Wand weg öffnet, ein Gefühl der Leichtigkeit.

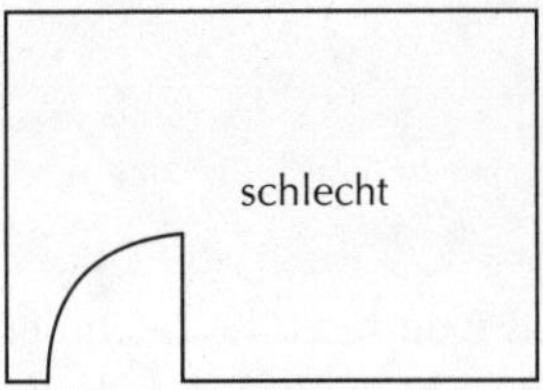

Abb. 116

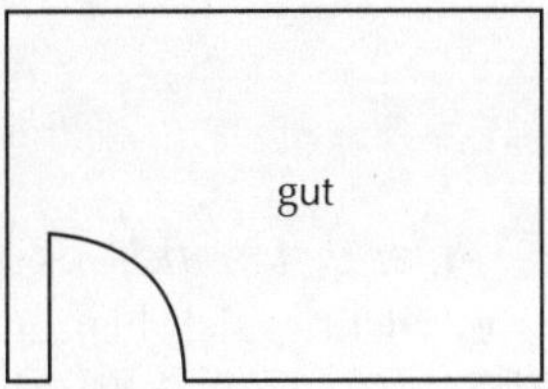

Abb. 117

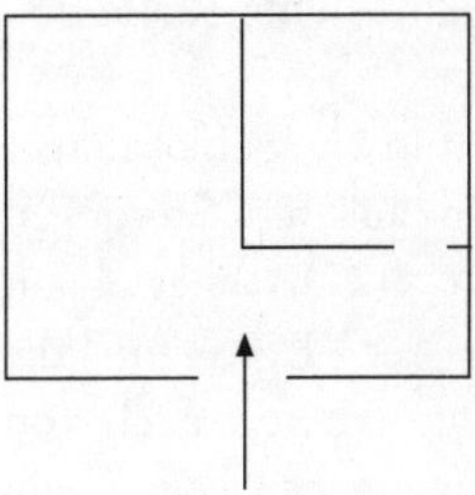

Abb. 118

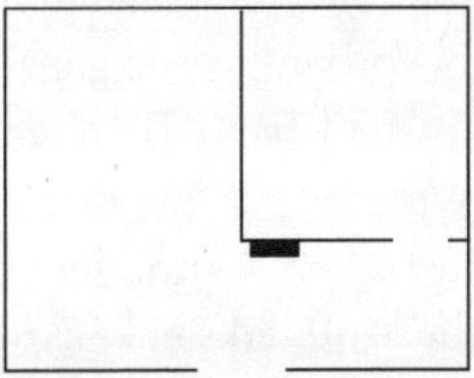

Abb. 119

Kann man von der Haustür aus gleich zur Hintertür oder durch hintere Fenster hinausschauen, schießt das Ch'i pfeilgerade wieder durch diese Öffnungen hinaus, statt ruhig durch die gesamte Wohnung zu fließen. Dadurch wird die Wohnung zerschnitten und Ch'i entzogen. Dies kann mit einem Wandschirm, Vorhang, einer Regalwand oder irgendeiner anderen Konstruktion zwischen Haus- und Hintertür korrigiert werden oder im Falle von Fenstern durch Jalousien oder Vorhänge. Selbst Spitzen- oder Voilevorhänge genügen schon.

Blickt man beim Betreten der Wohnung auf eine Teilwand, wirkt das störend (Abb. 118). Dies läßt sich durch

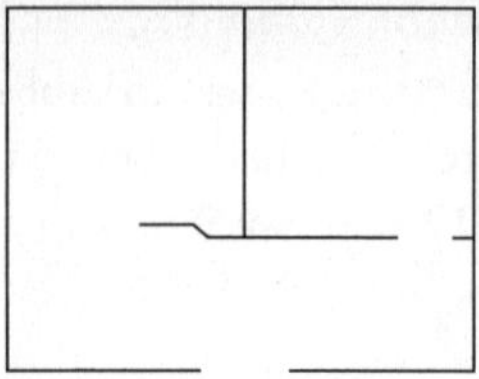

Abb. 120

einen bodenlangen Spiegel oder einen schönen Wandschmuck als Blickfang korrigieren (Abb. 119). Sollte genügend Platz sein, wäre ein Wandschirm oder eine andere Art von Wandverlängerung noch besser (Abb. 120).

Der erste Eindruck

Es ist wichtig, sich klarzumachen, was man beim Betreten der Wohnung zuerst sieht. Ideal wäre eine hübsch eingerichtete Diele mit nahe gelegenen Gemeinschaftsräumen (Yang) und weiter hinten liegenden Privaträumen (Yin). Sollte Ihre Wohnung diesem Ideal nicht entsprechen, gibt es eine Reihe von Korrekturmöglichkeiten.

Wenn man beim Betreten der Wohnung in ein Schlafzimmer sehen kann, unterliegt dieses zu vielen äußeren Störungen (Abb. 121). Hier kann man zur Korrektur die Schlafzimmertür auch von außen verspiegeln, um äußeres, negatives Ch'i abzuwehren und/oder bei genügend Platz die Tür durch einen Vorhang verbergen.

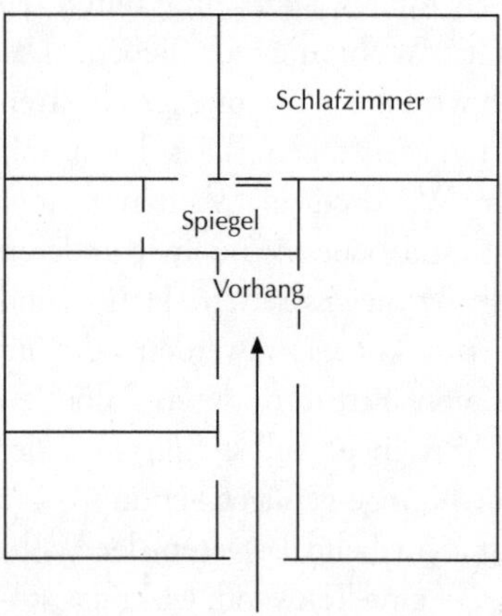

Abb. 121

Wenn man beim Betreten der Wohnung sofort in die Küche sehen kann, lenkt das die Aufmerksamkeit zu stark aufs Essen. Verhängen Sie den Kücheneingang entweder mit Schwingtüren, mit einem Perlenvorhang oder mit einer japanische Schiebetür.

Eine Wohnung, die man direkt durch die Küche betritt, hat nach traditioneller Auffassung unerwünschtes Feng Shui. Diese Aufteilung läßt die Küche meist zum sozialen Treffpunkt werden. Wenn man dies wünscht und sich gerne mit seiner Familie und Freunden in der Küche aufhält, ist das in Ordnung. Wenn man dies jedoch als unangenehm empfindet, sich beim Kochen abgelenkt fühlt oder mit Kochen wenig zu tun hat, empfiehlt sich ein Umstellen und Abtrennen des Eßplatzes. Hilfreich sind hier auch Glockenspiele nahe der Tür oder ein Glockenstrang an der Türangel zur Abwehr von negativem Ch'i.

Nicht wünschenswert ist es, wenn sich die Haustür im Eßbereich befindet (Abb. 122); es nimmt einem beim Essen die Ruhe. Versuchen Sie in einem solchen Fall den Eßbereich an eine ruhigere Stelle hin zu verlegen, oder stellen Sie bei genügend Platz einen Wandschirm auf.

Obwohl es völlig in Ordnung ist, wenn man beim Betreten der Wohnung direkt ins Wohnzimmer sieht, empfiehlt sich doch eine gewisse Abschirmung, da sonst im Türbereich zuviel Platz verlorengeht. Hier kann man mit einem Raumteiler, etwa einem Regal oder Sideboard oder, bei genügend Licht, mit Solitärpflanzen einen Eingangsbereich abtrennen und so für mehr Gemütlichkeit sorgen.

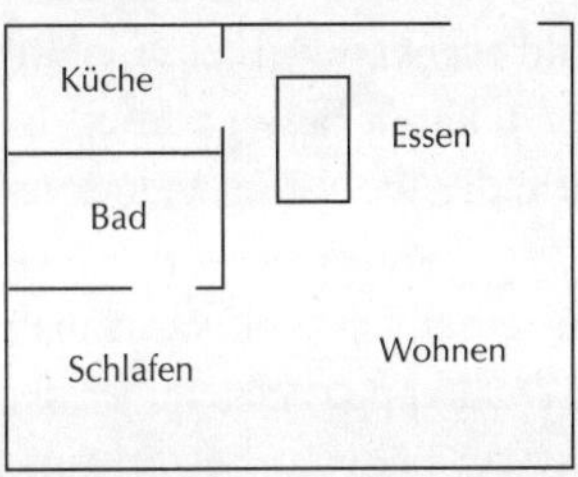

Abb. 122

Viele Menschen betreten ihr Haus von der Garage aus über das Treppenhaus oder einen Werkraum. Dies ist äußerst unpraktisch, weil damit giftige Abgase und Dreck mit ins Haus gelangen. Wenn man gewöhnlich das Gebäude über ein Treppenhaus betritt und verläßt, von

dem Treppen nach oben und unten führen, verwirrt dies das Richtungsgefühl und vergrößert die Unfallgefahr. Die Bewohner fühlen sich irritiert und beengt.
Viele ältere Stadthäuser haben eine erhöhte Haustür, zu der vom Gehsteig aus eine Treppe hinaufführt. Das ist sehr gutes Feng Shui. Wenn der Hauseingang höher liegt als die Straße, gibt dies den Bewohnern das Gefühl, vor dem Straßenbetrieb sicher zu sein.
Wenn Sie vom Gehsteig aus einige Stufen zu Ihrer Wohnungstür hinuntersteigen müssen, ist Ihr häusliches Ch'i etwas eingeschränkt. Man kann diesen Umstand leicht korrigieren, indem man um den Eingang Sträucher – besonders immergrüne – und Blumen anpflanzt.

Die Diele

Die Diele ist Empfangsbereich und Übergangsstelle zwischen außen und innen. Idealerweise sollte sie in ein Besuchs- oder Wohnzimmer führen. Eine Wohnung mit Diele strahlt mehr Ruhe und Gemütlichkeit aus.
Eine schmale oder kleine Diele sollte hell gestrichen und indirekt beleuchtet sein. Gut ist auch ein Spiegel, wenn er an der richtigen Stelle hängt. Er sollte, außer zur Abwehr von äußerem *Sha*, nicht direkt gegenüber der Haustür hängen, damit die Besucher nicht gleich auf ihr Spiegelbild zugehen, was ein Gefühl des Nichtwillkommenseins hervorrufen kann. Besser plaziert ist er neben der Haustür, so daß sich darin die Wohnung widerspiegelt.
Gibt es in der Diele keinen Platz für einen Spiegel, kann man mit einem detailreichen Bild oder Wandteppich gegenüber der Haustür einen Blickfang schaffen, der zur näheren Betrachtung einlädt.

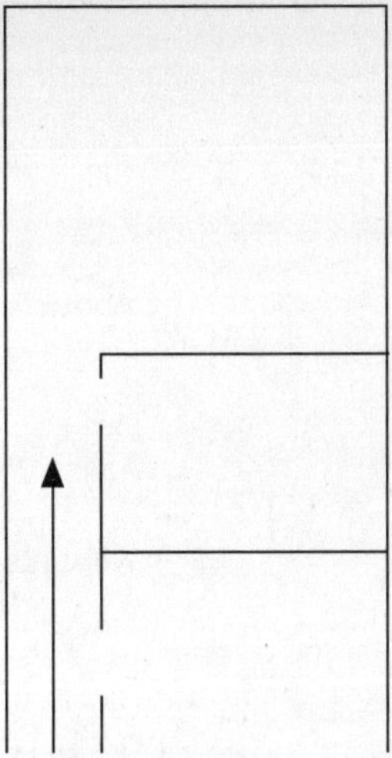

Abb. 123

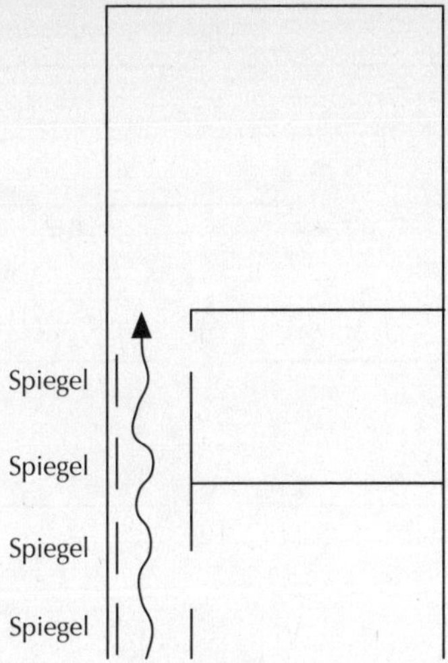

Abb. 124

Seien Sie bei einer kleinen Diele mit Möbeln vorsichtig. Halten Sie den Eingangsbereich ordentlich und frei.
Ist die Diele groß genug, kann man gegenüber der Haustür ohne weiteres einen Konsoltisch mit einem Schmuckspiegel darüber hinstellen.

Korridore

Korridore gleichen Adern, die Nahrung zu den verschiedenen Körperorganen transportieren. Sie sind Kanäle, durch die das Ch'i von Raum zu Raum fließt. Wenn die Korridore sauber und heil sind, atmet die ganze Wohnung gesundes Ch'i. Vollgestopfte, unordentliche Korridore hingegen behindern die Benutzung der verschiedenen Räume, und die Wohnung wird zu einem ungesunden Aufenthaltsort.

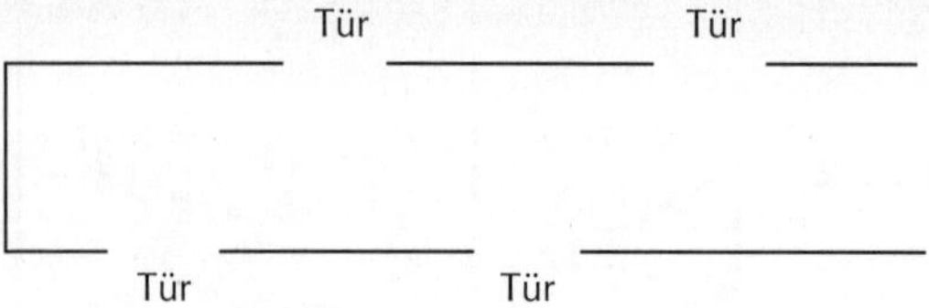

Abb. 125

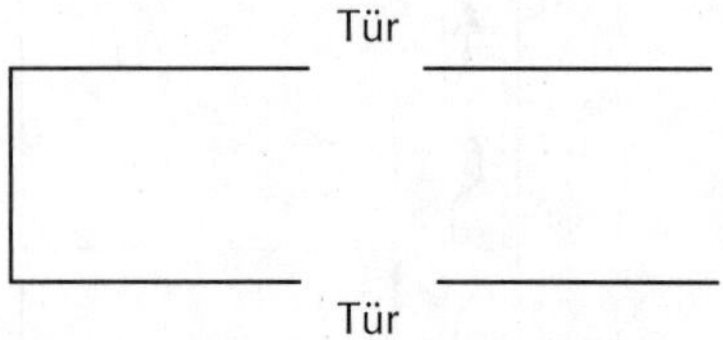

Abb. 126

Ein langer, schmaler Gang schafft geheime Pfeile (Abb. 123). Dies läßt sich mit einer Serie von Spiegeln an einer der Wände beheben. Sie verlangsamen den Ch'i-Fluß, der nun wellenförmig verläuft, und geben das Gefühl von mehr Raum (Abb. 124). Mit einigen Bildern gegenüber den Spiegeln kann man einen interessanten Effekt erzielen.

Ein Korridor mit sehr vielen Türen kann leicht chaotisch wirken. Wenn man ein Haus entwirft, sollten die Türen zum Gang am besten in regelmäßig abwechselnden Abständen angeordnet werden (Abb. 125). Auf diese Weise gibt es mehr Bewegungsspielraum.

Abb. 127

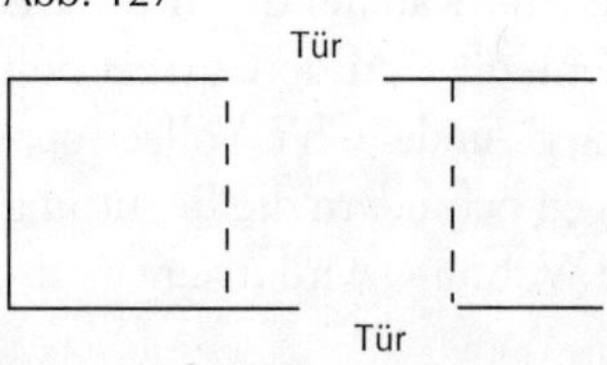

Abb. 128

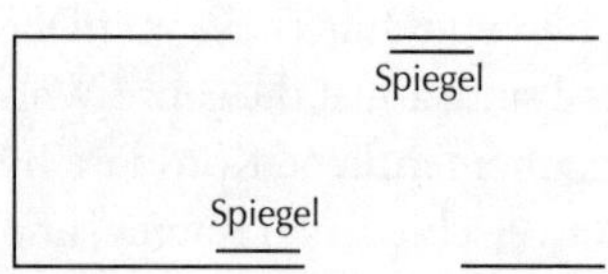

Bei Türen, die einander direkt gegenüberliegen, ist gegenseitige Bedrängung und Streit vorprogrammiert (Abb. 126). Jedoch können hier gedämpfte Farben und indirektes Licht Abhilfe schaffen.
Türen, die teilweise versetzt gegenüberliegen, suggerieren Zank und Streit (Abb. 127). Dies läßt sich mit türhohen Spiegeln an den sich überschneidenden Stellen korrigieren (Abb. 128). Zusätzlich sollten gedämpfte Farben und indirektes Licht verwendet werden.
Ein Korridor, bei dem sich die Türen an einem Ende häufen, ist sehr unharmonisch und suggeriert Feindseligkeit zwischen den jeweiligen Zimmerbewohnern (Abb. 129). Korrigiert wird wie bei Abb. 126.

Abb. 129

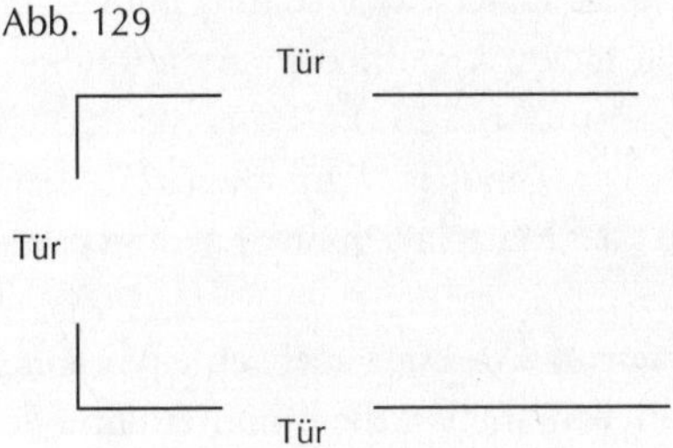

In einem Korridor, bei dem sich die Türen nach außen öffnen und gegeneinanderschlagen, besteht Verletzungsgefahr. Die Korrektur hängt vom Einzelfall ab. Man kann die Türen aushängen und durch Falt- oder Schiebetüren ersetzen bzw. durch einen Vorhang oder eine Schwingtür. Am besten wäre es jedoch, wenn man die Türen versetzen würde.
Ein Raum am Ende eines langen Ganges empfängt geheime Pfeile, ganz ähnlich wie ein Haus am Ende einer Sackgasse. Hier schafft ein türhoher Spiegel außen an der Tür Abhilfe.
Wenn ein Korridor von schweren Deckenbalken quer unterteilt wird, lassen sie sich durch hübsche Ornamente attraktiv gestalten.

Innentreppen

Innentreppen können je nach Lage und Formgebung eine Menge Probleme verursachen.

Eine Treppe, die direkt auf die Haustür zuläuft bzw. auf eine Seiten- oder Hintertür, läßt das Ch'i zur Tür hinausfließen, was Geldverlust bedeutet (Abb. 130).

Dieses Problem läßt sich auf zweierlei Art lösen. Die beste Lösung ist ein Umbau der Treppe, so daß sie sich von der Haustür abkehrt (Abb. 131). Man kann aber auch am oberen Ende der Treppe mit einem Bild oder einer Dekoration einen Blickfang schaffen und einen Spiegel an die Innenseite der Haustür anbringen.

Wenn man beim Betreten des Hauses auf eine hinauf- und eine hinabführende Treppe blickt, ist man optisch ständig mit einem Wirbel konfrontiert, der zu einem Gefühl der Orientierungslosigkeit im Leben führen kann (Abb. 132).

Vorausgesetzt, daß die Diele lang genug ist, kann dieses Problem durch Shoji-Schiebewände oder Mattglastüren vor den Treppen gelöst werden.

Sollte die Diele zu klein sein, kann man auch eine Vorhalle bauen oder zumindest einen Vorhang vor die hinunterführende Treppe hängen (Abb. 133).

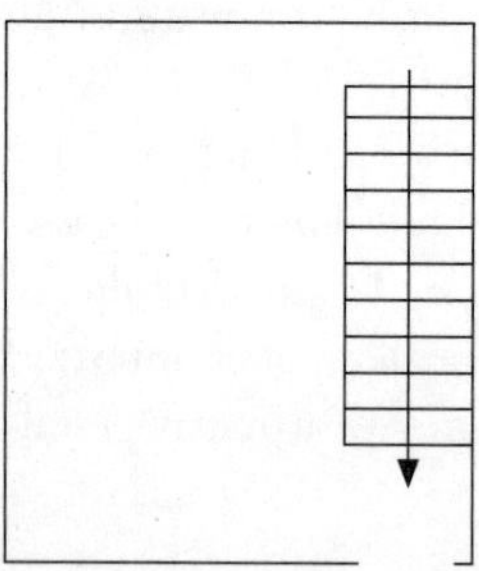

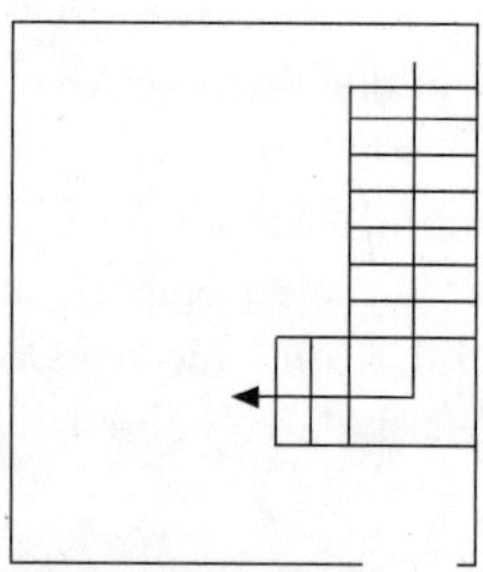

Abb. 130 (links)
Abb. 131 (rechts)

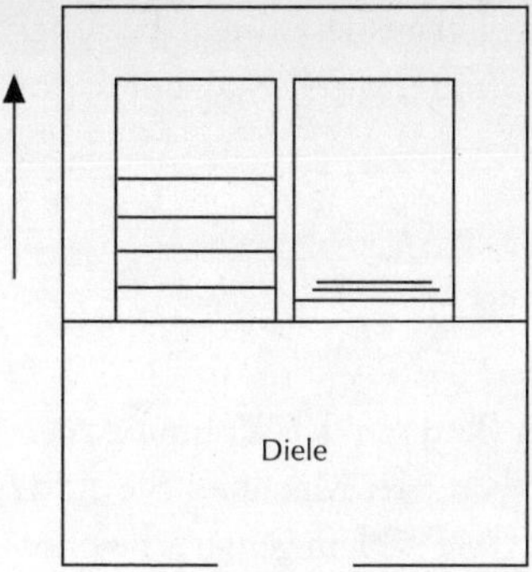

Abb. 132

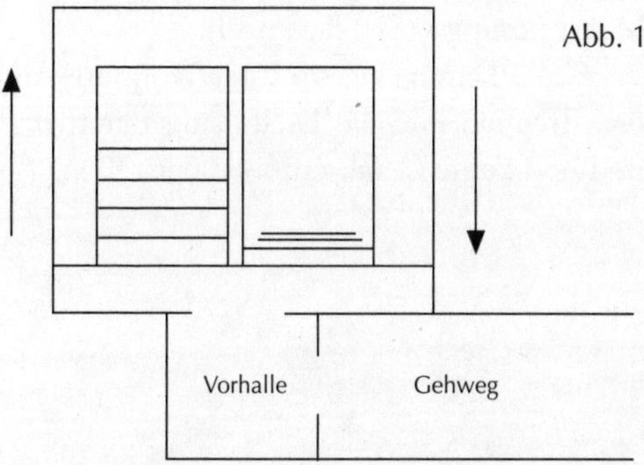

Abb. 133

Treppen sollten Setzstufen haben. Sind diese nicht vorhanden, besteht Unfallgefahr. Sollten Ihre Treppen keine Setzstufen haben, können Sie Topfpflanzen darunterstellen und mit Scheinwerfern anstrahlen, so daß Licht von unten hochscheint.

Wendeltreppen sparen Platz, doch sie sind auch gefährlich. Ihr Dreheffekt könnte zu Unfällen oder zu Mißgeschicken in den verschiedensten Lebensbereichen führen. Wenn Sie eine Wendeltreppe haben, finden Sie mit Hilfe der Acht-Punkte-Methode heraus, welcher Lebensbereich davon betroffen ist. Liegt sie mitten in Ihrer Wohnung, ist Ihr Lebensnerv direkt betroffen. Es empfiehlt sich, Topfpflanzen darunterzustellen, damit das negative Ch'i absorbiert wird.

Übungen

1. Stellen Sie fest, was Sie beim Betreten der Wohnung zuerst sehen. Welchen Eindruck haben Sie? Macht es Sie zufrieden? Wenn nein, können Sie das Problem genauer beschreiben? Wie läßt es sich korrigieren? Lesen Sie nötigenfalls die oben beschriebenen Lösungsvorschläge nach.
2. Überprüfen Sie, ob alle Durchgänge in Ihrer Wohnung, die Türen, Korridore, Treppen und die Diele, aufgeräumt und frei begehbar sind und keine Gefahrenzonen darstellen.

18 Schlafzimmer und Bad

Das Schlafzimmer

Das Schlafzimmer ist der intimste Ort Ihrer Wohnung. Es sollte Ruhe und Gemütlichkeit ausstrahlen und weder zu groß noch zu klein sein. Allerdings ist seine Ch'i-Qualität noch wichtiger als seine Größe. Ist das Ch'i hier schwach oder zu lebhaft, sind davon sowohl das Innen- als auch das Außenleben gestört. Kleine Räume lassen sich durch helle, zarte Farben optisch vergrößern. Große Räume vertragen andererseits kräftige Farben, die Nähe schaffen.
Zu den Schlafzimmermöbeln können außer dem Bett ein oder zwei Nachttischchen gehören, eine Kommode, ein paar Sessel, eine Truhe, eine Chaiselongue oder ein Zweiersofa und vielleicht ein kleiner Schreibtisch.

Die Bettstellung

Die Stellung des Bettes ist das, worauf es bei der Inneneinrichtung am meisten ankommt. Immerhin ist das Bett der Ort, an dem man sich hauptsächlich ausruht und neue Kraft schöpft. Die Bettstellung trägt entscheidend dazu bei, wie gut man sich erholt. Oft teilen mir meine Kunden mit, daß sie seit der Umstellung ihres Bettes wesentlich besser schlafen.
Wo sollte nun das Bett am besten stehen? Zunächst ist sein Verhältnis zu Tür und Fenstern zu beachten.
Es gibt eine Reihe von Bettpositionen, die vermieden werden sollten. Die schlimmste Stellung ist die, wenn das Fußende des Bettes direkt zur Tür hinweist (Abb. 134). Dies symbolisiert

den Tod, weil Leichname traditionell mit den Füßen zuerst aus dem Zimmer getragen werden.

Ebenfalls schlecht sind Bettpositionen, bei denen der zur Tür hereinkommende Ch'i-Fluß den Schlaf stören kann, weil er das Bett schneidet (Abb. 135).

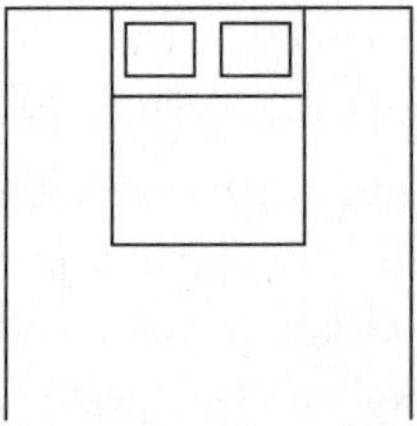

Abb. 134

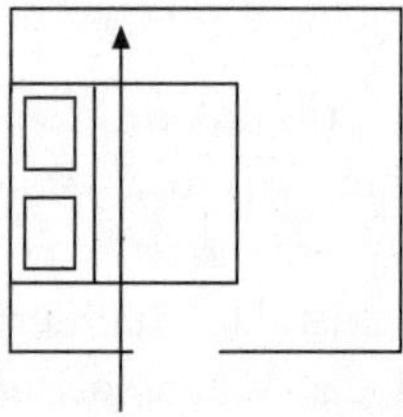

Abb. 135

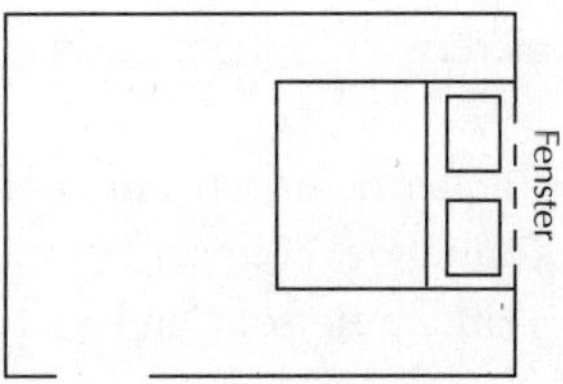

Abb. 136

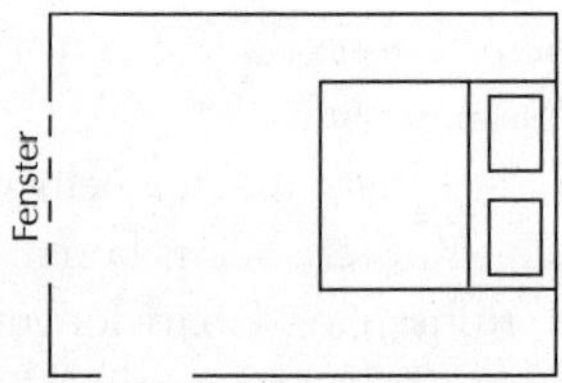

Abb. 137

Sowohl wegen der unsicheren Position als auch wegen der Zugluft sollte ein Bett nicht mit dem Kopfende direkt unter ein Fenster gestellt werden (Abb. 136).

Stellen Sie das Bett möglichst so, daß es nicht wie in Abb. 137 mit dem Fußende auf ein Fenster weist.

Das Bett sollte nicht, wie

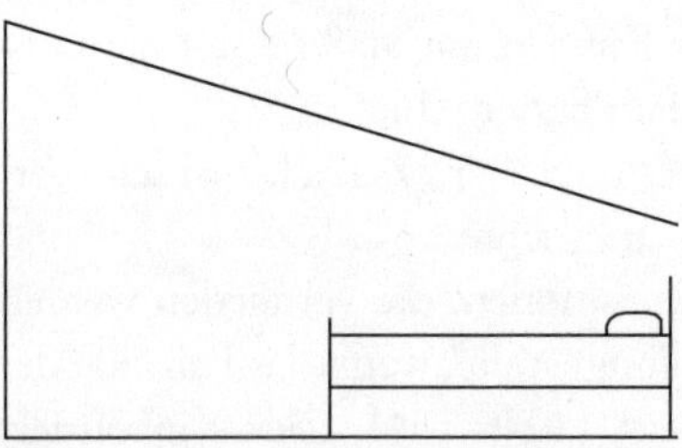

Abb. 138

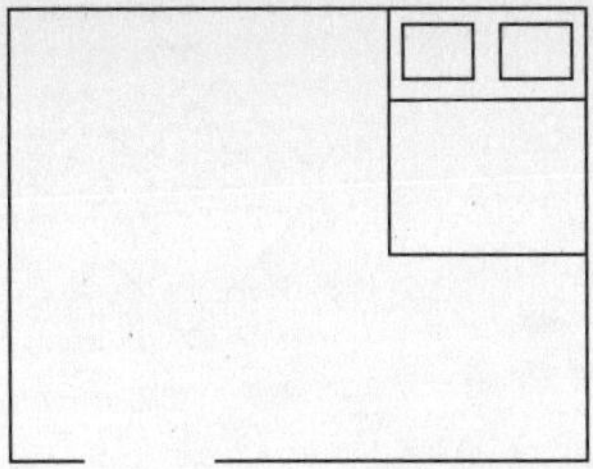

Abb. 139

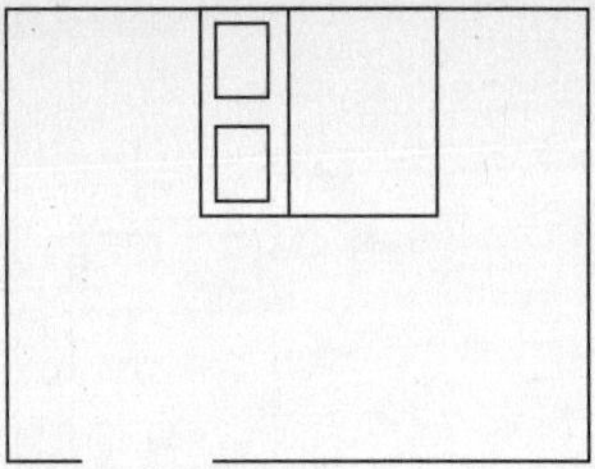

Abb. 140

in Abb. 138, unter einer starken Dachschräge stehen; es engt das Ch'i des Schläfers ein.
Stellen Sie das Bett nicht so, daß man sich nur von einer Seite hineinlegen kann (Abb. 139 und 140), es sei denn, sie möchten allein bleiben. Ansonsten sollte man wirklich von beiden Seiten bequem ins Bett steigen können. Zwischen Bett und Wand sollten mindestens 60 cm Abstand sein.
Das Bett sollte auch nicht unter einem Oberlicht oder einem schweren Deckenbalken stehen oder unter einem hängenden Gegenstand, wie z. B. einem Leuchter.
Die Abb. 141 bis 145 zeigen die günstigsten Bettpositionen. Beachten Sie, daß sie sich nicht mit der Türöffnung schneiden.

Abb. 141

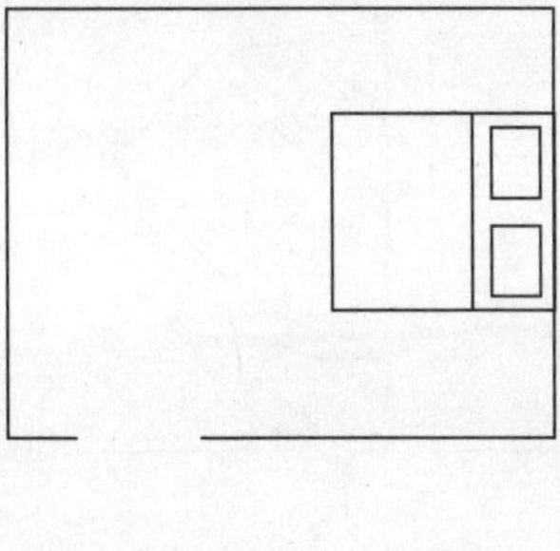

Abb. 142

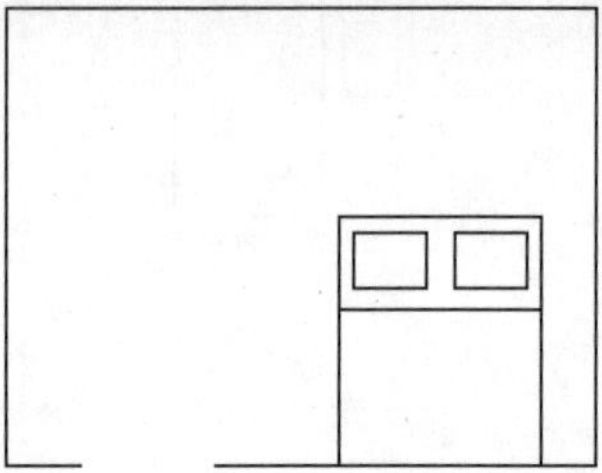

Abb. 143

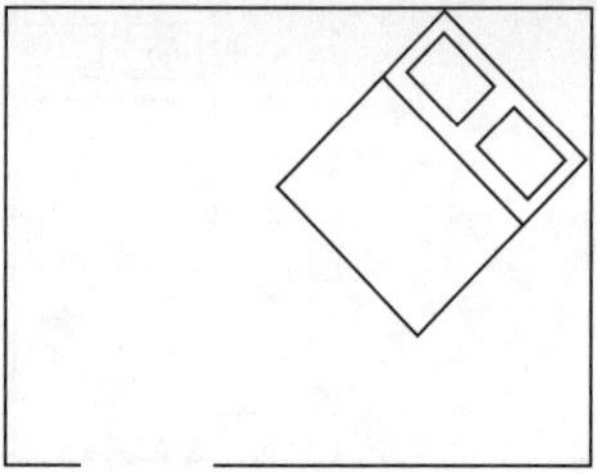

Abb. 144

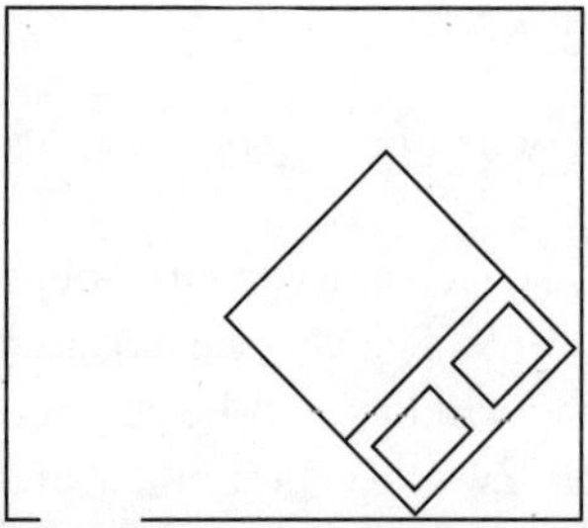

Abb. 145

Die Abb. 146, 147 und 148 zeigen weitere Möglichkeiten auf. Hier muß allerdings das Zimmer groß genug sein, damit ein Wandschirm oder anderes Möbel, etwa eine Truhe, zur Ablenkung des Ch'i zwischen Tür und Bett paßt.

Abb. 146

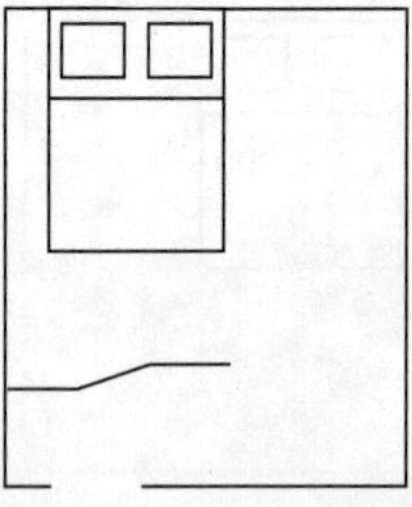

Abb. 147

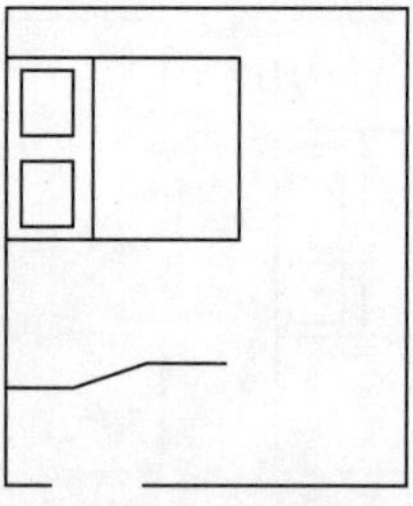

Abb. 148

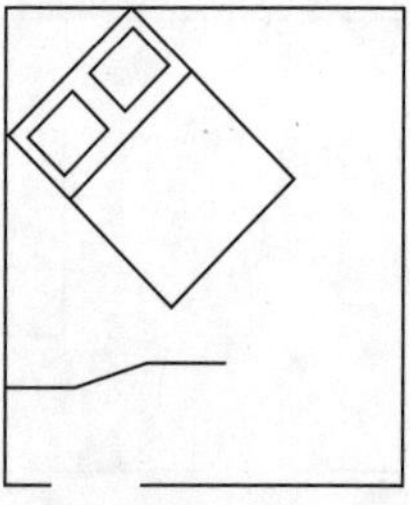

Wenn Sie das Bett mit dem Fußende Richtung Fenster stellen, wie in Abb. 137 gezeigt, brauchen Sie eine Jalousie oder einen Vorhang am Fenster.

Die Ausrichtung des Bettes nach dem Geburtsstern und den Glückssternen

Vielleicht gibt es in Ihrem Schlafzimmer mehrere gute Bettpositionen. Sehen Sie in diesem Fall in Ihrer persönlichen Datenliste nach, ob sich das Bett nicht vielleicht so aufstellen läßt, daß es mit ihrem Geburtsstern oder Ihren Glückssternen harmoniert. Paare sollten ihr Bett möglichst nach einem gemeinsamen Glücksstern oder einem Stern ausrichten, der mit beiden Geburtssternen harmoniert.

Die Ausrichtung eines Bettes geht über das Kopfende. Mit anderen Worten, wenn man sich ans Fußende des Bettes stellt und zum Kopfende hinschaut, blickt man in die Himmelsrichtung, nach der das Bett ausgerichtet ist. Wenn man zum Beispiel sein Bett nach Osten ausrichten muß, wäre es so aufzustellen, daß man schließlich von seinem Fußende aus über das Kopfende hin Richtung Osten schaut.

Plazierung des Bettes an Stellen mit positivem Ch'i

Außer den oben beschriebenen Plazierungs- und Ausrichtungsmöglichkeiten kann man auch noch versuchen, das Bett in einem positiven Ch'i-Sektor des Zimmers zu plazieren, was von der Ausrichtung der Zimmertür abhängt.

Dazu zunächst mit dem Kompaß die Ausrichtung der Schlafzimmertür feststellen; dabei nicht vergessen, aus dem Zimmer hinauszuschauen. Dann die Zimmermitte bestimmen und das Zimmer in acht Sektoren einteilen.

Schaut die Tür nach *Norden*, sind der Ost-, Südost- und Südsektor sehr günstig.

Schaut die Tür nach *Nordosten,* sind der Südwest-, West- und Nordwestsektor sehr günstig.
Schaut die Tür nach *Osten,* sind der Südost-, Süd- und Nordsektor sehr günstig.
Schaut die Tür nach *Südosten,* sind der Süd-, Nord- und Ostsektor sehr günstig.
Schaut die Tür nach *Süden,* sind der Nord-, Ost- und Südostsektor sehr günstig.
Schaut die Tür nach *Südwesten,* sind der West-, Nordwest- und Nordostsektor sehr günstig.
Schaut die Tür nach *Westen,* sind der Nordwest-, Nordost- und Südwestsektor sehr günstig.
Schaut die Tür nach *Nordwesten,* sind der Nordost-, Südwest- und Westsektor sehr günstig.
Wenn sich das Bett in keinem positiven Sektor aufstellen läßt, harmonisieren Sie die Raumenergie nach der in Kapitel 14 besprochenen Farbenmethode. Durch die Anwendung dieser Methode werden alle acht Raumsektoren mit der Türenergie in Einklang gebracht.
Schauen wir uns einige Plazierungsbeispiele an.

Tom

Toms Geburtsstern ist 3 Holz, sein Glücksstern ist 1 Wasser, und seine Schlafzimmertür schaut nach Westen. Durch seinen Geburts- und Glücksstern erfahren wir, daß eine Nord-, Ost-, Südost- und Südausrichtung sehr günstig wären.

Sehr günstig sind in Toms Schlafzimmer der Nordwest-, Nordost- und Südwestsektor (Abb. 149). Dabei bietet sich bezüglich der Tür der Nordostsektor am meisten an. Am besten steht demnach das Bett im Nordostsektor mit dem Kopfende nach Norden, der Himmelsrichtung von Toms Glücksstern.

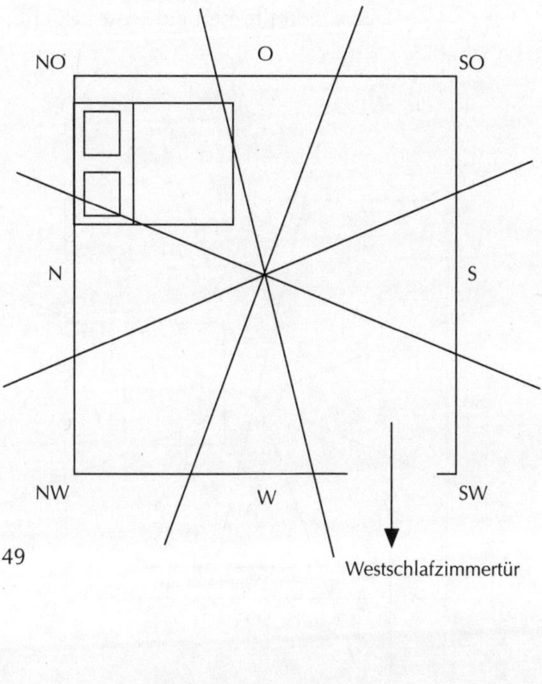

Abb. 149

Fred

Freds Geburtsstern ist 4 Holz, sein Glücksstern ist 9 Feuer, und seine Schlafzimmertür schaut nach Südosten. Durch seinen Geburts- und Glücksstern erfahren wir, daß eine Nord-, Ost-, Südost- und Südausrichtung des Bettes sehr günstig wären.
Durch die Ausrichtung seiner Schlafzimmertür sind der Nord-, Ost-, Südost- und Südsektor als sehr günstig gekennzeichnet. Freds Bett kann jedoch in keinem dieser Sektoren aufgestellt werden. Der günstigste Stellplatz im Verhältnis zur Tür ist der Nordostsektor. Das Element des Nordostens, Erde, verträgt sich jedoch nicht mit dem der Türausrichtung entsprechenden Element Holz. Zur Aufhebung dieser Disharmonie sollte deshalb das in den Nordostsektor gestellte Bett eine rote oder lila Tagesdecke haben.

Abb. 150

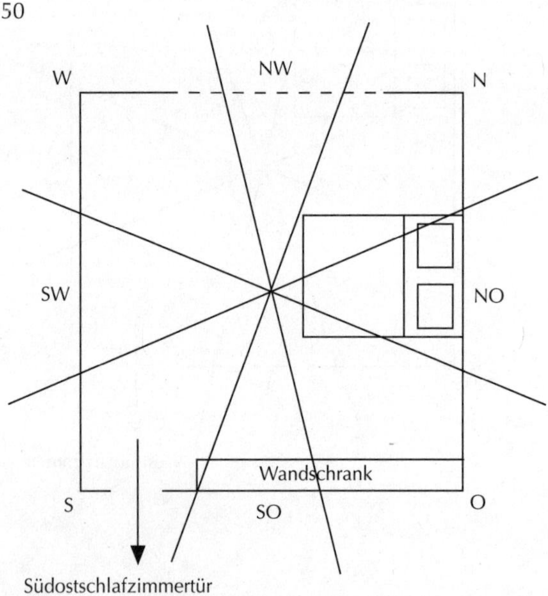

Wenn man sich ein Bett teilt

Für Paare, die sich ein Bett teilen, ist die Frage entscheidend, wer auf welcher Seite schläft. Schläft man in der richtigen Lage nebeneinander, strömt zwischen den Schläfern positives Ch'i, ähnlich wie bei zwei miteinander verbundenen Magneten, während eine falsche Lage gegenseitige Abstoßung bewirkt, durch die sich die partnerschaftlichen Konflikte verstärken.
Nach Ihrem Geburtsstern sind Sie einer von zwei Typen, dem Ost- und dem Westtyp. Wenn Ihr Geburtsstern 1 Wasser, 3 Holz, 4 Holz oder 9 Feuer ist, sind Sie ein Osttyp. Wenn Ihr Geburtsstern 2 Erde, 5 Erde, 6 Metall, 7 Metall oder 8 Erde ist, sind Sie ein Westtyp.

Wer auf welcher Seite schläft

Stellen Sie sich mit dem Kompaß ans Fußende des Bettes, mit dem Blick Richtung Kopfende. Bei einem nach *Norden* ausgerichteten Bett sollte der Osttyp auf der Seite zu Ihrer Rechten und der Westtyp auf der Seite zu Ihrer Linken schlafen.
Bei einem nach *Nordosten* ausgerichteten Bett sollte der Osttyp linker Hand und der Westtyp rechter Hand schlafen.
Bei einem nach *Osten* ausgerichteten Bett sollte der Osttyp linker Hand und der Westtyp rechter Hand schlafen.
Bei einem nach *Südosten* ausgerichteten Bett sollte der Osttyp linker Hand und der Westtyp rechter Hand schlafen.
Bei einem nach *Süden* ausgerichteten Bett sollte der Osttyp linker Hand und der Westtyp rechter Hand schlafen.
Bei einem nach *Südwesten* ausgerichteten Bett sollte der Osttyp rechter Hand und der Westtyp linker Hand schlafen.
Bei einem nach *Westen* ausgerichteten Bett sollte der Osttyp rechter Hand und der Westtyp linker Hand schlafen.
Bei einem nach *Nordwesten* ausgerichteten Bett sollte der Osttyp rechter Hand und der Westtyp linker Hand schlafen.

Wenn beide der gleiche Typ sind, ist es egal, wer auf welcher Seite schläft; die Energie ist so oder so gut.

Schlafzimmermöbel

Das Aufstellen der restlichen Möbel sollte auf das Bett abgestimmt sein.

Überprüfen Sie, daß vom Bett aus gesehen keine spitzen Ecken auf Sie deuten.

Bitte vermeiden Sie unbedingt Unordnung.

Halten Sie den Raum schlicht und elegant.

Hängen Sie keinen Spiegel gegenüber dem Fenster auf – das aktiviert die Raumenergie zu sehr. Hängen Sie keinen Spiegel an Stellen auf, wo Sie sich vom Bett aus sehen können. Das Schlafzimmer sollte allgemein möglichst wenige Spiegel haben. Spiegel aktivieren Ch'i. Das Schlafzimmer sollte möglichst ruhig sein.

Im Schlafzimmer sollte am besten kein Fernseher oder elektronisches Gerät stehen. Wenn man bei laufendem Fernseher schläft oder vor dem Einschlafen sehr viel fernsieht, führt das zu Depressionen. Wenn Sie im Schlafzimmer auf einen Fernseher bestehen, empfiehlt sich ein Fernsehschrank, den Sie vor dem Schlafengehen schließen können.

Wenn am Ehe-Punkt ein Kleiderschrank steht, sollte er nach Möglichkeit attraktive Kleidung enthalten. Man kann auch auf oder unmittelbar neben dem Ehe-Punkt romantische Liebesbilder anbringen.

Ein Kleiderschrank am Geld-Punkt sollte ebenfalls feine Kleidung enthalten, und man sollte auf oder unmittelbar neben ihm Bilder, die Reichtum assoziieren, aufhängen.

Eine Solitärpflanze neben dem Kleiderschrank hilft in diesen Fällen auch positives Ch'i zu erzeugen und integriert ihn besser im Raum.

Richten Sie, wenn möglich, eine intime Sitzecke am Ehe-Punkt

ein, und/oder stellen Sie dort auf einem kleinen Tisch eine schöne Vase mit frischen Blumen.
Werfen sie bei einem Umzug Ihre alte Matratze weg, und kaufen Sie sich eine neue; dies wird Ihnen neuen Aufschwung geben und Ihr Glück begünstigen.

Das Badezimmer

Zum Badezimmer ist relativ wenig zu sagen. Es ist auf zwei Dinge einzugehen, nämlich auf seine Lage und seinen Zustand.
Ein Badezimmer im Nordosten, Westen und in der Mitte der Wohnung gilt als schlechtes Feng Shui.
Ein Badezimmer im Nordosten ist schlecht, weil es Krankheits- und Verfallsenergien anzieht. Sollte sich Ihr Badezimmer im Nordosten befinden, halten Sie es ganz in Weiß, und bringen Sie zur Abwehr von negativem Ch'i an der Außenseite des Badezimmers einen körpergroßen Spiegel an.
Ein Badezimmer im Westen ist für Frauen ungünstig. Wenn sich Ihr Badezimmer im Westen befindet, halten Sie es in den Erdfarben Goldgelb, Ocker oder Gelb, und dekorieren Sie es mit Tongefäßen, damit das Gefühl von Erde wachgerufen wird. Sie sollten auch einen körpergroßen Spiegel an der Außenseite der Tür anbringen.
Ein Badezimmer in der Mitte der Wohnung schwächt das Ch'i der ganzen Wohnung. Wenn sich Ihr Badezimmer in der Wohnungsmitte befindet, sollten Sie zur Abwehr von negativem Ch'i an der Außenseite der Tür einen körpergroßen Spiegel anbringen sowie im Badezimmer selbst mehrere sich gegenseitig reflektierende Spiegel, zur Aktivierung von positivem Ch'i. Ideal wäre ein Spiegel an allen vier Wänden. Doch reichen zur Ch'i-Aktivierung auch zwei einander gegenüberliegende Spiegel aus.

Überprüfen Sie, ob die Badezimmerinstallationen in Ordnung sind. Tropfende Wasserhähne und lecke Rohre bedeuten Geldverlust.
Badezimmer ohne Fenster sind genauso wie ein Badezimmer in der Wohnungsmitte zu behandeln; die Aktivierung von positivem Ch'i kompensiert die mangelnde Frischluftzufuhr.
Wenn sich das Badezimmer am Geld-Punkt der Wohnung befindet, sollte man zur Abwehr von negativem Ch'i an der Außenseite der Badezimmertür einen körpergroßen Spiegel anbringen und sicherstellen, daß alle Badezimmerinstallationen tipptopp in Ordnung sind. Tropfendes Wasser bedeutet davonlaufendes Geld. Wenn sich das Badezimmer am Ehe-Punkt der Wohnung befindet, sollte man daraus einen ganz besonderen Platz für die Gesundheits- und Schönheitspflege machen.

Übungen

Stellen Sie Ihre Schlafzimmermöbel wie folgt um:

1. Überlegen Sie, wo das Bett unter Berücksichtigung der Tür und der Fenster stehen kann.
2. Stünde das Bett an mehreren Stellen gut, sehen Sie in Ihrer persönlichen Datenliste nach, ob es eine dieser Stellen erlaubt, das Bett auf die Himmelsrichtung Ihres Geburtssterns oder eines Ihrer Glückssterne auszurichten.
3. Überprüfen Sie, ob sich das Bett nicht in einem positiven Ch'i-Sektor des Zimmers aufstellen läßt, entsprechend der Ausrichtung der Zimmertür. Wenn dies nicht möglich ist, verwenden Sie die in Kapitel 14 besprochene Farbenmethode zur Harmonisierung der Raumenergie. Ein einmal ausgeglichener Raum enthält nur positives Ch'i.
4. Haben Sie den optimalen Platz für Ihr Bett gefunden, ordnen Sie die restlichen Möbel harmonisch dazu an.

19 Gemeinschaftsräume

Zu den Gemeinschaftsräumen gehören das Wohnzimmer, der Familienraum, die Küche und das Eßzimmer. Sie sollen nun im einzelnen besprochen werden.

Das Wohnzimmer

Das Wohnzimmer ist der öffentlichste, yangbetonteste Raum einer Wohnung. Es sollte freundlich, einladend, warm und gemütlich sein. Es dient der gesellschaftlichen Interaktion zwischen Ihnen und Ihren Gästen und sollte Ihre schönsten Sachen enthalten. Zu seiner Einrichtung gehören neben bequemen Sitzmöbeln, Couchtischen und Lampen eventuell auch eine Stereoanlage, ein Fernseher, ein Klavier, verschiedene Kunstwerke und Pflanzen.

Das Wohnzimmer kann als Konzentrationspunkte haben: einen oder mehrere der acht Punkte; den Kraftpunkt, der schräg gegenüber der Zimmertür liegt; einen Blickfang wie zum Beispiel einen Kamin oder einen interessanten Stadt- oder Gartenausblick.

Wollen Sie sich im Wohnzimmer auf einen oder mehrere der acht Punkte konzentrieren, empfiehlt sich vor allen Dingen der Geld-, Ehe- und Freundes-Punkt. Bevorzugen Sie auf jeden Fall den Geld-Punkt. Ist der Raum groß genug, daß die Möbel um zwei Zentren angeordnet werden können, stellen Sie die größere Möbelgruppierung um den Geld-Punkt.

Man kann zum Beispiel den Geld-Punkt durch ein schönes

Kunstwerk, eine Solitärpflanze, oder ein TV-Set hervorheben und die Möbel darum gruppieren (Abb. 151).
Eine andere Möglichkeit wäre die Ausrichtung auf den Kraftpunkt schräg gegenüber der Zimmertür (Abb. 152). Von ihm aus beherrschen Sie das Zimmer.

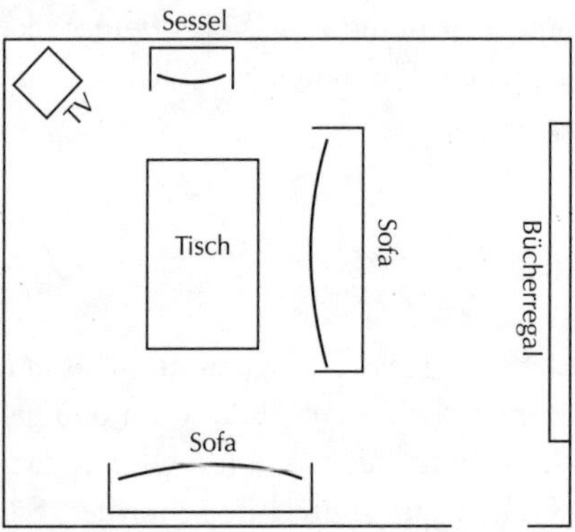

Abb. 151

Abb. 152

Wenn Sie lieber einen besonderen Ausblick, wie zum Beispiel einen Garten, zum Mittelpunkt machen wollen, stellen Sie Ihre Lieblingssessel oder -sofas an die besten Aussichtspunkte. Ordnen Sie dann die restlichen Möbel entsprechend dazu an.

Die Anordnung der Möbel

Stellen Sie die Sitzgelegenheiten für die Gäste bzw. das Hauptsofa nicht so auf, daß man von dort aus direkt zur Tür schaut. Ein Gast würde sich hier zu exponiert fühlen, da jeder, der ins Zimmer tritt, mit ihm konfrontiert wäre.
Die Hauptsitzgelegenheit bzw. das Sofa sollte auch nicht frontal zum Fenster stehen; man würde sich ebenfalls zu exponiert vorkommen.

Die Hauptsitzgelegenheit bzw. das Sofa sollte auch nicht mit dem Rücken zur Tür oder zum Fenster stehen. Dies verursacht ein Gefühl der Unruhe oder Bedrohung.

Obwohl man Gästesessel und -sofas mit dem Rücken zur Tür oder zum Fenster stellen kann, ist es besser, sie mit dem Rücken an die Wand zu plazieren. Wände haben Schutzfunktion.

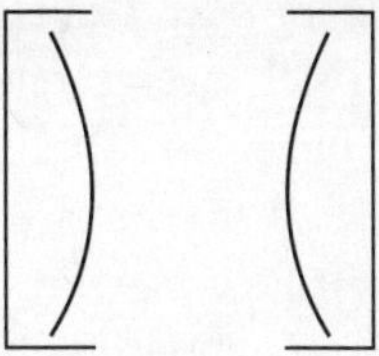

Abb. 153

Sessel und Sofas sollten im richtigen Verhältnis zu Tür und Fenstern stehen, so daß man sich im Raum leicht bewegen kann.

Sofas, die sich direkt gegenüberstehen, konfrontieren sehr stark (Abb. 153). Dies stört nicht weiter, wenn man sich sehr nahesteht, doch kann dies sehr stressig sein, wenn man sich kaum kennt. Wenn Sie zwei Sofas gegenüberstehen haben und diese sich nicht anders stellen lassen, können Sie die Konfrontationssituation durch gedämpftes Licht mildern. Die Sitzgruppierungen in Abb. 154 und 155 sind lockerer als die in Abb. 153.

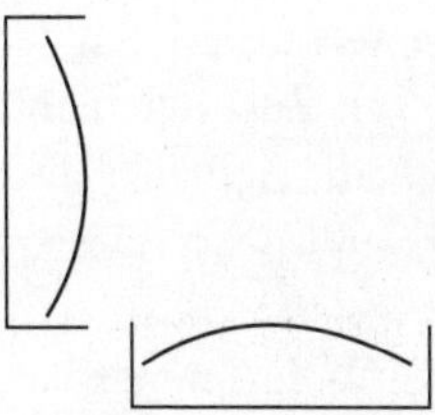

Abb. 154

Abb. 155 zeigt eine bogenförmige Anordnung. Sie ist überall anwendbar, außer direkt vor einer Verbindungstür in ein anderes Zimmer, in das sonst geheime Pfeile geschickt würden.

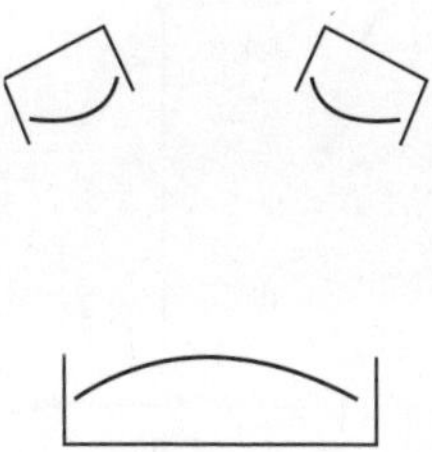

Abb. 155

Versuchen Sie Ihren Lieblingssessel so zu stellen, daß er mit dem Rücken in die Himmelsrichtung eines Ihrer Glückssterne weist. Ihr Körper nimmt die bele-

bende Energie Ihres Glückssterns auf, wenn Sie mit dem Rücken zu ihm sitzen.
Es gibt drei korrekturbedürftige Situationen, in denen das Ch'i mitten durch den Raum fließt und ihn spaltet. Liegen sich zwei Fenster direkt gegenüber, hängen Sie an einem oder beiden Fenstern Jalousien oder Vorhänge auf. Wenn sich zwei Türen direkt gegenüberliegen, stellen Sie vor eine Tür einen Wandschirm, vorausgesetzt, dieser ist nicht hinderlich.
Abb. 156 zeigt eine andere Lösungsmöglichkeit für dieses Problem. Das abgebildete Wohnzimmer dient gleichzeitig als Durchgang zu anderen Zimmern. Wie man sehen kann, ist der Wohnbereich viel kleiner als das Zimmer selbst.
Da Durchgangsbereiche frei bleiben müssen, wurde mit den Möbeln ein gemütlicher Wohnbereich abgesteckt, wodurch der übrige Raum frei begehbar blieb (Abb. 157). Zusammen mit dem Kamin ergibt die Möbelanordnung ein Achteck. Das Achteck, das eine sehr glückverheißende Form ist, symbolisiert die Vereinigung von Himmel und Erde.
Anders als im Normalfall ist ein abgesenktes Wohnzimmer Yin. Da eine Absenkung das Element Wasser bedeutet und Wasser

Abb. 156

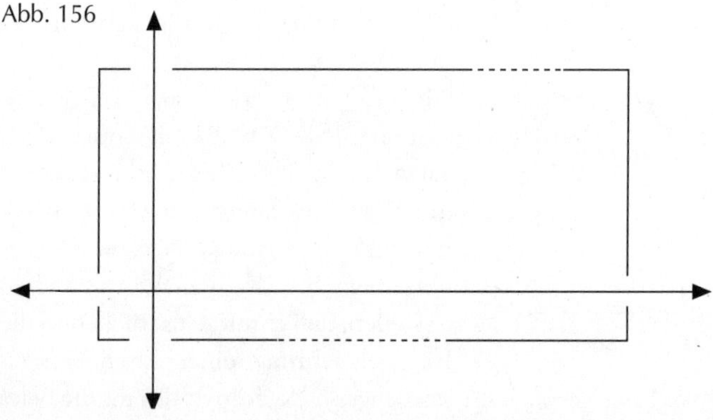

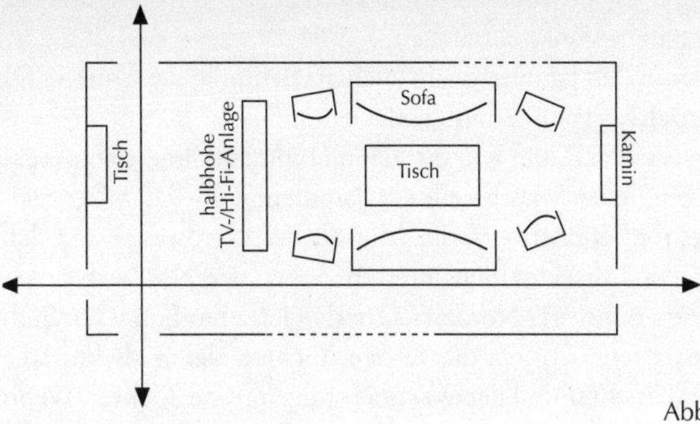

Abb. 157

Holz vermehrt, kann es allerdings in Yang verwandelt werden, indem man Topfpflanzen, besonders Solitärpflanzen, im Raum aufstellt. Sollte er zu dunkel sein, kann man Pflanzenleuchten installieren. Eine andere Möglichkeit wären künstliche Pflanzen mit Seidenblättern.

Der Familienraum

Der Familienraum sollte völlig zwanglos eingerichtet sein, so daß dort Entspannung im familiären Kreis möglich ist. Die Möbel sollten multifunktional und beweglich sein, um verschiedene Aktivitäten wie fernsehen, Spiele spielen etc. zu ermöglichen. Da es sich um einen mit Fröhlichkeit und Wärme erfüllten, sehr aktiven Bereich handelt, sollte er helle Farben haben und Dekors und Andenken enthalten.

Wenn Sie einen Spieltisch oder ein Sideboard mit TV- und Hi-Fi-Anlage an einem der acht Punkte aufstellen wollen, empfiehlt sich dazu der Familien- und Kinder-Punkt. Sie könnten

auch Fotos von einzelnen Mitgliedern oder von Familientreffen am Familien-Punkt aufhängen.
Man kann den Familienraum auch als Befindlichkeitsmesser für die einzelnen Familienmitglieder nutzen:
Teilen Sie den Raum von der Zimmermitte aus in die acht Sektoren ein. Jeder Sektor stellt ein Familienmitglied dar. Der Südwestsektor repräsentiert die Mutter, der Nordwestsektor den Vater, der Ostsektor den ältesten Sohn, der Nordsektor den mittleren Sohn, der Nordostsektor den jüngsten Sohn, der Südostsektor repräsentiert die älteste Tochter, der Südsektor die mittlere Tochter und der Westsektor die jüngste Tochter. Wenn Sie einen Sohn und/oder eine Tochter haben, repräsentiert der Ostsektor Ihren Sohn und der Südostsektor Ihre Tochter. Haben Sie zwei Söhne und/oder zwei Töchter, repräsentiert der Ostsektor den älteren Sohn, der Nordostsektor den jüngeren Sohn, der Südostsektor die ältere Tochter und der Westsektor die jüngere Tochter.
Da sich das Aussehen des Raumes ständig ändern dürfte, achten Sie darauf, in welchem Sektor häufig Unordnung herrscht. Dies deutet auf Entwicklungsschwierigkeiten des betreffenden Familienmitglieds hin.

Die Küche

Der im Chinesischen *Ting* genannte große Kessel oder Kochtopf symbolisiert die Zivilisation. Er diente einst bei religiösen Festen als Speisegefäß für die Lebenden, die Ahnen und die himmlischen Heerscharen.
Die Küche ist der Ort der Nahrungszubereitung, und da Essen am Leben hält, symbolisiert die Küche alles Lebensförderliche – Liebe, Nahrung, Wissen, Glück, Wohlstand.
Einer der Hauptgründe für den Zerfall enger Beziehungen und

des Familienlebens in unserer Gesellschaft liegt daran, daß gewöhnlich keine gemeinsamen Mahlzeiten mehr eingenommen werden und das Essen übergangen wird. Im Kochen kommt Zuwendung zum Ausdruck. Wenn in der Küche Sorgfalt waltet und auf eine gute Ernährung geachtet wird, bringt das allen Familienmitgliedern Glück.

Feuer und Wasser sind die Elemente der Küche: der Herd verkörpert das Feuer und die Spüle und der Kühlschrank das Wasser. Die Konfliktmöglichkeit zwischen Feuer und Wasser ist bei der Plazierung des Herdes, der Spüle und des Kühlschranks zu berücksichtigen.

Kurz gesagt heißt dies, daß *Sha* erzeugt wird, wenn die Spüle und der Kühlschrank direkt neben oder gegenüber dem Herd stehen.

Wenn sich der Herd zwischen der Spüle und dem Kühlschrank (Abb. 158) oder ihnen gegenüber (Abb. 159) oder freistehend im Raum (Abb. 160) befindet, wird das Feuer vom Wasser beherrscht, was auf Unzufriedenheit, stagnierende Finanzen und häusliche Streitigkeiten hinweist.

Wenn Herd, Spüle und Kühlschrank wie in Abb. 161 aneinandergereiht sind, wird das Feuer vom Wasser vernichtet, was Verwirrung bezüglich des eigenen Lebenswegs bedeutet sowie die Unfähigkeit, Dinge realistisch zu sehen.

Abb. 158

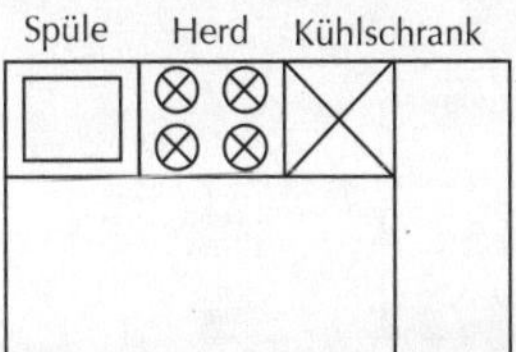

Abb. 159

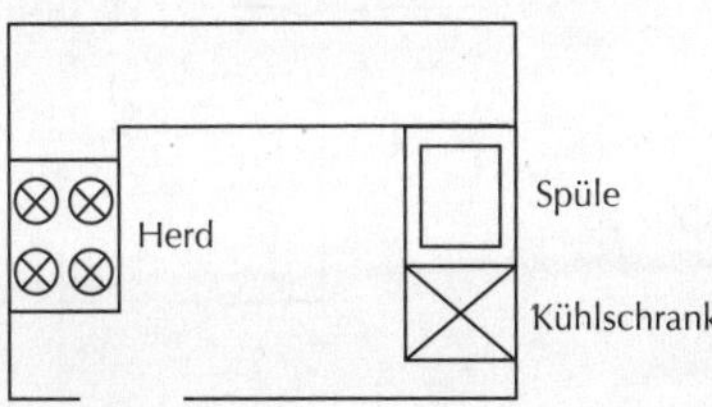

Korrigieren lassen sich diese Mängel durch die Hinzunahme des Elementes Holz, das zwischen Feuer und Wasser vermittelt. Seine Farben sind, wie man weiß, Grün und Hellblau.
Bei Anordnungen ähnlich wie in Abb. 158 und 161 sollten an der Wand zwischen Herd und Spüle ein grüner oder hellblauer Schmuckteller oder ebensolche Kacheln angebracht werden. Bei Anordnungen ähnlich wie in Abb. 159 und 160 ist ein grüner oder blauer Läufer zwischen Herd und Spüle passend, oder man fliest den Boden grün oder blau.
Die Küche sollte kein Durchgangszimmer oder offener Bereich sein, so daß man ständig beim Kochen gestört wird. Ablenkung beim Kochen führt zu Fehlern in der Küche, und das bedeutet einen Mangel an Liebe, Wissen und Geld. Sollte Ihre Küche ein offener Bereich sein, können Sie durch einen Tisch oder

Abb. 160

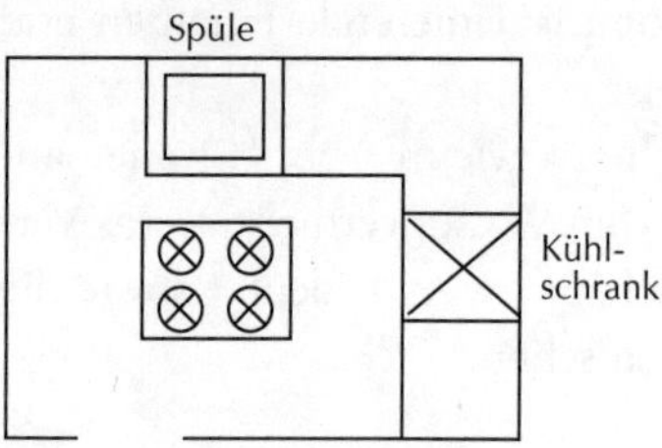

Abb. 161

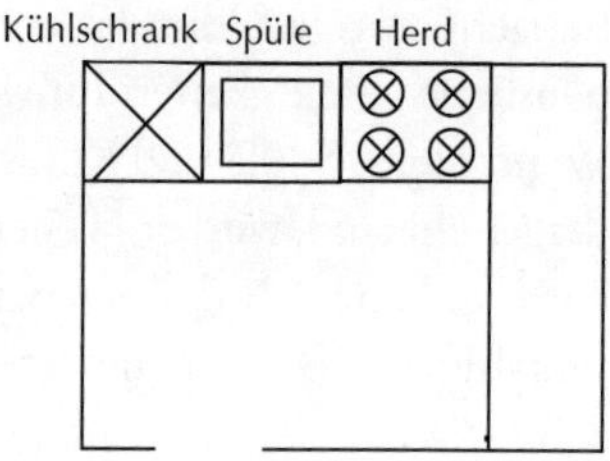

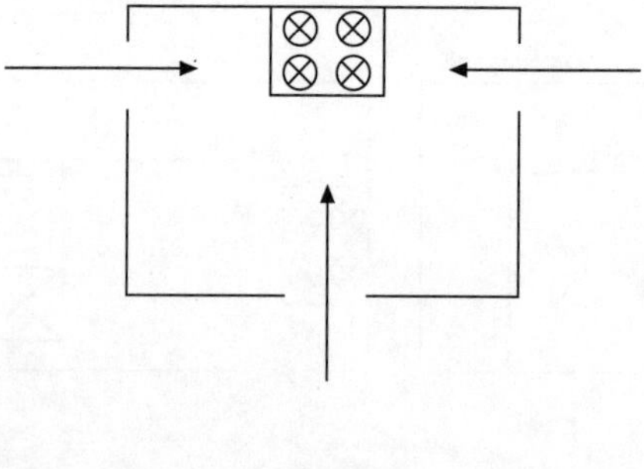

Abb. 162

eine Theke eine Grenze schaffen, die sich zugleich als Eßplatz nutzen läßt.
Eine Tür direkt gegenüber oder neben dem Herd kann beim Kochen unruhig machen (Abb. 162).
Eine Tür direkt gegenüber dem Herd ist ungünstiger als eine Tür an der Seite. Zur Korrektur dieses Mangels kann man einen Spiegel über dem Herd anbringen, so daß man beim Kochen die Tür im Blick behalten kann.
Der Herd sollte weder dort stehen, wo kaum Luft und Licht hinkommt, noch vor einem Fenster oder unter einem Oberlicht, wo es zugig werden kann.

Das Eßzimmer

Ideal ist es, wenn das Eßzimmer, so wie die Küche, ein abgeschlossener Raum ist, der keine Ablenkungen zuläßt. Es sollte ein ruhiger, gemütlicher Ort sein, an dem man sich gerne mit seinen Lieben trifft, um zusammen zu essen und zu reden.
Das Eßzimmer sollte nicht mehr als zwei Türen haben, eine zur Küche und eine zum Wohnzimmer oder zur Diele. Es sollte mit Kunstwerken und frischen Blumen geschmückt sein, helle Farben und nicht zu viele Fenster haben, da diese zuviel Unruhe hereinbringen. Im Eßzimmer sollte sich nichts Ablenkendes, Störendes oder Unangenehmes befinden. Wenn zu viele Fenster da sind, hängen Sie in symmetrischer Form zumindest einige Jalousien oder Vorhänge auf. Hübsch wirken zum Beispiel Spitzenvorhänge.
Mehr als ein Eßtisch, Stühle und ein Buffet oder Sideboard ist nicht nötig. Stellen Sie den Tisch in die Zimmermitte.
Die Stühle stehen am besten mit dem Rücken zur Wand, nicht zu irgendwelchen Fenstern und Türen. Sie sollten außerdem in gerader Zahl vorhanden sein. Gerade Zahlen implizieren Paare,

und Paare bedeuten Liebe, den Quell der Nahrung und Fürsorge. »Glück kommt paarweise« heißt ein chinesisches Sprichwort und ein anderes: »Geteilte Freude ist doppelte Freude.«
Die meisten modernen Häuser und Wohnungen haben kein eigenes Eßzimmer. Gibt es statt eines Eßzimmers nur eine Eßnische oder Eßecke, ist diese stimmungsmäßig genauso einzurichten wie ein Eßzimmer.
Eine Eßnische läßt sich zum Beispiel durch Solitärpflanzen genauer definieren (Abb. 163).
Wenn Ihr Eßbereich wie in Abb. 164 aussieht, kann mit einer Couch oder einem anderen Möbelstück eine Trennlinie geschaffen werden. Viel bringt auch eine farbliche Abgrenzung zum Wohnbereich durch einen Teppich oder anderen Fußbodenbelag.
Tischformen haben symbolische Bedeutung. Ein runder Tisch symbolisiert den Segen des Himmels, ein quadratischer Tisch die Wohltaten der Erde und ein achteckiger Tisch die Versammlung von Himmel, Erde und all ihren Kindern. Der Kreis, das Quadrat und das Achteck zeigen Bescheidenheit, Mitgefühl und Liebe, da sie keine bevorzugte Plazierung bieten. Das

Abb. 163

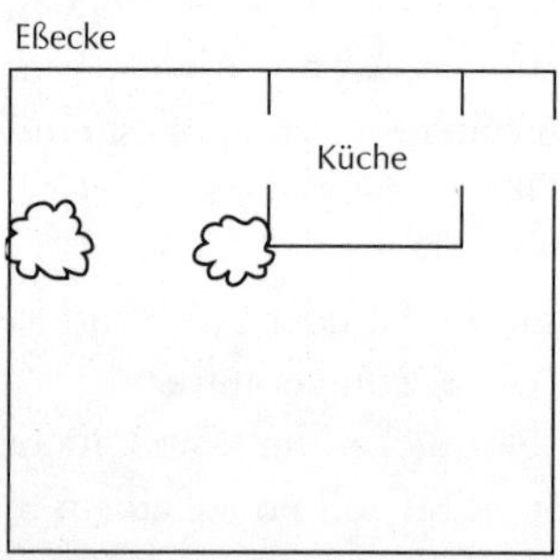

Abb. 164

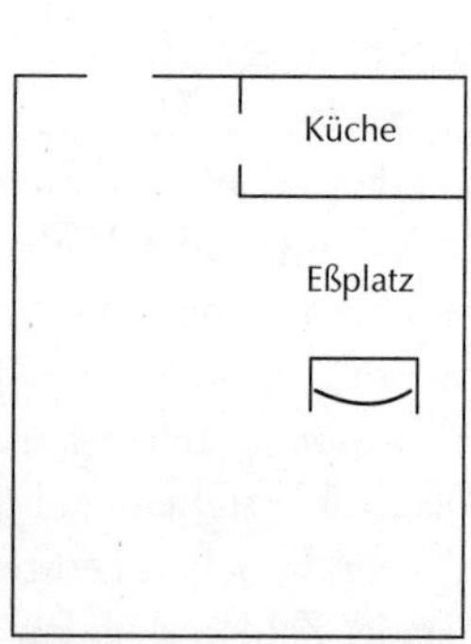

Rechteck und das Oval andererseits sind hierarchisch, formal und unfreundlicher. Um einen achteckigen Tisch können nur acht Personen sitzen, weshalb er nur zum Konsoltisch taugt, wenn mehr als acht Personen am Essen teilnehmen. Ein großer runder Tisch hingegen schreibt keine Zahl vor; er ist für große, fröhliche Runden am besten geeignet.

Übungen

Gehen Sie beim Einrichten Ihres Wohnzimmers folgendermaßen vor:

1. Bestimmen Sie, worauf sich das Zimmer konzentrieren soll. Ist ein Kamin da, sollte er das Zentrum sein. Gibt es keinen Kamin, empfiehlt sich einer der acht Punkte als Konzentrationspunkt, etwa der Geld-Punkt oder der Ehe-Punkt.
2. Gibt es keinen Kamin, überlegen Sie, womit Sie den Konzentrationspunkt als solchen betonen. Es könnte ein Sofa, eine TV/Hi-Fi-Anlage, ein Klavier, eine Skulptur, ein Gemälde, ein Wandteppich oder eine Solitärpflanze sein.
3. Ein zentrales Möbel sollte Ihr Lieblingssofa oder Lieblingssessel sein.
4. Überlegen Sie, wo dafür unter Berücksichtigung von Türen, Fenstern und dem Konzentrationspunkt der beste Platz wäre. Das Sofa oder der Sessel muß nicht immer auf den Konzentrationspunkt hin ausgerichtet sein. Wenn dieser zum Beispiel ein Bild ist, könnten Sie Ihr Lieblingssofa direkt darunterstellen.
5. Wenn es mehrere Plazierungsmöglichkeiten für Ihr Lieblingsmöbel gibt, sehen Sie in Ihrer persönlichen Datenliste nach, ob es sich so stellen läßt, daß es mit der Rückseite in die Himmelsrichtung eines Ihrer Glückssterne weist oder in eine mit Ihrem Geburtsstern korrespondierende Himmels-

richtung. Sollte diese Ausrichtung nicht mit dem von Ihnen gewählten Zentrum zusammenpassen, schauen Sie, ob sich nicht ein anderes Zentrum finden läßt.

6. Wenn Sie einmal die günstigste Stelle für Ihr Lieblingsmöbel und den Attraktionspunkt bestimmt haben, können Sie die übrigen Möbel in harmonischer Weise darum gruppieren.

20 Arbeitszimmer und Geschäftszimmer

Das Arbeitszimmer

Das Arbeitszimmer ist ein Raum zum Lesen, Schreiben und Meditieren und sollte sowohl Ruhe ausstrahlen als auch zur Arbeit anregen. Sein Ch'i sollte gleiche Yin- und Yang-Anteile haben. Das Zimmer sollte eine einfache Form haben und weder zu leer noch zu voll sein.

Am besten ist ein rechteckiger Raum. Wenn Ihr Arbeitszimmer L-förmig ist, nützen Sie diese Gliederung für Ihren Schreibtisch einerseits und eine Sitzgruppe andererseits. Sollte die Zimmerform asymmetrisch sein, greifen Sie auf die in Kapitel 12 und 13 beschriebenen Korrekturmaßnahmen zurück.

Ideal ist ein schöner Ausblick. Dennoch sollte die Aufmerksamkeit mehr auf die eigene kreative Arbeit hingelenkt werden. Wenn der Blick aus dem Fenster störend ist, wenn Nachbarfenster, ein baufälliges Gebäude, Eisenbahngleise, Elektroleitungen, spitze Objekte oder andere Sha-Verursacher unmittelbar gegenüberliegen, sind Vorhänge oder Hänge- und andere Topfpflanzen vor dem Fenster eine gute Lösung.

Wichtig ist die Schaffung einer ruhigen und klaren Arbeitsatmosphäre.

Zur Einrichtung des Arbeitszimmers gehören ein Schreibtisch oder Zeichentisch, Bücher- und Aktenschränke, Regale, ein bequemer Sessel und/oder eine Couch sowie Kunstwerke. Das Zimmer sollte auch einen Teppich haben. Er sollte schwarz, dunkelblau oder anders dunkelfarbig und im Verhältnis zum Zimmer mittelgroß sein sowie parallel zu den Wänden liegen. Ein dunkelblauer Teppich in der Zimmermitte wirkt wie ein tiefes Wasser, auf dem der nachdenkliche Blick ruhen kann. Die Zimmermitte sollte immer frei sein. Die freie Mitte symbolisiert das unergründliche Tao.

Der Schreibtisch ist das wichtigste Möbel im Arbeitszimmer. Er ist in vieler Hinsicht genauso wie das Bett zu plazieren (siehe Kapitel 18).

Die Abb. 165 bis 172 zeigen die ungünstigsten Schreibtischpositionen im Verhältnis zu Tür und Fenstern.

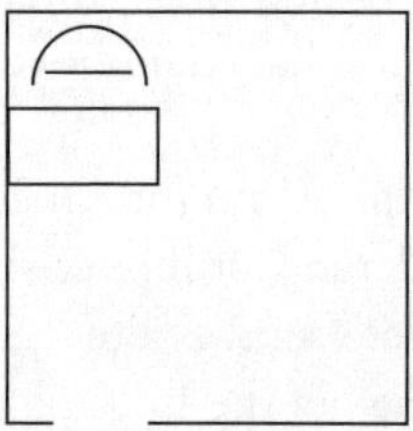
Abb. 165

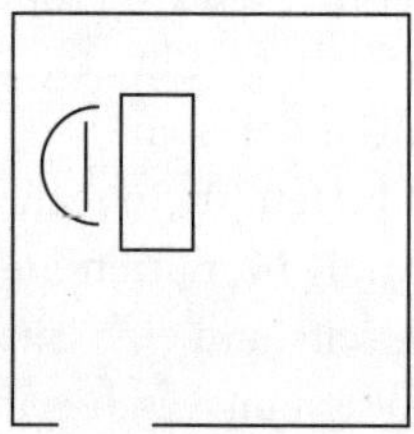
Abb. 166

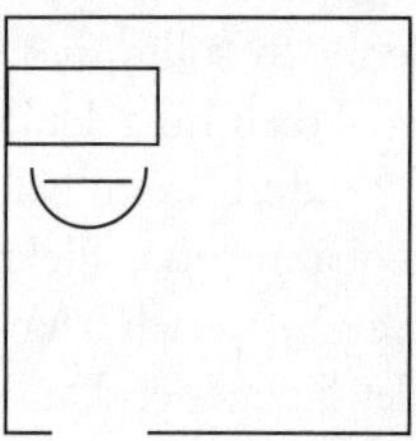
Abb. 167

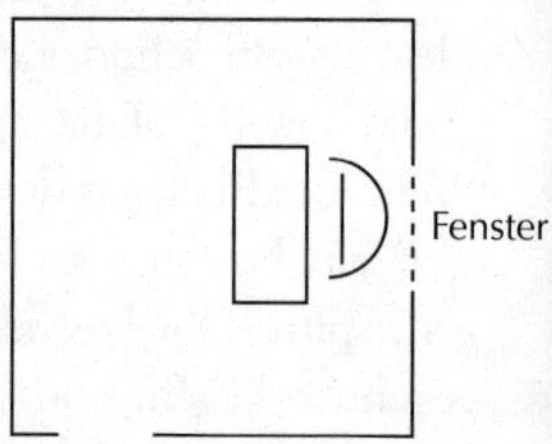

Abb. 168

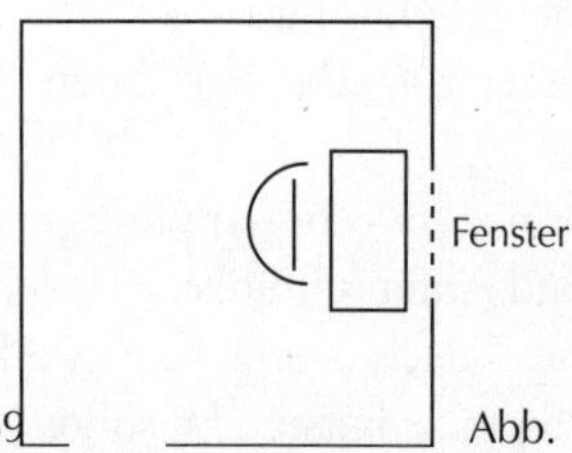

Abb. 169

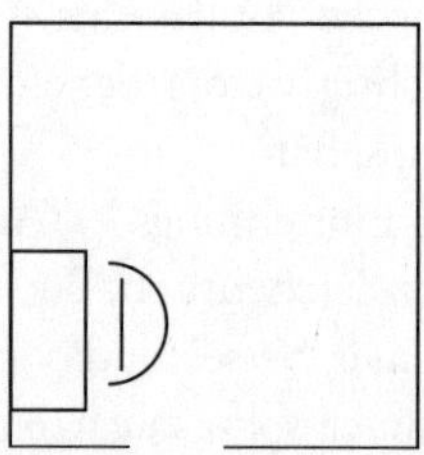
Abb. 170

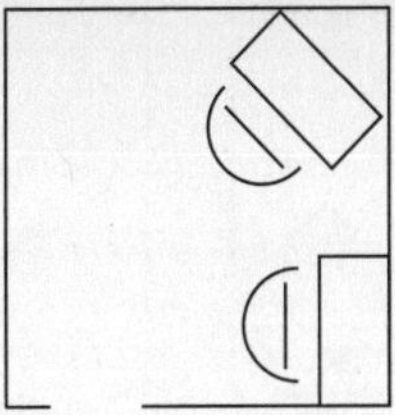

Abb. 171

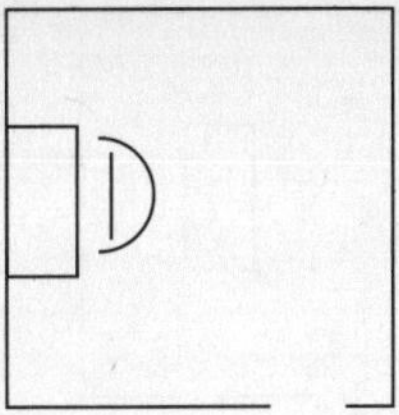

Abb. 172

Stellen Sie den Schreibtisch nicht in gerader Linie zur Tür auf, also weder so, daß er frontal zur Tür schaut (Abb. 165), noch so, daß er seitlich zur Tür weist (Abb. 166), noch so, daß Sie mit dem Rücken zur Tür sitzen (Abb. 167). Stellen Sie den Schreibtisch nicht so auf, daß Sie mit dem Rücken zum Fenster sitzen (Abb. 168) oder direkt aus dem Fenster blicken (Abb. 169). Vermeiden Sie Positionen, die einengen (Abb. 170) oder den Blick versperren (Abb. 171) oder wo Sie einen Durchgang im Rücken haben (Abb. 172). Stellen Sie den Schreibtisch nicht vor einen Spiegel.
Positionen schräg gegenüber der Tür sind besonders gebietend (Abb. 173 bis 175). Die in Abb. 176 bis 178 gezeigten Positionen sind ebenfalls günstig.
Wenn das Zimmer groß genug ist, kann der Schreibtisch auch frontal oder seitlich zur Tür gestellt werden, wenn man einen Wandschirm oder hohen Vitrinenschrank davorstellt (Abb. 179 und 180).

Abb. 173

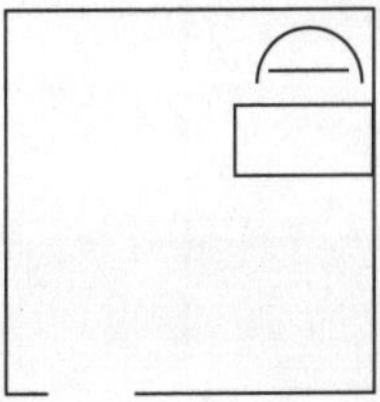

Abb. 174

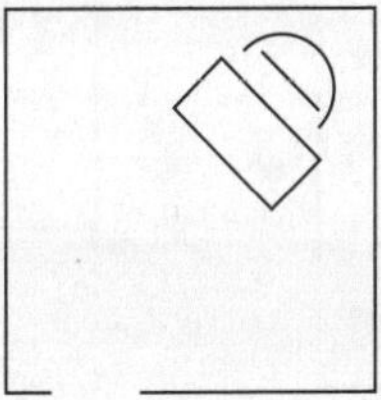

Abb. 175

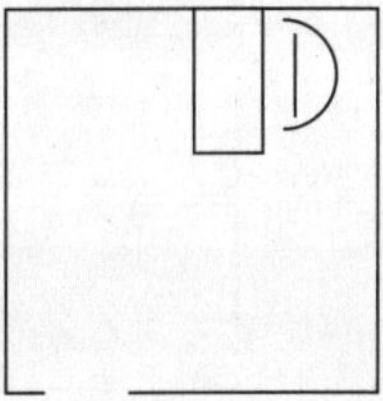

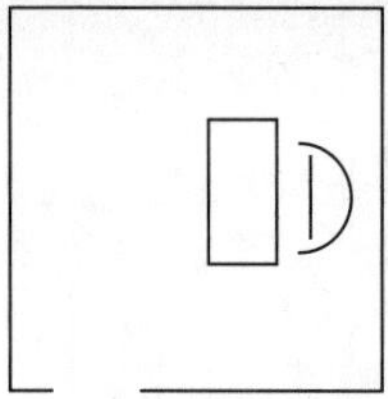

Abb. 176

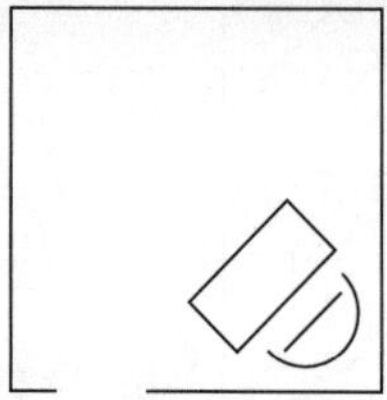

Abb. 177

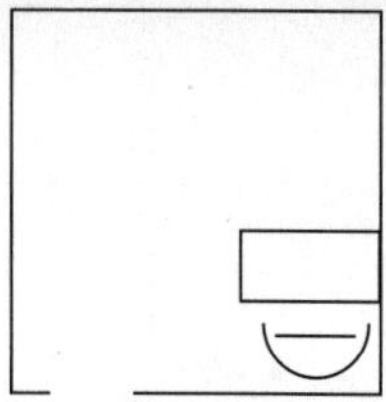

Abb. 178

Es ist für die Augen besser, und man fühlt sich sicherer, wenn man den Schreibtisch so stellt, daß man mit dem Rücken zur Wand oder zu einer Ecke sitzt.

Wenn Sie den Schreibtisch an die Wand stellen wollen, ist es für Rechtshänder günstiger, das Fenster zur Linken zu haben (Abb. 181) und für Linkshänder günstiger, das Fenster zur Rechten zu haben (Abb. 182).

Es gibt eine Ausnahme, bei der der Schreibtisch direkt vor das Fenster gestellt werden darf, nämlich, wenn man direkt nach Norden schaut, eine äußerst glückverheißende Himmelsrichtung.

Versuchen Sie den Schreibtisch so zu stellen, daß Sie die Himmelsrichtung Ihres Glückssterns oder Ihres Geburtssterns im

Abb. 179

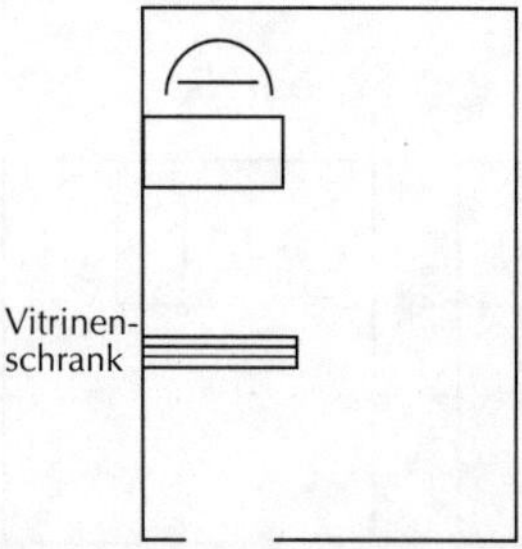

Abb. 180

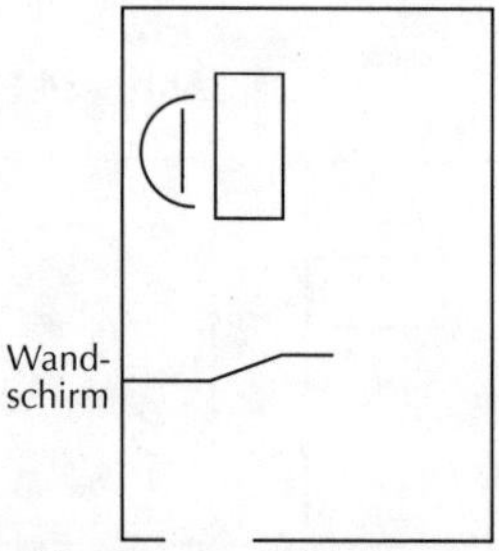

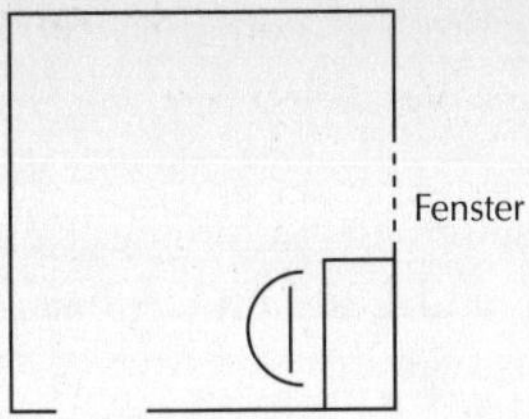

Abb. 181

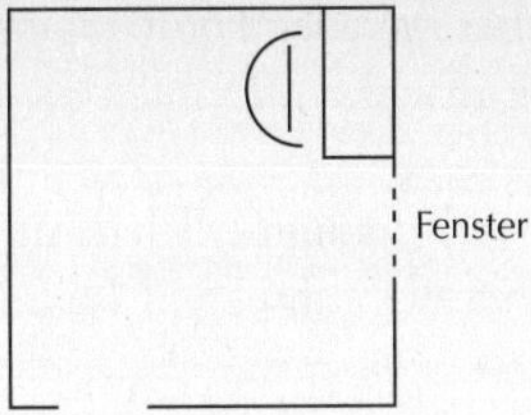

Abb. 182

Rücken haben. Wenn Ihr Glücksstern zum Beispiel 4 Holz ist, wäre dies der Südosten. Wenn Ihr Geburtsstern 4 Holz ist, stünde der Südosten, der Norden, der Osten und der Süden zur Auswahl.

Je nach Interessensgebiet kann auch die Acht-Punkte-Methode zur Plazierung des Schreibtischs und der anderen Möbel genutzt werden.

Die Punkte für Geld, Ruhm, Freunde, Karriere und Wissen sind günstig, wenn finanzielle, kommerzielle und berufliche Interessen im Vordergrund stehen.

Die Punkte für Wissen, Ehe, Ruhm und Freunde sind bei geisteswissenschaftlichen, literarischen und anderen künstlerischen Interessen vorteilhaft.

Die Punkte für Familie, Ehe, Kinder und Freunde sind bei sozialen Interessen günstig.

Der Kinder-Punkt begünstigt alles, was mit Kindern zu tun hat, wie das Unterrichten, Schreiben und Illustrieren von Kinderliteratur, Entwerfen von Spielzeug, Erfinden von Spielen etc.

Nach der Plazierung des Schreibtischs können die Bücherregale, Aktenschränke und Kunstwerke aufgestellt werden. Hier ist Ordnung die Hauptregel. Die Möbel sollten funktionell und harmonisch ausgerichtet sein, so daß man leicht an alle Dinge herankommt. Fenster, Türen und Ecken sollten nicht verstellt werden. Die Bücherregale und Aktenschränke sind in symmetrischer, gerader Form zusammenzustellen. Bemühen Sie sich um Einfachheit. Denken Sie kreativ. Vertrauen Sie Ihrer Intuition.

Als Arbeitszimmerbeleuchtung empfiehlt sich eine Kombination aus indirektem Raumlicht und Lese- und Arbeitslampen.

Hängen Sie über dem Schreibtisch und der Sitzecke keine Pflanzen auf. Es sollte nie irgend etwas über dem Kopf hängen.

Das Büro oder Geschäftszimmer

Das Büro oder Geschäftszimmer ist dem Arbeitszimmer vergleichbar, obwohl sein Ch'i nicht gleichermaßen yin- und yangbetont sein muß, sondern je nach Verwendung auch yangdominiert sein darf. Außerdem sollte es im Gegensatz zum Arbeitszimmer, das idealerweise etwas abgelegen sein sollte, nahe der Haustür liegen, wenn Kunden oder Geschäftspartner empfangen werden sollen.

Halten Sie sich bei der Einrichtung des Geschäftszimmers an die Hinweise für das Arbeitszimmer sowie an folgendes:

Wenn Sie einen Heilberuf ausüben, sollte sich das Ch'i im Yin- und Yang-Gleichgewicht befinden. Versuchen Sie die Couch, die Behandlungsliege oder die Matte in einem der positiven Ch'i-Sektoren aufzustellen, die durch die Ausrichtung der Zimmertür vorgegeben sind (siehe Kapitel 18). Ist der Raum für die Behandlungsliege oder Matte in einem der positiven Ch'i-Sektoren zu klein, stellen Sie diese in die Mitte des Raumes, um genügend Platz zum Arbeiten zu haben.

Wenn Sie als Therapeut oder Berater tätig sind und Ihren Klienten an einem Tisch gegenübersitzen, stellen Sie diesen in die Mitte des Raumes, wenn das Zimmer relativ klein ist. Ansonsten stellen Sie ihn weg von der Tür, und zwar so, daß Sie mit

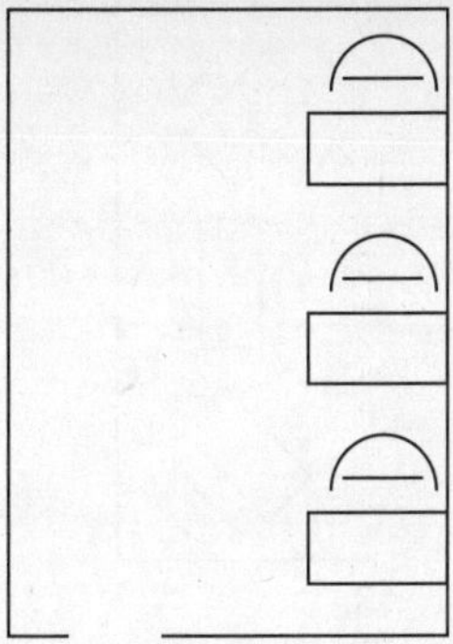

Abb. 183

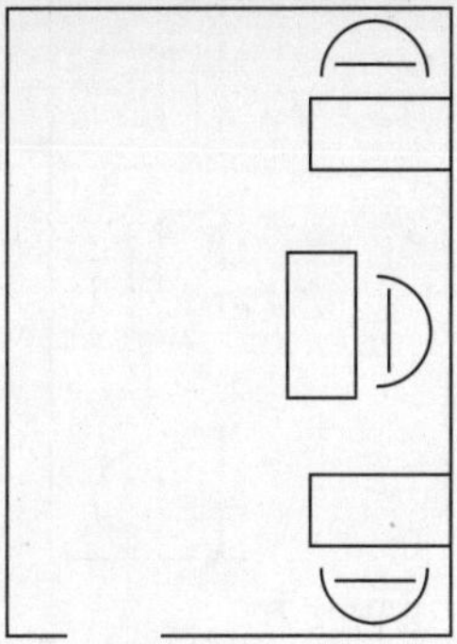

Abb. 184

dem Rücken zur Wand sitzen und auch der Kunde einen sicheren Platz hat.

Wenn Sie den Raum als Geschäftszimmer benutzen, wo Sie Kunden empfangen, sollte das Ch'i Yang sein. Stellen Sie den Stuhl für den Kunden so, daß dieser mit dem Rücken zur Tür sitzt. Sein Stuhl sollte auch etwas niedriger als Ihrer sein, damit er zu Ihnen aufblickt.

Wenn Sie den Raum als Konferenzzimmer benutzen, stellen Sie den Tisch in die Mitte des Raumes oder so, daß man leicht um ihn herumgehen kann.

Das Gegeneinanderstellen von Schreibtischen ist ungünstig, da dies zuviel Spannung zwischen den Schreibtischbenutzern verursacht.

Stellt man Schreibtische hintereinander auf, wie das allzuoft in großen Firmen getan wird, entsteht von hinten nach vorne fließendes Sha (Abb. 183). Die Abb. 184 bis 186 zeigen günstigere Anordnungen.

Teilen Sie bei nebeneinander stehenden Schreibtischen die Plätze nach der in Kapitel 18 beschriebenen Ost-West-Typ-Methode auf. Um die Ausrichtung des Schreibtischs korrekt zu be-

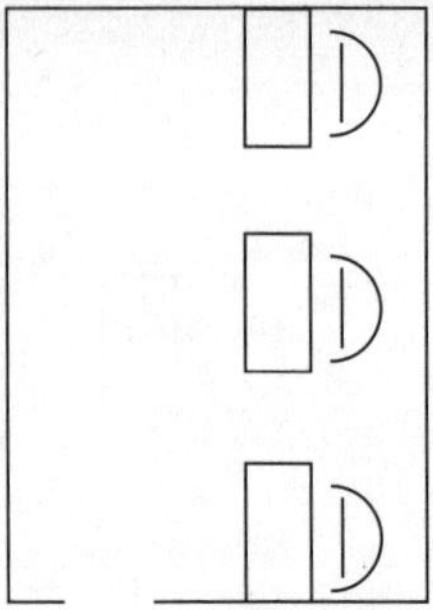

Abb. 185

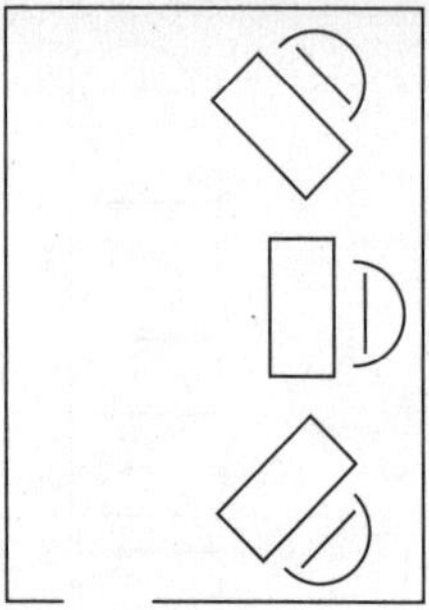

Abb. 186

stimmen, muß man sich davorstellen und zum Stuhl hin blikken.

Übungen

Gehen Sie bei der Einrichtung Ihres Arbeitszimmers folgendermaßen vor:

1. Überlegen Sie, wo der Schreibtisch unter Berücksichtigung der Tür und der Fenster stehen könnte.
2. Gibt es mehrere gute Möglichkeiten, sehen Sie in Ihrer persönlichen Datenliste nach, ob sich der Schreibtisch nicht so stellen läßt, daß Sie eine Himmelsrichtung im Rücken haben, die zu Ihrem Geburtsstern oder zu einem Ihrer Glückssterne paßt.
3. Prüfen Sie, ob sich der Schreibtisch nicht entsprechend der Acht-Punkte-Methode plazieren läßt. Wenn nicht, verwenden Sie diese bei der Dekoration des Zimmers. In Kapitel 22 wird auf symbolische Dekorationsmethoden eingegangen.
4. Haben Sie einmal den optimalen Platz für Ihren Schreibtisch gefunden, stellen Sie die restlichen Möbel passend dazu auf.

21 Ein- und Zweizimmerappartements

Das Einzimmerappartement

Ein Einzimmerappartement ist sehr viel schwieriger einzurichten als ein Haus oder eine Wohnung mit mehreren Räumen, weil man in einem Raum sämtliche Lebensbereiche berücksichtigen muß. Platz spielt dabei eine entscheidende Rolle. Je kleiner das Appartement ist, desto eher ist es vollgestopft und unordentlich.

Für ein Einzimmerappartement ist die Rechteck- oder L-Form günstig, vorausgesetzt, das »L« ist nicht zu klein. Stellen Sie das Bett nicht so, daß es von drei oder gar vier Seiten eingepfercht ist; das bedrückt.

Als offener Raum hat das Einzimmerappartement Yin- und Yang-Abschnitte. Die Yin-Abschnitte sind diejenigen, die nicht im direkten Einzugsgebiet der Tür und der Fenster liegen. Dort sollten Möbel, wie Bett und Eßtisch, stehen. Der Wohn- und Arbeitsbereich andererseits sollte in die exponierten Yang-Abschnitte verlegt werden.

Als erstes und wichtigstes Möbel ist das Bett aufzustellen. Dies dürfte keine Schwierigkeiten machen, wenn man sich an die Schritte in Kapitel 18 hält. Verbergen Sie das Bett hinter einem Paravent, einem Vitrinenschrank oder einer Kommode, damit man es nicht vom Eingang aus sehen kann. Pferchen Sie das Bett aber nicht ein. Ist der Platz für das Bett einmal gefunden, sollten Sie überlegen, wie Sie den Raum entsprechend den wei-

teren Bedürfnissen einrichten. Ein planlos eingerichteter Raum wirkt verwirrend und beängstigend. Bemühen Sie sich um klare Gliederung.
Soll das Einzimmerappartement sowohl Schlaf- als auch Wohn- und Arbeitszimmer sein, entscheiden Sie zunächst, wo das Bett und der Schreibtisch stehen sollen (wie in Kapitel 18 und 20 beschrieben). Achten Sie darauf, daß Sie genügend Platz zum Arbeiten haben. Danach sind das Sofa und die anderen Wohnzimmermöbel ergänzend aufzustellen.
Schlafnischen in Einzimmerappartements sind meist recht klein. Sollten Sie ein Einzimmerappartement mit einer Schlafnische haben, stellen Sie das Bett so, daß möglichst viel Platz darum herum ist. Sie sollten sich frei und ungehindert bewegen können.

Das Zweizimmerappartement

Wenn Sie in einem Zweizimmerappartement leben, sollten Sie streng zwischen Schlafzimmer und Wohnzimmer unterscheiden. Ich habe viele Zweizimmerappartements gesehen, deren Bewohner solche Dinge wie Computer oder Aktenschränke ins Schlafzimmer gestellt haben. Daß in diesen Fällen die Arbeit übermächtig wurde und für das Privatleben keine Zeit mehr blieb, verwunderte wenig.
Man tut sich einen großen Gefallen, wenn man alles, was mit Arbeit zu tun hat, aus dem Schlafzimmer verbannt. Das Schlafzimmer sollte ein gänzlich erholsamer und intimer Ort sein. Nutzen Sie statt dessen lieber das Wohnzimmer als Arbeits- *und* Wohnbereich.

Übungen

Gehen Sie bei der Einrichtung Ihres Einzimmerappartements folgendermaßen vor:

1. Überlegen Sie, wo das Bett unter Berücksichtigung der Tür und der Fenster stehen könnte. Je abgeschirmter das Bett steht, desto besser.
2. Stünde das Bett an mehreren Stellen gut, sehen Sie in Ihrer persönlichen Datenliste nach, ob es eine dieser Stellen erlaubt, das Bett auf die Himmelsrichtung Ihres Geburtssterns oder eines Ihrer Glückssterne auszurichten.
3. Haben Sie den optimalen Platz für Ihr Bett gefunden, überlegen Sie, wo das nächstwichtige Möbel stehen soll. Wenn Sie zu Hause arbeiten, wäre dies Ihr Arbeits- oder Schreibtisch. Wenn nicht, Ihr Sofa.
4. Haben Sie den optimalen Platz für Ihren Schreibtisch bzw. Ihr Sofa gefunden, stellen Sie die anderen Möbel harmonisch im Wohn- und Schlafbereich auf.

22 Symbolische Dekoration als Orientierungshilfe

Wenn man in seiner Wohnung einmal die Farbenmethode angewendet und die Möbel richtig plaziert hat, kann man noch einen Schritt weitergehen und symbolische Dekorationen als Orientierungshilfen Ihrer Lebensziele einsetzen. Das Gebiet der symbolischen Dekoration ist sehr groß und umfaßt Bilder, Farben, Pflanzen, Muster und Objektanordnungen.

Die Acht-Punkte-Methode gibt Ihnen acht symbolische Richtungen an die Hand, die Ihnen helfen, sich auf Ihre Ziele zu konzentrieren. Entscheiden Sie zunächst, welchen Lebensbereich und damit welchen korrespondierenden Richtungspunkt Sie besonders hervorheben möchten. Dann suchen Sie das geeignete Zimmer aus. Das Wohnzimmer eignet sich für die Hervorhebung aller acht Punkte, besonders des Geld-Punktes. Das Schlafzimmer bietet sich besonders zur Hervorhebung des Ehe-Punktes an. Das Arbeitszimmer paßt zur Hervorhebung des Wissens-, Geld-, Ruhm-, Freundes- (umfaßt Reise und Kommunikation) und Karriere-Punktes.

Wenn Sie Ihr Wissen vermehren wollen, dekorieren Sie den Wissens-Punkt mit etwas, das Ihr Interessengebiet verkörpert. Wenn Sie sich vorwiegend Ihrer Familie widmen wollen, hängen Sie Fotos von Familienmitgliedern am Familien-Punkt auf. Wenn Sie Reichtum anstreben, schmücken Sie den Geld-Punkt mit Wohlstandssymbolen. Wenn Sie als Künstler oder öffentliche Person auf Ihren guten Ruf bedacht sind, dekorieren Sie den Ruhm-Punkt mit etwas, das Sie zum Erfolg animiert. Wenn partnerschaftliche Interessen im Vordergrund stehen, hängen Sie das Bild des/der Geliebten oder irgendein anderes romantisches Liebesbild am Ehe-Punkt auf. Wenn Kinder Ihr Hauptinteresse sind oder Sie Kinder haben möchten, hängen Sie Kinderfotos oder Bilder, die Sie an Ihre Kindheit erinnern, am Kinder-Punkt auf. Wenn Ihre Interessen gesellschaftlicher Art sind, hängen Sie Bilder von Menschen und Orten, die Sie mögen und bewundern, am Freundes-Punkt auf.

Ich habe einmal ein Einzimmerappartement einer freien Schriftstellerin eingerichtet, die dabei war, in die Filmproduktion einzusteigen. Um Ihr das berufliche Umsatteln zu erleichtern, hängten wir zur Ermutigung und Inspiration ein Poster ihres Lieblingsfilms am Karriere-Punkt auf.

Ein anderes Mal richtete ich das in der Wohnung befindliche Geschäftszimmer von jemand ein, der sich finanziell verbessern wollte. Wir stellten einen Aktenschrank mit seiner Finanzverwaltung am Geld-Punkt auf und stellten eine chinesische Steinplastik, eine Kröte mit einer Münze im Maul, als Wohlstandssymbol darauf.

Wenn Sie einen besonderen religiösen Gegenstand aufstellen oder ein religiöses Bild aufhängen möchten, sollten Sie die Lage der Zimmertür mit berücksichtigen. Bei einer Zimmertür in *Süd*lage ist der Südostabschnitt des Zimmers der beste Platz. Bei einer Zimmertür in *Südwest*lage ist der Westabschnitt des Zimmers der beste Platz. Bei einer Zimmertür in *West*lage ist der Südwestabschnitt des Zimmers der beste Platz. Bei einer Zimmertür in *Nordwest*lage ist der Nordostabschnitt des Zimmers der beste Platz. Bei einer Zimmertür in *Nord*lage ist der Ostabschnitt des Zimmers der beste Platz. Bei einer Zimmertür in *Nordost*lage ist der Nordwestabschnitt des Zimmers der beste Platz. Bei einer Zimmertür in *Ost*lage ist der Nordabschnitt des Zimmers der beste Platz. Bei einer Zimmertür in *Südost*lage ist der Südabschnitt des Zimmers der beste Platz.

Allgemeine Symbole

Es folgt eine Liste positiv wirkender, traditioneller chinesischer Symbole mit ihrer Bedeutung.

SYMBOL	BEDEUTUNG
Adler und Falken	Weitsichtigkeit und Mut
Affe	Klugheit, Gesundheit und Schutz vor Übel
Alter Mann	Langes Leben
Bär	Stärke und Mut, Schutz vor Dieben
Blumen	Wohlstand
Drachen	Fruchtbarkeit, Gestaltungskraft und Größe
Ein Besen	Kehrt Sorgen und Ärger fort
Einhorn	Langlebigkeit, Produktivität und Freude
Elefant	Weisheit, Stärke und Macht
Ente	Glück
Fasan	Großzügigkeit, Glück und Schönheit
Fledermäuse	Glück und langes Leben; oft sind sie rot abgebildet, der Farbe der Freude
Glocken	Lösen negatives Ch'i auf
Goldfisch	Erfolg und Überfluß
Hase	Langlebigkeit und die Kraft des Mondes
Hirsch	Langlebigkeit und Wohlstand
Hund	Schutz und Wohlstand
Kraniche	Langlebigkeit und Treue
Kröte	Reichtum
Leopard	Tapferkeit
Libelle	Wandlungsfähigkeit und Eleganz
Löwe	Schutz und Verteidigung
Münzen	Wohlstand
Muschelschale	Wohlstand

SYMBOL	BEDEUTUNG
Perlen	Reinheit
Pfau	Schönheit
Pferd	Ausdauer und Geschwindigkeit
Phönix	Schönheit, Liebe, Frieden und Wohlstand
Schildkröte	Langlebigkeit
Schmetterlinge	Liebe und Freude
Schwalben	Wohlstand und Erfolg
Taube	Langes Leben
Tiger	Härte, Mut und Wildheit
Wachtel	Mut
Wildgänse	Eheliche Treue
Zikaden	Wiedergeburt, Unsterblichkeit, ewige Jugend und Freude
Zwei Vögel	Romantische Liebe

Farben

Hier eine Liste von Farben mit ihren symbolischen Bedeutungen:

FARBE	BEDEUTUNG
Gelb	Die Mitte und Königtum
Weiß	Reinheit
Blau/Schwarz	Die Wohltaten des Himmels
Grün	Langes Leben
Rot	Freude, Ruhm und Glück

Pflanzen

Hier eine Liste von Bäumen und Blumen mit ihrer symbolischen Bedeutung:

SYMBOL	BEDEUTUNG
Apfel	Frieden und Wohlstand
Azalee	Weibliche Grazie
Bambus	Langes Leben und Jugend
Birne	Reinheit und langes Leben
Eiche	Männliche Stärke und Männlichkeit
Granatapfel	Viele glückliche Nachkommen
Jasmin	Freundlichkeit, Freundschaft und Liebe
Kirschbaum	Weibliche Schönheit; zum Beispiel rote Lippen
Lotus	Fruchtbarkeit
Magnolie	Weibliche Sanftmut
Mandarine	Wohlstand
Chrysantheme	Fröhlichkeit und langes Leben
Maulbeere	Häuslicher Frieden
Narzisse	Glück und Verjüngung
Oleander	Schönheit
Orange	Glück und Wohlstand
Orchideen	Liebe, Schönheit, Fruchtbarkeit, Stärke und Grazie
Persimone	Fröhlichkeit
Pfingstrose	Liebe, Wohlstand und Würde
Pfirsich	Freundschaft, Ehe und Unsterblichkeit
Pflaumenblüte	Langes Leben, Jugend, Schönheit und unbesiegbarer Geist
Pinie	Langes Leben
Rose	Schönheit und Liebe
Weide	Freundlichkeit und weibliche Anmut
Zypresse	Größe, Würde

Muster

Hier eine Liste symbolischer Muster für Bodenbeläge, Borten/Zierleisten, Stoffe und Gartenpflasterungen:

SYMBOL	BEDEUTUNG
Schildpatt	Langes Leben
Wolken	Weisheit und himmlischer Segen
Gekräuseltes Wasser	Reichtum und die Wohltaten des Himmels
Münzen	Reichtum

Zahlen

In chinesischen Wohnungen findet man häufig Bilder, Kalligraphien und andere Dekorationsgegenstände in zweifacher Ausführung; man glaubt, daß das Glück paarweise kommt. Sie können die symbolische Bedeutung von Zahlen jedoch auch allgemein nützen und Kunstgegenstände, Dekorationen, Steine und Pflanzen entsprechend gruppieren.

Eins symbolisiert den Anfang, die Manifestation des Unendlichen, das höchste Eine, die grundlegende Einheit aller Dinge. Es verkörpert Einmaligkeit, das Ich, Individualität, Persönlichkeit, Selbstbewußtsein, Selbstvertrauen, Würde, Herrschaft und Ruhm. Es bedeutet Einfachheit und Ganzheit sowie Glück und Erfolg.

Zwei repräsentiert Plus und Minus, Yang und Yin, männlich und weiblich, Sonne und Mond, Anfang und Ende, Berg und Tal, Himmel und Erde. Sie symbolisiert den Dualismus des bedingten Daseins bzw. Oppositionsverhältnisse und bedeutet als solche Reflexion, Anziehung und Mitgefühl, Liebe und gegenseitige Fürsorge. Da sie die Gegensätze in sich vereint, bedeutet sie auch Verbindung, Schöpfung und Produktivität. Sie gilt traditionell als die glückbringendste Zahl.

Drei symbolisiert Vielheit, Ausdehnung, Fülle, Anpassungsfähigkeit und Erfolg. Sie repräsentiert Triaden wie Buddha, Dharma, Sangha; Himmel, Erde und Mensch; Sonne, Mond und Sterne; Wasser, Feuer und Wind; die drei Daseinsbereiche (die untere Welt, unsere Welt und die obere Welt); Vergangenheit, Gegenwart und Zukunft; die drei Lebensalter (Kindheit, Reife und Alter); die drei Tugenden Freundlichkeit, Einfachheit und Bescheidenheit; und die »drei Freunde« – den Pflaumenbaum, die Pinie und den Bambus, so genannt, weil sie im Winter grün bleiben. Sie bedeutet auch die drei ansteigenden Energiestadien, die in der chinesischen Alchimie als *Ching* oder Zeugungskraft, *Ch'i* oder Lebenskraft und *Shen* oder Geist bekannt sind.

Vier repräsentiert das Rad des Gesetzes, die vier Himmelsrichtungen Osten, Westen, Norden und Süden; das materielle Universum; positive Masse; Verwirklichung und Stabilität. Sie symbolisiert die vier Jahreszeiten und ihre entsprechenden Blumen – Pfingstrose, Lotus, Chrysantheme und Pflaumenblüte; die »vier Schönheiten« – Musik, gutes Essen, Dichtung und angenehme Unterhaltung; und »die vier Herren« genannten Pflanzen – Pflaume, Orchidee, Bambus und Chrysantheme. Die Vier in Kombination mit 8, 48 oder 84 bedeutet Reichtum.

Fünf als Zahlenmitte zwischen eins und neun, symbolisiert Balance, Drehung und Transformation. Sie bedeutet die fünf Elemente; die fünf symbolischen Farben; die fünf Himmelsrichtungen – die vier Haupthimmelsrichtungen plus die Mitte; die fünf Geschmacksrichtungen – süß für das Element Erde, bitter für Metall, salzig für Wasser, sauer für Holz und scharf für Feuer. Sie bedeutet auch die fünf Töne der Tonleiter (Pentatonik; Anm.

d. Ü.), und weil sie für die fünf Elemente der taoistischen Naturphilosophie steht, verkörpert sie auch die Fülle und Allumfassenheit.

Sechs repräsentiert die sechs wohlwollenden Geister Sonne, Mond, Blitz, Wind, Berg und Fluß. Sie bedeutet die sechs Verwandten – Vater, Mutter, älterer Bruder (oder Schwester), jüngerer Bruder (oder Schwester), Ehefrau (oder Ehemann) und Kinder. Sie symbolisiert die Ehe, Wechselseitigkeit, Interaktion der geistigen und materiellen Dimensionen, Sympathie, Liebe, Friede, Harmonie, Schönheit und sexuelle Vereinigung sowie bildende Kunst, Musik und Tanz. Sie bezeichnet auch die sechs Gefühle Fröhlichkeit, Ärger, Liebe, Haß, Freude und Leid.

Sieben ist eine geheimnisvolle Zahl. Sie bedeutet die sieben Zeitalter, die sieben Planeten und die sieben Tage der Woche. Sie steht für Vollendung, Ausdauer und Weisheit und, da es heißt, daß die Seele sieben mal sieben, also neunundvierzig Tage nach dem Tod unterwegs ist, bis sie wiedergeboren wird oder das Reine Land oder Paradies erreicht hat, bedeutet sie die Erneuerung des Lebens und Unsterblichkeit.

Acht symbolisiert großes Glück und Macht. Es repräsentiert die acht Himmelsrichtungen und die acht großen Sonnentage im Jahr, wenn die Sonnenstrahlung am mächtigsten auf Erden ist – die Wintersonnenwende am 21. Dezember (oder null Grad Steinbock); der Frühlingsanfang am 4. Februar (oder fünfzehn Grad Wassermann); die Frühlings-Tagundnachtgleiche am 20. März (oder null Grad Widder); der Sommeranfang am 5. Mai (oder fünfzehn Grad Stier); die Sommersonnenwende am 21. Juni (oder null Grad Krebs); der Herbstanfang am 7. August (oder fünfzehn Grad Löwe); die Herbst-Tagundnachtgleiche am 22. September (oder null Grad Waage); und der Winteranfang am 7. November (oder fünfzehn Grad Skorpion). Sie verkörpert die acht Trigramme des *I Ging* und in ihren vierundsechzig Kombinationen den Interaktionsreichtum von Yin und Yang;

sie bedeutet auch die acht taoistischen Heiligen sowie ein langes Leben und große Weisheit.
Neun steht für die neun Himmel und bedeutet als solche Spiritualität, Weite, Fernreisen, prophetische Träume, außersinnliche Wahrnehmung, langes Leben und Stärke.
Zehn ist die Zahl der Fülle oder Vollständigkeit. Sie symbolisiert großen Reichtum, Langlebigkeit und viele Nachkommen.

Übungen

1. Suchen Sie anhand der Acht-Punkte-Methode einen Lebensbereich heraus, auf den Sie sich konzentrieren möchten. Suchen Sie für diesen Bereich unter den symbolischen Dekorationen das aus, was Sie am meisten anspricht.
2. Um günstiges Ch'i aus einem Ihrer Glückssterne zu fördern, dekorieren Sie die entsprechende Stelle in Ihrer Wohnung mit einem passenden Symbol.
3. Wenn Sie einen Garten haben, überlegen Sie, wo Sie eine Sitzecke einrichten möchten. Dort pflanzen Sie dann in der Richtung Ihres Geburtssterns oder Glückssterns symbolisch passend einen Baum oder eine Blume, wie sie in diesem Kapitel aufgelistet sind. Wenn Ihr Geburtsstern zum Beispiel 3 Holz ist, könnten Sie östlich Ihrer Sitzecke einen Pfirsichbaum pflanzen. Wenn Sie im Herbst geboren sind und Ihr Glücksstern 9 Feuer ist, könnten Sie südlich von Ihrer Sitzecke Chrysanthemen pflanzen. Wenn Sie im Winter eines 4-Holz-Jahres geboren sind, könnten Sie südöstlich von Ihrer Sitzecke einen Pflaumenbaum pflanzen.

23 Beispiele aus der Praxis

Ich möchte nun anhand einiger Beispiele aus meiner Praxis zeigen, wie eine Synthese der in diesem Buch besprochenen Grundsätze und Methoden aussehen kann. Die persönlich zugeschnittene Harmonisierung einer Wohnung nach den Regeln des Feng Shui vermag das Leben ihrer Bewohner dramatisch zu verändern. Dabei habe ich die Namen meiner Kunden verändert. Beachten Sie auch die Nachschlagetabellen im Anhang.

Die Familie Smith

Sam und Susan lebten mit ihren Kindern, Sally und Sean, in einem Einfamilienhaus in der Vorstadt. Obwohl sich Sam und Susan liebten, drohte ihre Ehe zu zerbrechen; sie hatten große finanzielle Probleme, und die Kinder schienen immer unglücklicher zu werden. Ihre Leistungen in der Schule wurden zunehmend schlechter, was die Lehrer besorgte.

Sehen wir uns zunächst die Geburtsdaten der Familie Smith an. Sam wurde am 3. Juli 1959 geboren, Susan am 11. Oktober 1963, Sally am 13. Juni 1983 und Sean am 5. Mai 1985. Daraus ergibt sich folgende persönliche Datentabelle:

Beachten Sie, daß Sam, Sally und Sean alle im Sommer, also in der Jahreszeit des Feuers, geboren wurden, Susan jedoch im Herbst, also in der Jahreszeit des Metalls.

Sams Geburtsstern ist 5 Erde, und seine Glückssterne sind 2 Erde, 6 Metall und 8 Erde. Susans Geburtsstern ist auch 5 Erde, und ihre Glückssterne sind 2 Erde, 7 Metall und 8 Erde. Sallys Geburtsstern ist 7 Metall, und ihre Glückssterne sind

	SAM	SUSAN	SALLY	SEAN
Geburtsjahreszeit	Sommer	Herbst	Sommer	Sommer
Element	Feuer	Metall	Feuer	Feuer
Geburtsstern	5 Erde	5 Erde	7 Metall	6 Metall
Glückssterne	2 Erde	2 Erde	2 Erde	7 Metall
	6 Metall	7 Metall	6 Metall	8 Erde
	8 Erde	8 Erde		

2 Erde und 6 Metall. Seans Geburtsstern ist 6 Metall, und seine Glückssterne sind 7 Metall und 8 Erde.

Interessanterweise haben Sam und Susan beide den gleichen Geburtsstern, 5 Erde, und die Sterne 2 und 8 Erde gemeinsam als Glücksstern. Sally teilt mit ihren Eltern den Glücksstern 2 Erde, und Sean teilt mit seinen Eltern den Glücksstern 8 Erde.

Ausgehend von ihren Geburtssternen, sind Sam und Susan beide kaufmännisch veranlagt und in der Lage, hart zu arbeiten. Doch beide sind sehr stur. Tatsächlich lag es hauptsächlich an ihrer Sturheit, daß sie gravierende Eheprobleme hatten. Sie waren beide mißtrauisch und streitsüchtig, zwei für 5 Erde typische Fehler.

Ich sah mich in ihrer Wohnung nach zusätzlichen negativen Gegebenheiten um und fand folgende Schwachpunkte (Abb. 187 a/b).

Das Haus hätte entsprechend den Geburtsjahreszeiten der Familie, Sommer und Herbst, heiter und ordentlich eingerichtet sein müssen. Statt dessen herrschten Unordnung und dunkle Farben vor, was auf Probleme schließen ließ.

Bei meinem Gang durch die Zimmer des Hauses kamen weitere Streßfaktoren zutage. In der Küche stand der Herd, Element

Feuer, direkt gegenüber der Spüle und dem Kühlschrank, Element Wasser, was, wie schon gesagt, auf Streitigkeiten zwischen den Eheleuten hinweist.
Im ersten Stock gab es einige Störfaktoren beim ehelichen Schlafzimmer. Das Schlafzimmer lag im West- und Nordwestabschnitt des Hauses, der einen negativen Ch'i-Sektor darstellte, weil die Haustür und die Treppe nach Südosten ausgerichtet waren. Zudem nahm das Bett weiteres negatives Ch'i auf, weil es mit dem Kopfende an der Wand zu den beiden Badezimmern stand. Eines der Badezimmer war am Ehe-Punkt mit dem Schlafzimmer verbunden und entzog nicht nur das mit der Ehe verbundene Ch'i, sondern verband die Ehe der Smith' auch symbolisch mit Abwässern. Darüber hinaus waren die Installationen dieses Bades undicht, was finanzielle Verluste anzeigte. Das Bett stand im Einzugsbereich der Schlafzimmertür, so daß das durch die Tür hereinkommende Ch'i das Bett schnitt. Außerdem zeigte das Fußende des Bettes auf einen verspiegelten Einbauschrank, wodurch die Nachtruhe des Paares empfindlich gestört wurde.
Am Geld-Punkt im Westabschnitt des Hauses herrschte sowohl im 1. Stock als auch im Erdgeschoß Unordnung, was auf finanzielle Schwierigkeiten aufgrund schlechter Kommunikation hinwies. Die Unordnung am Familien-Punkt im Südwestabschnitt des Erdgeschosses wies darauf hin, daß Susan unter Ängsten litt und daß es familiären Kummer und Streß wegen ungelöster Unterhaltsfragen gab. Die Unordnung am Wissens-Punkt im Süden verwies auf ungelöste Liebesprobleme; irgend etwas wurde mißverstanden und/oder verheimlicht.
Setzt man Sams und Susans Geburtsstern mit der Haustür in Beziehung, wirft das ein interessantes Licht auf ihre familiären Probleme. Ihre Haustür schaut nach Südosten, woraus sich ergibt, daß Sams Glück an die Treue zu seiner Familie geknüpft ist (siehe die Haustür-Prognosen in Kapitel 8). Susan zweifelte

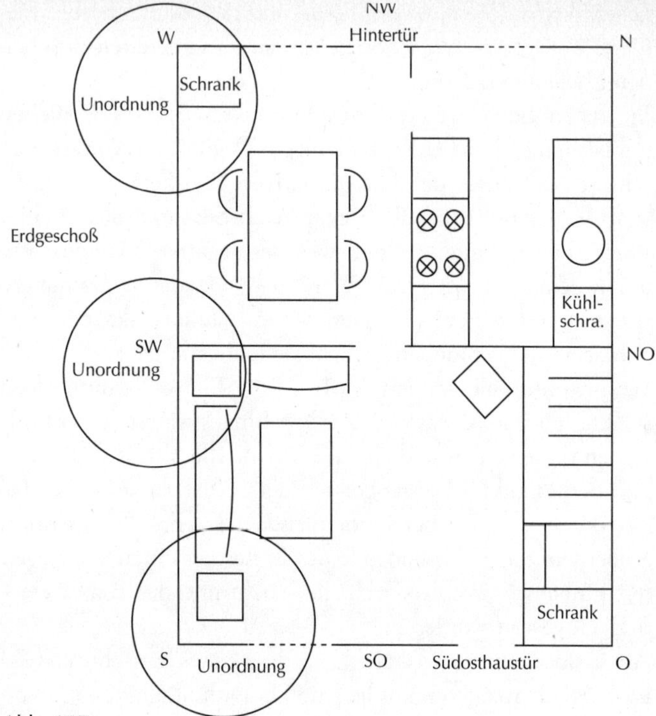

Abb. 187 a

jedoch Sams Treue an, und ihre Verdächtigungen brachten ihn wiederum auf die Palme, was zu ständigen familiären Spannungen führte.

Folglich bestand der erste Schritt zur Lösung der Probleme und Harmonisierung des häuslichen Ch'is darin, die Geburtssternelemente der Familienmitglieder mit demjenigen der Haustür auszugleichen. Das Geburtssternelement von Sam und Susan war Erde und das von Sally und Sean Metall. Da Holz das Element der Haustür war, mußte für Sam und Susan das Element Feuer und für Sally und Sean das Element Wasser zur Harmo-

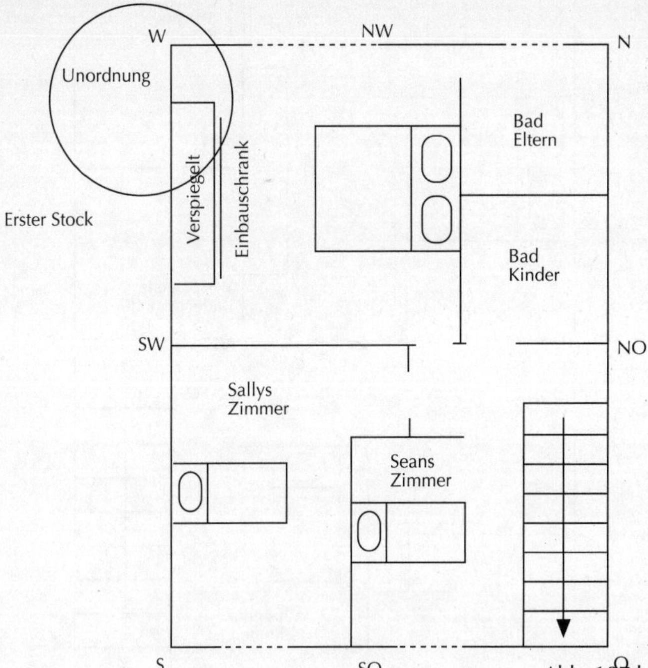

Abb. 187 b

nisierung beigebracht werden. Dies war leicht getan, indem ein Läufer vor die Tür gelegt wurde, der die Farben Hellblau für Holz, Dunkelblau für Wasser und Lila für Feuer enthielt.

Der nächste Schritt für die Smith' war, daß sie die unordentlichen Bereiche im Haus aufräumten und die Badezimmerinstallationen in Ordnung brachten.

Das Küchenproblem wurde dadurch gelöst, daß eine hellblaue Fußmatte zwischen Herd und Spüle gelegt wurde, die das zwischen Feuer und Wasser vermittelnde Element Holz einbrachte und die Streitigkeiten zwischen Sam und Susan einschränkte.

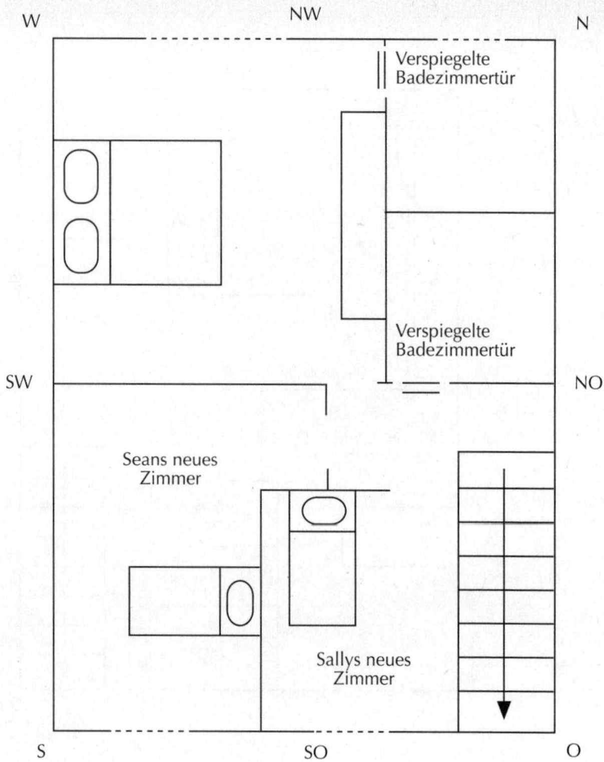

Abb. 188

Oben, im Schlafzimmer der Eheleute, wurde die Außenseite der Badezimmertür verspiegelt, um das aus dem Bad kommende negative Ch'i zu transformieren. Und um das Ch'i im Schlafzimmer zu dämpfen, wurden vom Einbauschrank die Spiegel entfernt. Der Einbauschrank und das Bett wurden vertauscht (Abb. 188). Das Bett stand nun in einem ruhigeren Abschnitt, außerhalb des Einzugsbereichs der Zimmertür.

Auch an der Außenseite des zweiten Badezimmers wurde ein bodenlanger Spiegel angebracht, um das negative Ch'i zu transformieren, das direkt vom Badezimmer in Seans Zimmer kam. Ich empfahl außerdem, daß Sally und Sean ihre Zimmer tauschen, was die Ausrichtung ihrer Betten nach ihren Glückssternen erlaubte, wie in Abb. 188 gezeigt. Seans Bett konnte nur in dem von Sally benutzten Zimmer nach Nordosten und Sallys Bett nur in Seans Zimmer nach Nordwesten ausgerichtet werden.

Das Haus-Ch'i mußte auch farblich ausgeglichen werden. Dem ganzen Haus wurde durch Blumen und Kunstwerke eine heitere Note verliehen zur Stimulierung der Feuer-Energie für Sam, Sally und Sean. Das dunkel- und hellbraune Eßzimmer wurde weiß und blau getüncht. Die weiße Herdzeile in der Küche wurde in Rottönen dekoriert. Das eheliche Schlafzimmer, ursprünglich weiß, hellbraun und Ocker, erhielt einen blauen und cremefarbenen Anstrich.

Schließlich war eine Ecke zur symbolischen Unterstützung der Ehe einzurichten. Hierfür wurde der Nordabschnitt in der Küche gewählt, weil er den Ehe-Punkt des Hauses darstellte. Dort wurde ein Bild mit Wildgänsen, die eheliche Treue symbolisieren, aufgehängt und eine gemütliche Ecke für zwei eingerichtet. Ein neuer Tisch mit zwei neuen Stühlen wurde vors Fenster gestellt, das einen Spitzenvorhang erhielt, und der ganze Raum wurde gründlich geputzt.

Das Familienleben der Smith' besserte sich. Sam und Susan verbrachten mehr Zeit miteinander; sie liebten ihren besonderen Platz am Ehe-Punkt. Susans Mißtrauen gegenüber ihrem Ehemann ließ nach. Die Kinder waren glücklicher und entspannter. Sie liebten ihre neuen Zimmer, und ihre Leistungen waren, wie ich das letzte Mal hörte, in der Schule besser geworden.

Jennifer Lee

Jennifer Lee war Single, 36 Jahre alt, und lebte in einem Zweizimmerappartement. Obwohl Jennifer beruflich Erfolg hatte und ein ziemlich aktives Leben führte, war sie sehr viel allein und mit ihrer sozialen Situation unzufrieden. Sie hatte eine unglückliche Liebe hinter sich und war am Verzweifeln, weil sie keinen Ehemann fand.

Jennifer wurde am 24. April 1958 geboren. Ihr Geburtsstern ist 9 Feuer und ihr Glücksstern 4 Holz. Da sie im Frühling, also der Jahreszeit des Holzes, eines 9-Feuer-Jahres geboren wurde, ist sie von Natur aus optimistisch und jugendlich, warmherzig und sonnig und voller kreativer Ideen.

Aus der Kombination der Entsprechungen von Jennifers Geburtsstern (9 Feuer), Jahreszeit (Frühling), Yin-Konstitution und Yin-Beruf, nämlich Grafik, ergab sich, daß ihre Wohnung hell und freundlich eingerichtet sein sollte, mit rechteckigen und quadratischen Formen, Holz-, Feuer- und Erdfarben (Hellblau- und Grüntöne, Rot- und Lilatöne und Goldgelb) und bunten Blumenarrangements und/oder Kunstwerken. Ihr Glücksstern, 4 Holz, sprach für Grün. Jennifer brauchte auch einen relativ ruhigen Arbeits- und Leseplatz.

Jennifers Appartement hatte folgenden Grundriß (Abb. 189): Ins Schlafzimmer führten zwei Türen, eine vom Gang aus und eine vom Wohnzimmer. Dies bedeutete, daß die acht Punkte des Zimmers auf zweierlei Art gelesen werden konnten, je nachdem welche Tür am häufigsten benutzt wurde. Da Jennifer das Schlafzimmer auch zu ihrem Arbeitszimmer gemacht hatte, betrat sie es normalerweise vom Gang aus. Das brachte nicht nur zuviel äußere Unruhe in es hinein, sondern ließ ihren Schreibtisch auch am Ehe-Punkt stehen, was bedeutete, daß sie mit ihrer Arbeit ihr Liebesleben verdrängte.

Die im Südosten aufgestellten, mit losen Papieren und Büchern vollgestopften Regale standen außerdem genau gegenüber ih-

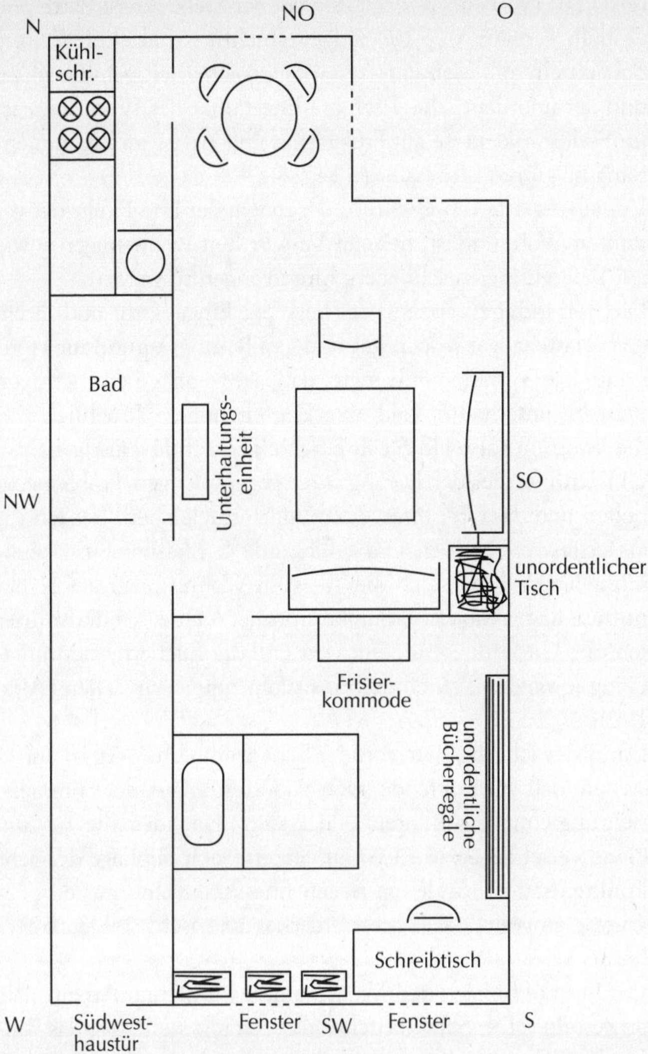
N
NO
O
Kühl-
schr.
Bad
Unterhaltungs-
einheit
NW
SO
unordentlicher
Tisch
Frisier-
kommode
unordentliche
Bücherregale
Schreibtisch
W
Südwest-
haustür
Fenster
SW
Fenster
S

Abb. 189

rem Bett, was bedeutete, daß sie vor der Liebe Angst hatte und deshalb verwirrt war. Im Südwestabschnitt spiegelten weitere Schachteln mit losen Papieren ihre Unsicherheitsgefühle wider, und der unordentliche Tisch am Ehe-Punkt des Wohnzimmers im Südosten deutete auf Frustration und Angst im Zusammenhang mit ihren Liebesaffären hin.

Der ausgesparte Ostabschnitt, der zudem der Ehe-Punkt der gesamten Wohnung ist, ließ auf Verwirrtheit in Ehefragen sowie auf Befürchtungen schließen, hintergangen zu werden.

Die Verbindung zwischen der Lage der Eingangstür und ihrem Geburtsstern war jedoch gut und gab Jennifer Grund zur Hoffnung. Die Verbindung besagte, daß sie, wenn sie die richtigen Schritte unternahm, bald eine Ehe einginge. Tatsächlich war die Wohnung also ein für ihre Schicksalswende günstiger Ort.

Um Jennifer bei der Lösung ihrer gegenwärtigen Probleme zu helfen und das Ch'i ihrer Wohnung auszugleichen, riet ich ihr als erstes, die in den Gang führende Schlafzimmertür abzuschließen und nur noch die Tür vom Wohnzimmer aus zu benutzen, damit das Schlafzimmer intimer würde. Weiterhin riet ich, die Unordnung zu beseitigen und die Bücherregale in den Gang sowie den Schreibtisch ins Wohnzimmer zu stellen (Abb. 190).

Dann riet ich, das Bett von der Schlafzimmertür weg so aufzustellen, daß das Kopfende nach Südosten zeigte, der Himmelsrichtung von 4 Holz, ihrem Glücksstern. Nachdem die Tür zum Gang verschlossen worden war, änderte sich die Lage der acht Punkte, und es wurde am neuen Ehe-Punkt eine intime Sitzgruppe eingerichtet. Dort wurden romantische Bilder aufgehängt.

Der hintere Bereich des Wohnzimmers wurde zum Arbeitsplatz umgestaltet. Der Schreibtisch wurde so aufgestellt, daß das Fenster links daneben lag, statt direkt davor, wie dies im Schlafzimmer der Fall gewesen war. Um den Arbeits- und den Sitzbereich

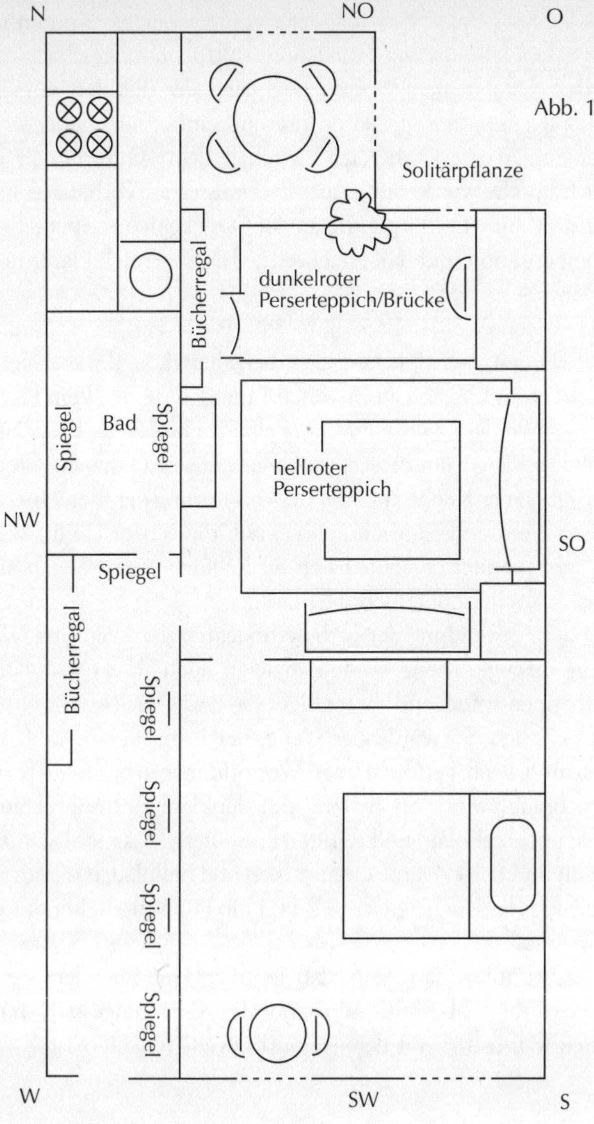
N
NO
O
Solitärpflanze
dunkelroter
Perserteppich/Brücke
Bücherregal
Spiegel
Bad
Spiegel
hellroter
Perserteppich
NW
SO
Spiegel
Bücherregal
Spiegel
Spiegel
Spiegel
Spiegel
W
SW
S

Abb. 190

des Wohnzimmers voneinander zu unterscheiden, wurden zwei Perserteppiche in verschiedenen Rottönen angeschafft. Der hellere kam in den Wohnbereich und der dunklere zum Arbeitsplatz, um die Yin-Natur ihrer Arbeit hervorzuheben.

Der ausgesparte Ostbereich zwischen dem Wohnzimmer und der Eßnische wurde mit grünrosa gemusterten Vorhängen kompensiert. Eine Solitärpflanze an der Ostecke diente ebenfalls zur Kompensation und half gleichzeitig den Eßbereich klarer zu definieren.

Die Außenseite der Badezimmertür wurde verspiegelt, und im Bad wurden zwei Spiegel gegenübergehängt, weil die Badezimmertür vom Eingang aus zu sehen ist und es im Bad kein Fenster gibt. Außerdem wurde im Gang eine Reihe lebensgroßer Spiegel aufgehängt, um dessen Länge und Enge zu kompensieren.

Bezüglich der Küche riet ich, zur Vermittlung der Elemente zwischen Herd und Kühlschrank etwas Grünes oder Hellblaues zu stellen. Jennifer entschied sich für hellblau gemusterte holländische Kacheln über dem Herd.

Bei der Anwendung der Farbmethode, um das Ch'i ihrer Wohnung auszugleichen, wurden zugleich auch ihre persönlichen Farben, entsprechend ihrem Geburts- und Glücksstern, mit berücksichtigt. So wurde der Gang, der ursprünglich weiß war, rosa und weiß getüncht; das Wohnzimmer, ursprünglich blau und braun, wurde in hellere und dunklere Rottöne getaucht und mit Hellblau und Grün akzentuiert; das Schlafzimmer, braun und beige, wurde cremefarben und hellblau; das Badezimmer und die Küche ganz weiß und die Eßnische hellbraun und gelb gestaltet.

Es dürfte interessant sein, daß Jennifer, kurz nachdem sie die Renovierung abgeschlossen und das Bett umgestellt hatte, einen Mann traf, mit dem sie mittlerweile fest liiert ist.

Die Familie Brown

Robert und Carolyn Brown, 50 und 49 Jahre alt, lebten mit ihrem Sohn Michael, 14, und ihrer Tochter Linda, 9, in einer Mansardenwohnung in der Innenstadt von Manhattan. Robert war ein erfolgreicher Geschäftsmann und mit seinem Leben insgesamt zufrieden. Carolyn dagegen befand sich mehr oder weniger in einer Krise, da sie als Hausfrau und Mutter wieder ins Berufsleben einsteigen wollte. Michael war im großen und ganzen glücklich. Er hatte viele Freunde und war gut in der Schule. Linda hingegen, die auch gute schulische Leistungen erbrachte, war sehr sensibel und schnell niedergeschlagen.

Roberts Geburtsdatum war der 12. August 1944, Carolyns der 13. Oktober 1945. Beide waren also im Herbst, der Metalljahreszeit, geboren. Die Kinder waren beide im Frühjahr, der Holzjahreszeit, geboren, Michael am 1. März 1980 und Linda am 10. Februar 1985.

Und dies sind die Sterne der Familie Brown: Roberts Geburtsstern ist 2 Erde, und seine Glückssterne sind 6 Metall, 7 Metall und 8 Erde. Carolyns Geburtsstern ist 5 Erde, und ihre Glückssterne sind 2 Erde, 7 Metall und 8 Erde. Michaels Geburtsstern ist wie bei seinem Vater 2 Erde, und seine Glückssterne sind 5 Erde, 6 Metall, 7 Metall, 8 Erde und 9 Feuer. Lindas Geburtsstern ist 9 Feuer, und ihre Glückssterne sind 3 Holz und 4 Holz.

Und das ist die persönliche Datentabelle der Familie Brown (s. folgende Seite):

	ROBERT	CAROLYN	MICHAEL	LINDA
Geburtsjahreszeit	Herbst	Herbst	Frühjahr	Frühjahr
Element	Metall	Metall	Holz	Holz
Geburtsstern	2 Erde	5 Erde	2 Erde	9 Feuer
Glückssterne	6 Metall	2 Erde	5 Erde	3 Holz
	7 Metall	7 Metall	6 Metall	4 Holz
	8 Erde	8 Erde	7 Metall	
			8 Erde	
			9 Feuer	

Michael hatte mit seinen Eltern, besonders mit seinem Vater, mehr Gemeinsamkeiten als mit Linda, obwohl er und sie in derselben Jahreszeit geboren waren. Vater, Mutter und Sohn waren alle West-Typen, unter Erdsternen geboren, und alle drei hatten 7 Metall und 8 Erde als Glückssterne. Linda dagegen war ein Ost-Typ, und sie teilte mit den anderen keinen Glücksstern. Sie war völlig anders und deshalb besonders zu berücksichtigen.

Die Geburtssterne von Michael und seinen Eltern waren in Harmonie mit der nach Westen ausgerichteten Eingangstür, aber Lindas Geburtsstern stand im Widerspruch zu ihr.

Aus den Haustür-Prognosen für die einzelnen Familienmitglieder ergab sich, daß Robert und Michael an einem für sie harmonischen und günstigen Ort wohnten, daß Carolyn eigenständiger werden mußte, wenn sie weiterkommen wollte, und daß Linda viele Schwierigkeiten zu bewältigen hatte. Ich entschloß mich deshalb, mehr auf Carolyns und Lindas Situation einzugehen und den Raum mehr zu ihrem Vorteil auszugleichen.

Aus der Kombination der Geburtssterne mit den entsprechenden Jahreszeiten ergab sich, daß die Wohnung sehr gemütlich und trotzdem geordnet sein sollte. Sie sollte mit quadratischen

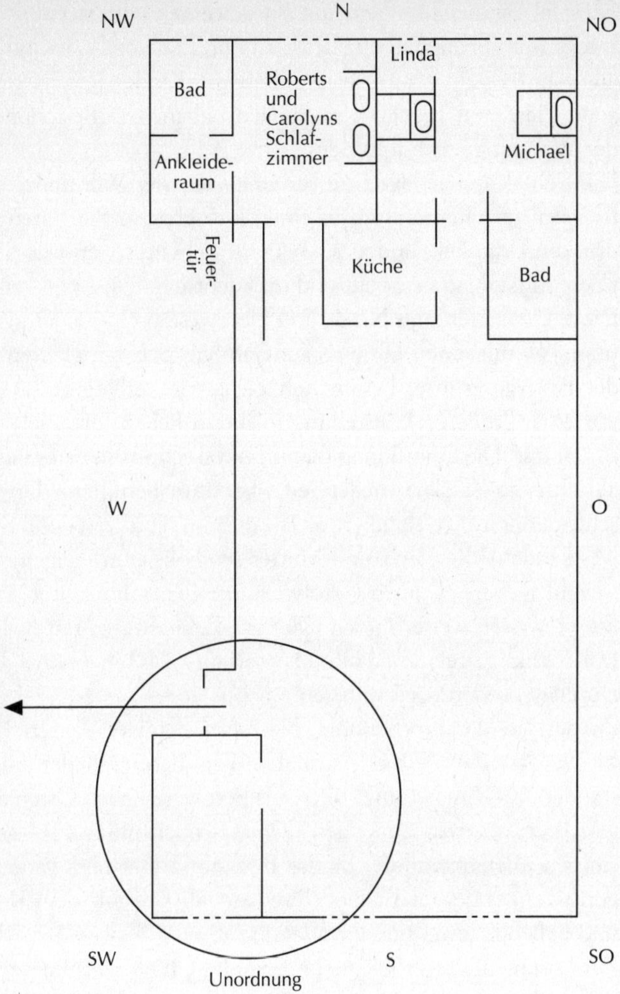
N
NW
NO
Bad
Roberts
und
Carolyns
Schlaf-
zimmer
Linda
Michael
Ankleide-
raum
Feuer-
tür
Küche
Bad
W
O
Westhaustür
SW
S
SO
Unordnung

Abb. 191

Formen, Blumenarrangements, Kunstwerken und, wo möglich, mit Erd- und Feuerfarben, also Gelb- und Rottönen, freundlich ausgestattet sein. Außerdem sollten die Kinder jeweils genügend Platz zum Lernen und Spielen haben. Die Besichtigung der Wohnung ergab folgendes (Abb. 191):

Die Schlafzimmer lagen im hinteren Teil der Wohnung, und ihre Fenster öffneten sich in einen Luftschacht. Sie waren bedrückend dunkel, und das eheliche Schlafzimmer war auch noch dunkelblau getüncht und unordentlich.

Diese Unordnung im Nord- und Nordwestabschnitt der Wohnung gab mir einen Hinweis auf Carolyns Schwierigkeiten bei der Festlegung ihrer beruflichen Ziele. Sie verbarg aus Angst vor einer größeren Umstellung in ihrem Leben ihre Ziele vor sich selbst. Die Unordnung im Südwestabschnitt verwies zudem auf ihre große Unzufriedenheit über ihre berufliche Unentschlossenheit. Die Raumerweiterungen im Nordwest- und Südwestbereich (die Vater und Mutter symbolisieren) zeigen, daß sowohl Robert als auch Carolyn starke Persönlichkeiten sind. Sie verweisen weiterhin auf Carolyns Befürchtung, mit Robert in Konflikt zu geraten, da ihre Forderung nach Unabhängigkeit familiäre Änderungen mit sich brachte.

Zu den an der Unordnung ablesbaren Schwierigkeiten kam hinzu, daß die Betten sämtlicher Familienmitglieder falsch standen. Das Ehebett und Michaels Bett waren nach Osten ausgerichtet, was weder mit den Geburts- noch mit den Glückssternen übereinstimmte. Lindas Bett stand in einem ganz ungünstigen, äußerst schmalen Raum so, daß es mit dem Kopf- und Fußende jeweils an die Wand stieß.

Zur Lösung dieser Probleme und um das Ch'i des Raumes farblich zu harmonisieren, wurden folgende, in Abb. 192 gezeigte Schritte unternommen:

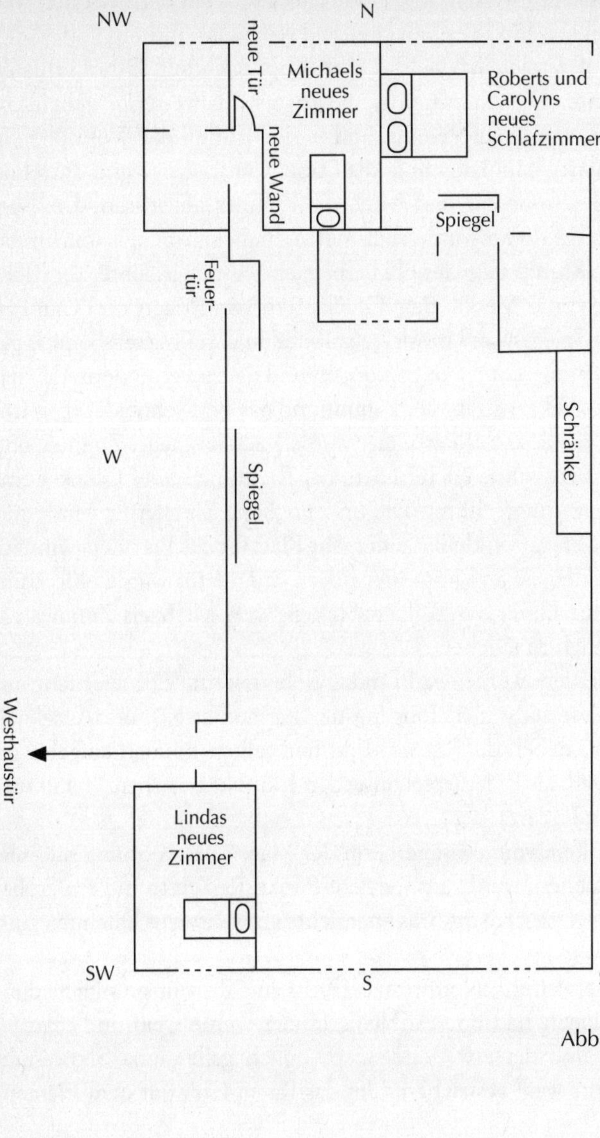
NW
N
NO
neue Tür
Michaels neues Zimmer
Roberts und Carolyns neues Schlafzimmer
neue Wand
Spiegel
Feuer-tür
W
Spiegel
Schränke
O
Westhaustür
Lindas neues Zimmer
SW
S
SO

Abb. 192

Die Betten wurden nach den Glückssternen der Personen ausgerichtet. Linda erhielt den Südwestraum, und ihr Bett wurde so aufgestellt, daß sie mit dem Kopf Richtung Osten schlafen konnte. Die Unordnung, die in der Südwestecke geherrscht hatte, wurde aufgeräumt, und in den Ostteil der Wohnung kamen neue Einbauschränke. Dann wurde die Wand zwischen Lindas früherem und Michaels Zimmer abgerissen. Der vergrößerte Raum wurde zum neuen ehelichen Schlafzimmer, das eine Ausrichtung des Ehebetts nach Westen erlaubte, der Richtung von 7 Metall, dem Glücksstern von Robert und Carolyn. Eine Spiegelwand wurde gebaut und in den Eingangsbereich gestellt zum Schutz vor Störungen und um zu verhindern, daß das Ch'i direkt ins Zimmer kommt und das Bett schneidet. Das frühere eheliche Schlafzimmer wurde Michaels neues Zimmer, und sein Bett wurde nach Süden, der Richtung seines Glückssterns 9 Feuer, ausgerichtet. Die ursprüngliche Zimmertür wurde mit einer Platte verkleidet, um mehr Platz für das Bett zu gewinnen. Eine neue Wand mit einer neuen Zimmertür wurde eingebaut, um für Linda das Bad unabhängig von Michaels Zimmer zugänglich zu machen.

Außerdem wurde, weil Lindas Geburtsstern, 9 Feuer, nicht mit der Westlage der Eingangstür harmonierte, zum Ausgleich gleich neben der Tür ein Bild mit gelben Blumen aufgehängt, da Gelb als Erdentsprechung den Konflikt zwischen Metall und Feuer lindert.

Um die asymmetrische Form der Mansardenwohnung mit auszugleichen, wurde am Karriere-Punkt der Westwand ein großer Spiegel angebracht, was angesichts von Carolyns Dilemma günstig war.

Der erweiterte Nordwestabschnitt mit dem ursprünglich dunkelblauen Bad und Ankleidezimmer wurde weiß und marineblau und der erweiterte, ursprünglich gelbbraune Südwestabschnitt weiß gestrichen. Um das Raum-Ch'i mit dem Element der Wohnungstür auszugleichen, wurden die beiden Schlafzimmer im Norden weiß und hellblau gestrichen. Das neue eheliche Schlafzimmer erhielt statt der gelben eine weiße Wandfarbe mit kleinen Goldmustern für Carolyn. Der ursprünglich weiße, gelbbraune und grüne Hauptraum wurde wegen seines Ost- und Südostabschnitts elfenbeinfarben, hellblau und marineblau gestrichen, und die Südfenster erhielten beigefarbene Vorhänge. Lindas weißgetünchtes neues Zimmer bekam grüne Akzente in Entsprechung zu ihrem Glücksstern, 4 Holz. Michaels neues Zimmer erhielt lila Akzente in Entsprechung zu seinem Glücksstern, 9 Feuer.

Carolyn entschloß sich bald nach dem Umbau, Innenarchitektin zu werden, etwas, das sie schon immer werden wollte. Linda, die von ihrem neuen Zimmer begeistert war, war viel glücklicher und begann Ballettunterricht zu nehmen.

Bill

Bill ist alleinstehender Schriftsteller und Lehrer, 32 Jahre alt, und lebt in einer kleinen Zweizimmerwohnung. Er rief mich an wegen seiner Schlaflosigkeit, Schreibblockade und Geldprobleme. Außerdem trauerte er einer vergangenen Liebesbeziehung nach und hatte Zweifel, ob er überhaupt zu einer engen Beziehung mit einer Frau fähig wäre.

Bill wurde am 10. Mai 1963 geboren, sein Geburtsstern ist 1 Wasser, und seine Glückssterne sind 6 Metall und 7 Metall. Daß er im Sommer bzw. der Feuer-Jahreszeit eines 1-Wasser-Jahres geboren ist, läßt auf Ehrgeiz, Leistungsbereitschaft, Talent, Sensibilität, starkes Aufmerksamkeitsbedürfnis und Liebesgetändel schließen. Gleichzeitig ist Bill kühl und verschlossen.

Verband man Bills Geburtsstern und -jahreszeit mit seinem Yang-Körpertyp und seinem Yin-Beruf, dem Schreiben und Unterrichten, so ergab sich, daß seine Wohnung in Yin-Tönen gestrichen und mit runden, fließenden Formen und Mustern, schönen Blumenarrangements und/oder Kunstwerken sowie folgenden Farben ausgestattet sein sollte: Schwarz für Wasser und Metall, Weiß (wegen seines Glückssterns 6 Metall) und Hellrot (wegen seines Glückssterns 7 Metall).

Der Zustand von Bills Wohnung lieferte folgende Informationen (Abb. 193).

Die Unordnung am Wissens-Punkt im Ostabschnitt gegenüber der Wohnungstür zeigte, daß Bill durcheinander und unentschlossen war und daß es viele Hindernisse auf seinem Weg gab. Das unordentliche Bücherregal am Karriere-Punkt im Nordostabschnitt ließ auf seine Furcht schließen, beruflich zuwenig informiert zu sein. Die Unordnung um seinen Schreibtisch am Ehe-Punkt im Westabschnitt zeigte, daß sein gehegter Liebeskummer mit an seiner Schreibblockade schuld war. Unter seinem französischen Bett, das in dem kleinen Zimmer am Geld-Punkt des erweiterten Südabschnitts eingekeilt zwischen drei Wänden und mit dem Kopfende unter einem Fenster stand, herrschte ein Durcheinander aus Papieren und Schachteln. All das verwies darauf, daß seine Neigung, über seine Verhältnisse zu leben und sich zu verschulden, mit seinen depressiven Verstimmungen und unglücklichen Liebesaffären zu tun hatte.

Daß die Bettposition sein Ch'i auf gefährliche Weise einschränkte, lag auf der Hand. Zudem machte ihn die Zugluft des Fensters ziemlich krankheitsanfällig.

Der erweiterte Nordabschnitt befand sich am Freundes-Punkt und verwies auf Bills soziale Ängste und Gefühlsblockaden. Die gleichzeitige Hervorhebung des Nordabschnitts (Wasser) und Südabschnitts (Feuer) bedeutete Konflikt. Es war eine einfache Korrektur erforderlich: der Nordabschnitt, in dem Küche und Bad lag, wurde in Grün- und Blautönen, den Farben des Holzes, getüncht, um das beherrschende Wasserelement auszugleichen. Der kleine Raum im Südabschnitt wurde beige getüncht, eine

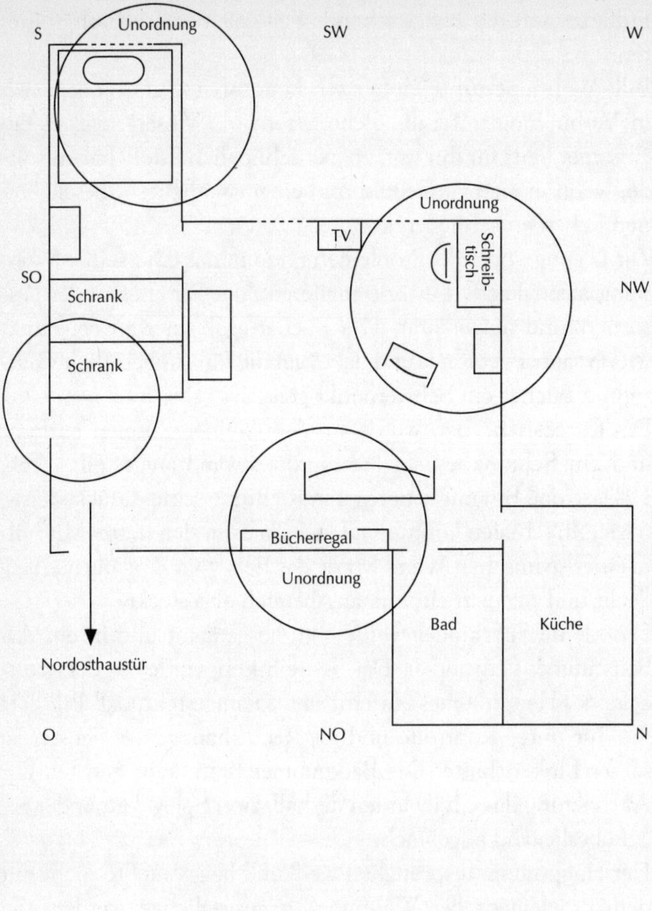
Unordnung
S
SW
W
Unordnung
TV
Schreib-
tisch
SO
NW
Schrank
Schrank
Bücherregal
Unordnung
Bad
Küche
Nordosthaustür
O
NO
N

Abb. 193

Erdfarbe, um das beherrschende Feuerelement zu harmonisieren.
Bills Wohnungstür schaute nach Nordosten. Daraus ergab sich in Verbindung mit Bills Geburtsstern (1 Wasser), daß es ein einsamer Platz für ihn war, er aber schließlich Erfolg haben würde, wenn er sich zu Geduld und einem schlichten, bescheidenen Leben entschließen könnte.
Zur Lösung von Bills Problemen und um das Ch'i seiner Wohnung auszugleichen, wurde zuallererst das Durcheinander aussortiert und aufgeräumt. Das Bücherregal am Karriere-Punkt wurde sauber geordnet und dabei auf die für ihn beruflich wichtigsten Bücher ein Schwerpunkt gelegt.
Das französische Bett wurde aus dem kleinen Zimmer entfernt und ein Schrankbett an der Nordwestwand aufgestellt (Abb. 194), so daß Bill mit dem Kopf in Richtung seines Glückssterns, 6 Metall, schlafen konnte und viel Platz um sich hatte. Mit Hilfe einer spanischen Wand wurde das Bett vom Eingang aus verdeckt und zugleich ein Eingangsbereich abgesteckt.
Das kleine Südzimmer wurde ganz ausgeräumt und in ein Arbeitszimmer verwandelt. Der Schreibtisch wurde aus der Westecke des Hauptraumes entfernt und so aufgestellt, daß Bill dort die Tür unter Kontrolle und als Rechtshänder das Fenster zu seiner Linken hatte. Das Badezimmer hatte kein Fenster. Zur Aktivierung des Ch'i wurden deshalb zwei Spiegel einander gegenüberliegend angebracht.
Der Hauptraum, ursprünglich weiß und beige, mußte nicht mit dem Erdelement der Wohnungstür ausgeglichen werden und wurde deshalb in Schwarz, Creme und Hellrot dekoriert. Ein ovaler Spiegel kam als Metallentsprechung neben die Wohnungstür, um das Wasserelement von Bills Geburtsstern mit dem Erdelement seiner Wohnungstür auszugleichen. Die neu geschaffene Diele im Ostabschnitt der Wohnung wurde in gedämpften Feuerfarben bzw. Rot- und Lilatönen dekoriert, damit

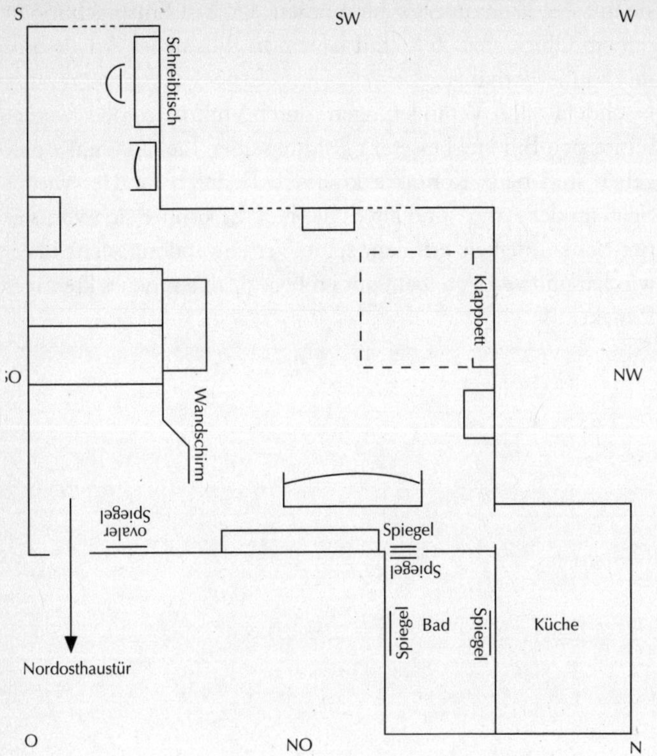
S
SW
W
Schreibtisch
Klappbett
SO
NW
Wandschirm
ovaler Spiegel
Spiegel
Spiegel
Spiegel
Bad
Spiegel
Küche
Nordosthaustür
O
NO
N

Abb. 194

sie mit der Wohnungstür harmoniert. Und in Entsprechung zu seinem Glücksstern 6 Metall kamen in Bills neues Arbeitszimmer weiße Vorhänge.
Nachdem alle Veränderungen durchgeführt worden waren, fühlte sich Bill viel besser. Er konnte seinen Liebeskummer aufgeben und neue Kontakte knüpfen. Dadurch fand er wieder Spaß an der Arbeit und am Schreiben. Er konnte sich von seiner Schlaflosigkeit erholen, seine Verschwendungssucht überwinden und verfolgte bald mit großem Spaß ein neues kreatives Projekt.

24 Wohnungssuche und Wohnungsänderungen

Jeder Umzug stellt einen Wendepunkt im Leben dar. Das Aussortieren und Wegwerfen nicht mehr nötiger Dinge, das Packen und der Umzug selbst erleichtern natürlicherweise das Verarbeiten der Vergangenheit und das Pläneschmieden für die Zukunft. Wichtig ist der Zeitpunkt des Umzugs, der sich entweder positiv oder negativ auf Gesundheit, Karriere, Finanzen und Beziehungen auswirkt. Deshalb sollte man sich vor dem Umzug klarmachen, was man bisher erreicht hat und welche Zukunftspläne man hat. Glück hat, wer aus positiven Gründen zur richtigen Zeit an einen guten Platz umzieht. Zieht man unter schwierigen Umständen, aber zur richtigen Zeit an einen guten Platz um, wird sich das Schicksal zum Besseren wenden. Zieht man jedoch unter schwierigen Umständen zur Unzeit an einem schlechten Platz um, wird man vom Regen in die Traufe kommen.

Es gibt viele Menschen, die an Plätze umziehen, durch die sich ihre Lebenssituation verschlechtert, sei es durch neue Probleme oder durch eine Verschärfung bereits bestehender Schwierigkeiten. Eine Familie zog zum Beispiel in ein Haus um, das sie in große finanzielle Schwierigkeiten brachte, oder ein Paar ließ sich nach seinem Umzug in ein Haus scheiden, dessen frühere Besitzer bereits geschieden waren. Bei einer Frau, die unter starker Nervosität und unter Verdauungsproblemen litt – Beschwerden, die mit einer unausgeglichenen Erde zu tun haben –, verschlimmerten sich die Symptome, nachdem sie in eine Wohnung umgezogen war, deren Grundriß in Abb. 195 zu sehen ist.

Abb. 195

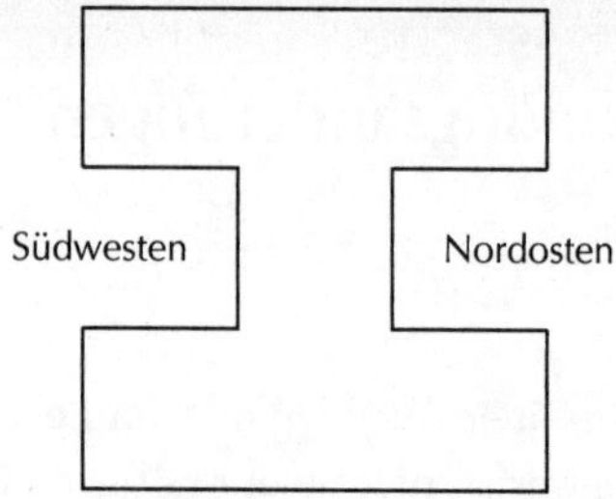

Abgesehen davon, daß bei diesem Grundriß der Südwest- und Nordostabschnitt ausgespart und in die Mitte eingeschnürt ist, ähnelt er dem chinesischen Zeichen *Kung*, das Arbeit bedeutet. Diese Form gilt als ungünstig, und diejenigen, die an einem solchen Platz wohnen, werden mit Überlastung zu kämpfen haben.

Bei einer Wohnungsbesichtigung sollte auf folgende Punkte geachtet werden, bevor man eine Zusage macht:

1. Der Raum sollte belebend und anregend auf einen wirken.
2. Ist dies der Fall, erkundige man sich nach der Geschichte dieses Ortes und seiner früheren Bewohner. Alte Wohnungen haben traurige oder glückliche Erinnerungen, die sich, und sei es noch so subtil, positiv oder negativ auf einen auswirken. Überdies haben alle Wohnungen aufgrund ihrer Form bzw. ihres Energiemusters eine Persönlichkeit, die das darin stattfindende Leben beeinflußt. Man muß deshalb auf das Gefühl achten, das einem eine Wohnung vermittelt. Fühlt man sich wirklich hingezogen, wird sie wahrscheinlich günstig für einen sein. Bei einer negativen Reaktion sollte man allerdings nicht versuchen, doch noch Positives zu sehen, sondern die Wohnung nicht nehmen.
3. Wenn man ein Haus auf dem Land sucht, sollte man die Landschaft mit im Auge behalten. Eine völlig exponierte

Lage fern von jedem Hügel, Gewässer und schützenden Baum oder umgekehrt auf einem Hügel oder an ungewöhnlich zugiger Stelle hält weder Ch'i noch Geld und ist deshalb unvorteilhaft. Ein in einer Senke oder anderweitig eingekesseltes Haus empfängt aufgrund der mangelnden Luftzirkulation Sha und ist deshalb auch nicht wünschenswert. Es ist schlecht, wenn eine Straße direkt auf ein Haus zuläuft, zum Beispiel an einer T-Kreuzung oder Straßengabelung, oder wenn Wasser sichtbar auf die Haustür zu oder von ihr wegfließt. Ebenfalls in acht nehmen sollte man sich vor Eisenbahngleisen, Telefon- und Elektroleitungen und Hochspannungsmasten in unmittelbarer Nachbarschaft.

4. Die beste Lage für ein Haus ist, wenn sich Hügel und/oder Bäume »lehnstuhlartig« daran anschließen. Das heißt, Hügel und Bäume sollten hinter dem Haus und seitlich ansteigen und aufragen.

   Die vier Richtungen eines Hauses – Vorderseite, Rückseite, rechts und links – bezeichnet man als Roter Phönix, Schwarze Schildkröte, Weißer Tiger und Blauer Drache (Abb. 196). Beim Blick aus der Haustür befinden sich entsprechend die Schwarze Schildkröte im Rücken, der Blaue Drache zur Linken, der Rote Phönix vorne und der Weiße Tiger zur Rechten.

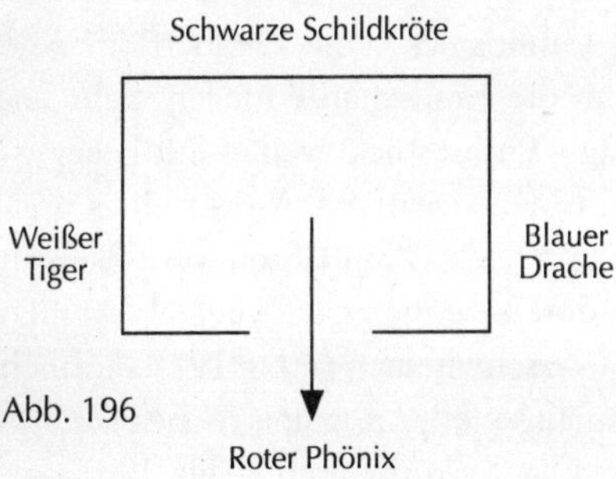

Abb. 196

   Idealerweise sollten die Schwarze Schildkröte und der Blaue Drache höher auftragen als der Weiße Tiger; der Rote Phönix hingegen sollte sich überhaupt nicht erheben, sondern ein interessantes Objekt oder eine interessante Landformation in der Ferne sein. Wenn der Weiße Tiger und der Blaue Drache gleich groß sind, ist das noch immer gut. Der Blaue Drache gibt Leben, und der Weiße Tiger nimmt Leben, was eine ungünstige Situation bedeutet, wenn letzterer den ersteren überragt und standortbeherrschend ist.

Wenn sich vor dem Haus ein Hügel erhebt, den man nach dem Verlassen des Hauses als erstes hinaufsteigen muß, kann das zu einer ernsten Blockierung führen. Noch negativer ist es, wenn das Land hinter dem Haus steil abfällt, weil das Wehrlosigkeit suggeriert.

Sehr gut positioniert ist ein Haus auf erhöhtem Grund, das von Hügeln umgeben ist und vor sich einen See oder eine Flußwindung hat. Es ist äußerst glückverheißend, wenn ein Fluß oder Bach von der Tiger- zur Drachenseite fließt.

Wenn das Haus auf freier Ebene steht, kann man durch das Anpflanzen von Bäumen das schützende Ch'i der Schwarzen Schildkröte, des Blauen Drachen und des Weißen Tigers erzeugen.

5. Ein Haus sollte in angenehmer Entfernung zur Straße liegen, also weder zu nah noch zu weit weg. Außerdem sollten Büsche und Bäume das Haus von der Straße abschirmen, ohne allerdings die Türen und Fenster zu blockieren oder zu verdecken.
6. Am günstigsten sind Grundstücke, die symmetrisch sind und sich harmonisch in die Landschaft einfügen. Sehr ungünstig ist ein dreieckiges Grundstück, weil es mit Feuer assoziiert wird. Man kann den negativen Aspekt eines dreieckigen Grundstücks durch das Anpflanzen von Bäumen und Büschen mildern, durch die die Ecken verdeckt werden und in ihren Konturen verschwimmen (Abb. 197). Ähnlich läßt sich ein unregelmäßiges oder asymmetrisches Grundstück mit Bäumen und Gärten korrigieren (Abb. 198).

7. Wenn man eine Stadtwohnung sucht, achte man grundsätzlich auf die unmittelbare Umgebung. Steht das Wohnhaus im richtigen Abstand zu den Nachbargebäuden, oder wirkt es eingezwängt? Herrscht zwischen den Gebäuden eine gewisse Harmonie, oder überragt das fragliche Wohnhaus die anderen Häuser und unterdrückt damit ihr Ch'i, oder unterdrücken umgekehrt die umliegenden Häuser das Ch'i des Wohnhauses?
8. Man vergleiche die durch Form und Farbe vorgegebenen Elemente der Gebäude miteinander. Harmoniert das Element des Wohnhauses mit den Elementen der Nachbarhäuser oder nicht? Eine Disharmonie zwischen den Elementen der verschiedenen Gebäude erfüllt die Umgebung mit Sha, das das Leben der dort ansässigen Menschen belastet.
   Man halte auch nach anderen möglichen Sha-Quellen Ausschau, wie spitze Vorsprünge, Dächer oder Gebäudeecken, die direkt auf die Fenster der in Frage kommenden Wohnung weisen.
9. Überprüfen Sie den Wohnungszustand – Installationen, Heizungsanlage, Elektrik, Wände und Wohnungsgrundriß. Ist die Wohnung schalldicht, oder sind die Wände zu dünn?
10. Liegt die Wohnung an einer Straßenecke oder in der Mitte

Abb. 197

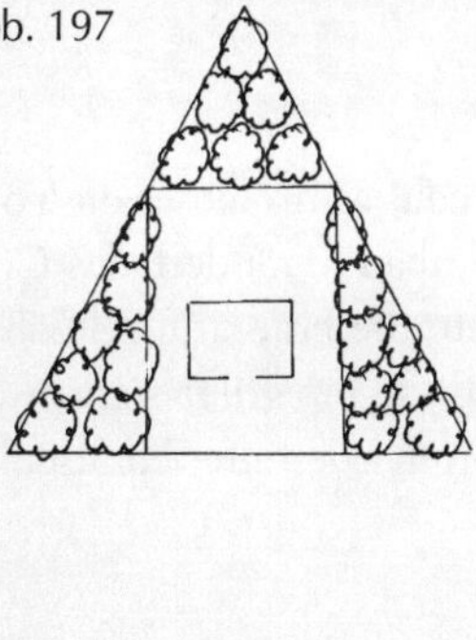

Abb. 198

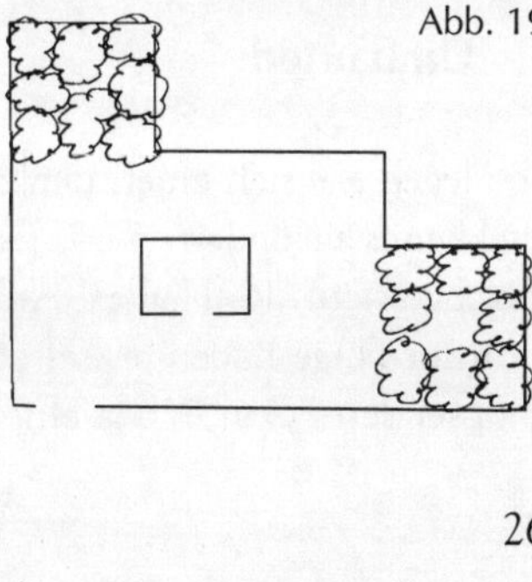

eines Wohnblocks? Im ersteren Fall ist sie exponierter und deshalb Yang, im zweiten Fall hingegen Yin. Eine hochgeschossige Wohnung ist Yang, eine niedergeschossige Yin. Liegt eine Wohnung an einer vielbefahrenen Straße, ist sie Yang, und bei ruhiger Straßenlage ist sie Yin. Ist die Wohnung zur Vorderseite des Hauses offen, ist sie Yang, zur Rückseite Yin. Wählen Sie eine Yin-Wohnung, wenn Sie eine Yang-Konstitution haben, und umgekehrt eine Yang-Wohnung, wenn Sie eine Yin-Konstitution haben.

Merken Sie sich folgende Vorsichtsmaßregeln:

- Eine Wohnung mit zu vielen Türen und Fenstern, besonders wenn die Fenster übereck liegen, hält kein Ch'i innen und ist deshalb unruhig.
- Durchgangsräume sind sehr ungeschützt und führen zu Raum-, Ch'i- und Geldverschwendung.
- Zu kleine Räume drücken auf das Gemüt, man fühlt sich eingesperrt und wird gereizt.
- Es ist schlechtes Feng Shui, wenn das Badezimmer gegenüber der Eingangstür liegt oder in der Wohnungsmitte oder gegenüber der Küche oder einem zweiten Bad.
- Es ist schlechtes Feng Shui, wenn das Schlafzimmer gegenüber der Eingangstür liegt oder gegenüber einem anderen Schlafzimmer oder gegenüber der Küche.

Umbauten

Überlegen Sie sich einen Umbau genau, wenn dieser die Form des Hauses verändern wird. Jeder Anbau verändert das Ch'i-Gleichgewicht des Hauses. Anbauten, die eine unregelmäßige Form zur Folge haben, es sei denn, diese integriert sich in ein umfassenderes Ganzes wie einen Garten oder eine Landschaft,

zerstören das Ch'i des Hauses und damit das Glück der Bewohner.
Umgekehrt kann ein Anbau, der eine unregelmäßige Form ausgleicht, vorteilhaft sein, wie dies in Abb. 199 gezeigt wird.

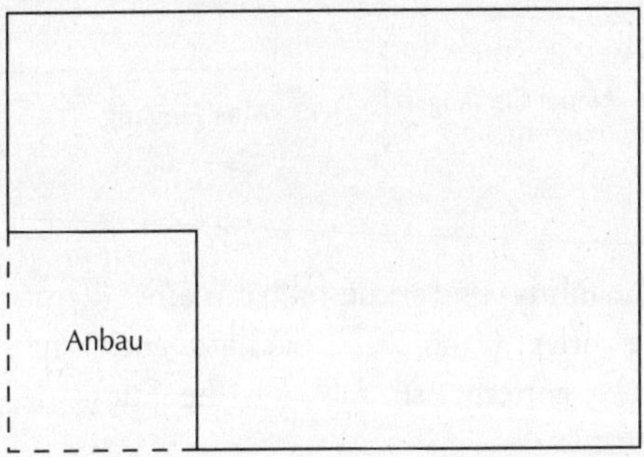

Abb. 199

Es empfiehlt sich grundsätzlich eher, das Haus in der Breite zu erweitern (Abb. 200) als in der Tiefe (Abb. 201).

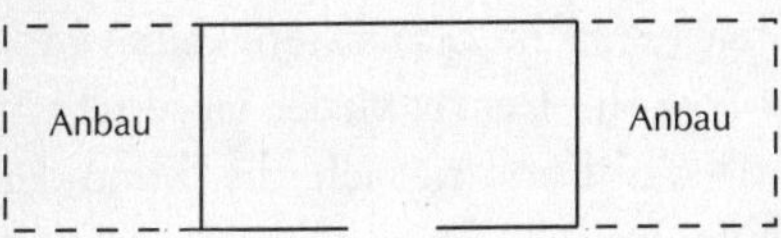

Abb. 200

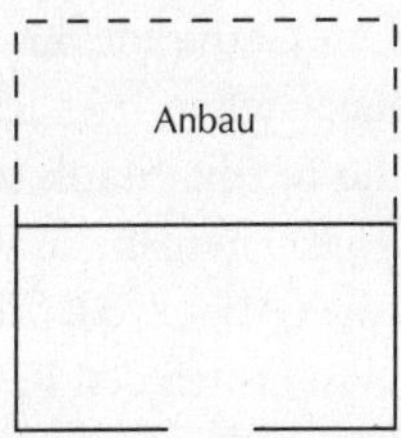

Abb. 201

Seien Sie mit dem Versetzen der Haustür vorsichtig. Die folgende Geschichte illustriert dies:

Catherine

Vor einiger Zeit hatte ich mit einem Haus zu tun, an dem viel umgebaut worden war. Die Entwürfe dazu stammten von der Besitzerin. Catherine hatte es nie gemocht, daß die Haustür in

Abb. 202

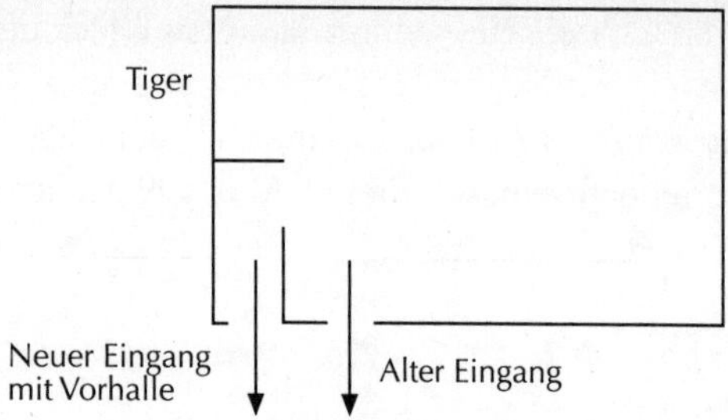

die Küche führte, und sie deshalb mit einer kleinen Vorhalle auf die Seite verlegt (Abb. 202). Sie hatte auch eine statisch wichtige Decke entfernt, so daß sich die Statik des Hauses verschlechtert hatte.

Da Catherine die Haustür auf die Tigerseite des Hauses verlegt hatte, fragte ich sie, ob sie seither irgendwelche Unfälle gehabt hätte. Sie antwortete, daß sie sich kürzlich bei einem Autounfall den Rücken verletzt hatte.

Um Catherine aus ihren hausgemachten Schwierigkeiten herauszuhelfen, riet ich ihr, zuerst die Decke wieder einzuziehen, die für die Statik so wichtig war. Dann riet ich, die Wand der Tigerseite ganz zu verspiegeln, weil das Haus klein und schmal war (Abb. 203). Sie wählte einen Spiegel aus dunklem Rauchglas. Er ließ den Raum auf ganz symmetrische Weise weiter wirken und versetzte die Haustür optisch in die Mitte des Raumes, wie die gestrichelten Linien zeigen.

Abb. 203

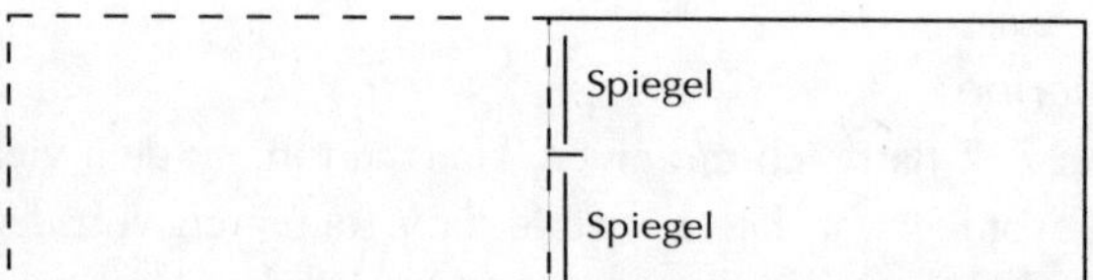

Da Catherine hinter dem Haus einen Garten mit einem Atelier anlegen wollte, empfahl ich weiterhin, einen Bach um die Tigerseite herumfließen zu lassen, wie in Abb. 204 gezeigt wird. Dieser würde den schädlichen Einfluß des Tigers neutralisieren und das Haus mit einem günstigen Wasserdrachen umgeben, der lebensförderndes Ch'i spendet.

Nach den Änderungen und Umbaumaßnahmen hatte das Ch'i des Hauses eine andere Qualität. Es gab jetzt nicht nur einen wunderschönen Garten hinter dem Haus, sondern auch die Atmosphäre des Hauses war wunderbar. Catherine fühlte sich in ihrer neuen Umgebung glücklich und zufrieden und begann sich gesundheitlich zu erholen.

Abb. 204

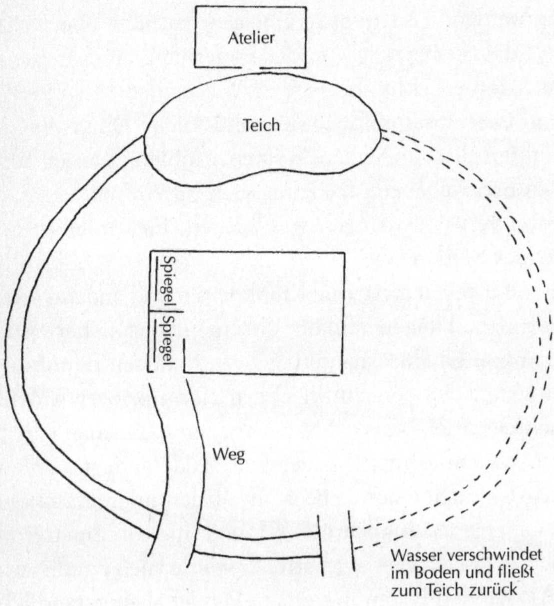

25 Radiästhesie und Reinigung des Raumes

Radiästhesie ist die Kunst, mit Hilfe eines Pendels oder einer Wünschelrute Erdenergien rational wahrnehmbar zu machen bzw. diesbezügliche seelische Reaktionen in nützliche Information umzuwandeln. Die Fähigkeit zur Radiästhesie ist angeboren; es ist etwas, das wir alle können, wenn wir es nur üben. Und dies ist gar nicht so schwer. Wer es versucht, wird seine Feng-Shui-Praxis erweitern.

Radiästhesie ist eine Technik, mit Hilfe intuitiven Wissens Dinge zu entdecken, die mit den fünf Sinnen allein nicht wahrgenommen werden können. Es ist eine ganzheitliche Wahrnehmungsform, die unabhängig von der Entfernung eines Gegenstandes funktioniert. Mit ihr werden Wasseradern lokalisiert, Boden- und Gesteinsarten analysiert und solche Dinge aufgespürt wie unterirdische Quellen, Ruinen, Höhlen, Tunnel, Kanalisationsrohre, Kabel etc. Sie kann auch zur Aufspürung von in der Wand verlegten Dingen wie Rohren, Elektroleitungen etc. verwendet werden.

Unterirdische Streßfaktoren, die Krankheiten und anderes Unheil hervorrufen, bleiben allzuoft unbemerkt. Man hat vielleicht schon von Unglückshäusern gehört, in denen Bewohner reihenweise krank wurden, kurz nachdem sie eingezogen waren. Es gibt auch Geschichten von Menschen, deren Geschäft bankrott ging, nachdem es in ein anderes Gebäude verlegt worden war. Ich hatte einmal einen Lebensmittelladen zu untersuchen, dessen Raumenergie so bedrückend und niederschmetternd war, wie ich es noch nie erlebt hatte. Er wurde auch häufig ausgeraubt. Als ich den Laden mit einem Pendel abging, fand ich einen schädlichen Erdstrahl. Durch die Neutralisierung des Erdstrahls konnte ich die Schwierigkeiten des Ladens beheben. Unser Körper reagiert ständig auf atmosphärische und erdenergetische Verhältnisse. Will man diese unterschwelligen Körperreaktionen in praktische Information umsetzen, um negative Umstände in positive zu verwandeln, sind zwei Dinge zu tun. Erstens das Pendeln oder Rutengehen und zweitens das richtige Fragenstellen.

Die Methoden

Im Feng Shui wird sowohl ohne als auch mit Instrumenten gependelt oder mit der Rute gegangen.
Das instrumentenlose Pendeln oder Rutengehen gehört zu den Grundkenntnissen des Feng Shui. Bei dieser Methode wird der Körper zum anzeigenden Instrument. Stellen Sie zunächst Ihren gewöhnlichen, alltäglichen Körperzustand fest. Das ist die Ausgangsposition. Dann beobachten Sie seine Befindlichkeit an verschiedenen Plätzen. Mit etwas Übung werden Sie feststellen, daß Sie sich an manchen Plätzen frischer und energiegeladener und an anderen ausgelaugter und erschöpfter fühlen.
Die Methode des instrumentenlosen Pendelns oder Rutengehens kann so verfeinert werden, daß man durch die Hände oder Füße bestimmte Energiezustände erspüren kann. Wichtig ist dabei vor allem, daß man konkret fragt und der eigenen Intuition vertraut. Ein Beispiel: Als ich den Keller eines Kunden abging, hatte ich den Eindruck eines mit Wasser verbundenen Problems. Also suchte ich, indem ich langsam auf und ab ging und alle paar Schritte im stillen fragte, ob da Wasser sei. Nachdem ich den ganzen Raum abgegangen war, sagte ich dem Hausbesitzer, daß an zwei Stellen im Keller Wasser aufstieg und diesen wahrscheinlich bald überschwemmen würde. Der Besitzer sagte,

das sei unmöglich. Zwei Wochen später jedoch erhielt ich einen Anruf. Im Keller trat genau an den zwei Stellen Wasser aus. Die Fähigkeit, durch die Hände die Energien aufzuspüren, hängt mit dem Aurasehen- oder -spürenkönnen zusammen und kann hoch entwickelt sein. Viele Menschen, die *Chi kung* (ein chinesisches Übungssystem) oder Yoga üben, haben die Fähigkeit. Sie läßt sich auch leicht durch folgende Übungen ausbilden:

Halten Sie Ihre offenen Hände vor irgendeinen Gegenstand, wie eine Pflanze, einen Baum oder einen Stein; gehen Sie dann näher darauf zu und wieder weg, um sein Energiefeld zu erspüren. Achten Sie auf feine Unterschiede, die sich beim Erspüren verschiedener Gegenstände ergeben. In dieser Art können Sie auch Wände und Böden nach positiven und negativen Energiefeldern absuchen. Sie können diese Methode auch verfeinern, um Wasseradern und elektromagnetische Strahlung aufzuspüren.

Eine etwas mechanische, aber sehr gut funktionierende Technik des Aufspürens durch die Hände ist die folgende:

Stehen Sie gerade, locker und entspannt. Strecken Sie die Hände aus, Handflächen nach unten, Unterarme parallel zum Boden, Oberarme frei herabhängend und die Schultern entspannt. Nähern Sie sich langsam dem Prüfungsgegenstand. Sobald Sie ihn erreichen, werden sich Ihre Hände und Unterarme um einige Zentimeter heben. Sobald Sie an ihm vorbei sind, werden sie in die Ausgangsposition zurückgehen.

Vielleicht bevorzugen Sie folgende Variante: Sobald Sie den Prüfungsgegenstand erreichen, senken sich Ihre Hände und Unterarme und kehren hinterher wieder in die Ausgangsposition zurück. Für welche Variante man sich entscheidet, ist völlig egal. Nur sollte man dann dabei bleiben.

Angenommen, Sie möchten zum Beispiel in Ihrem Garten eine Wasserader finden. Nehmen Sie die Ausgangsposition ein, und gehen Sie die ganze Fläche in Schlangenlinie ab, wobei Sie stets die Stellen markieren, an denen sich Ihre Arme heben oder senken. Verbinden Sie die markierten Stellen, und Sie sehen den Verlauf der Wasserader.

Das Pendel

Der Präzision halber arbeiten viele Radiästheten mit einem Pendel.

Beim Experimentieren mit einem Pendel wird man bald feststellen, daß es um so schneller schwingt und kreist, desto kürzer die Schnur ist. Je nach Vorliebe kann sie 5 bis 18 cm lang sein.

Die Benutzung des Pendels ist ganz einfach. Zuerst ist das Verhalten des Pendels abzuklären. Stellen Sie fest, was Sie empfinden, wenn das Pendel ruhig herabhängt, wenn es vor und zurück, hin und her und diagonal schwingt und wenn es im Uhrzeigersinn oder dagegen kreist.

Lassen Sie das Pendel ruhig hängen, indem Sie die Schnur zwischen Daumen und Zeigefinger halten. Sagen Sie dann: »Zeig mir meine Ausgangsposition.« Jetzt wird es entweder bewegungslos bleiben oder anfangen vor und zurück zu schwingen. Wiederholen Sie dies einige Male. Sie sollten die gleiche Antwort erhalten. Ist dies nicht der Fall, wählen Sie selbst, indem Sie sagen: »Das ist meine Ausgangsposition.« Sagen Sie dann: »Zeig mir Ja. Was ist Ja?« Es wird vor und zurück oder hin und her schwingen oder im Uhrzeigersinn oder dagegen kreisen. Sagen Sie danach: »Zeig mir Nein. Was ist Nein?« Wenn es für Ja vor und zurück schwang, wird es jetzt hin und her schwingen. Wenn es für Ja kreiste, wird es für Nein umgekehrt kreisen. Schließlich müssen Sie noch sagen: »Zeig mir Ungenau. Was heißt ungenau?« Es wird irgendwie reagieren. Vielleicht bleibt es in der Ausgangsposition oder schwingt diagonal. Merken Sie sich das Signal genau. Sie werden die Antwort »ungenau« immer dann erhalten, wenn Ihre Fragestellung wirr, zu vage oder zu kompliziert ist.

Auf diese Weise sollte man für jedes Pendel, das man benutzt, einen Code – beziehungsweise ein Antwortmuster – anlegen. Jedes Pendel ist einmalig und variiert in seinen Antworten. Wahrscheinlich werden Sie bald ein Lieblingspendel haben.

Dem Pendel sind nur einfache und präzise Fragen zu stellen. Sie müssen so formuliert sein, daß darauf mit Ja oder Nein geantwortet werden kann. Schwierige Fragen sind in einfache Teilfragen zu zerlegen.

Sie können sich entweder vom Allgemeinen zum Besonderen durchfragen, indem Sie die jeweilige Antwort zum Ausgangspunkt der nächsten Frage machen, oder Sie können gleich zum Wesentlichen kommen, indem Sie sich von Ihrer Intuition leiten lassen.

Doch gleichgültig, ob man diese oder jene Fragemethode anwendet, man muß wissen, was zu fragen ist. Das bedeutet, daß man sich in dem fraglichen Sachgebiet auskennen muß. Wenn man das Pendel beispielsweise im Gartenbau anwenden will, braucht man Pflanzen- und Bodenkenntnisse, um die richtigen Fragen formulieren zu können. Wenn Sie selbst unterirdisches Sha finden und heilen wollen, lesen Sie weiter.

Es gibt eine Grundregel beim Pendeln, an die man sich immer halten sollte. Bevor man mit dem Fragenstellen beginnt, ist das Pendel um Erlaubnis zu bitten: »Darf ich das erkunden?« Oder: »Darf ich hier nachforschen?« Wenn man keine Antwort erhält, sollte man abbrechen und einen günstigeren Zeitpunkt abwarten. Das Wichtigste beim Pendeln ist Vertrauen.

Hier einige Tips, wie Sie Ihre radiästhetische Fähigkeit entwickeln können:

1. Pendeln ist Suchen. Es wird von Ihrer Neugierde geleitet.
2. Die Antworten kommen spontan. Mischen Sie sich nicht mit dem Verstand ein. Warten Sie ab.
3. Es muß ein ehrliches Interesse an der Wahrheit vorhanden sein.
4. Seien Sie mutig und engagiert. Forschen Sie beherzt.
5. Haben Sie Vertrauen in Ihr Können.
6. Seien Sie unvoreingenommen. Vorurteile können Sie irreführen oder völlig ausschließen.

Es gibt sieben Hindernisse auf dem Weg zum genauen Pendeln. Erstens: man zweifelt, daß es funktioniert. Zweitens: man glaubt nicht, daß man es kann. Drittens: man ist nicht aufmerksam genug. Viertens: die gesuchte Sache interessiert einen zuwenig. Fünftens: man weiß zuwenig über die gesuchte Sache bzw. weiß nicht, was man fragen soll. Sechstens: Wunschdenken, bzw. man hält sich mehr an das, was man sehen will, als an die Wahrheit. Siebtens: man hat Angst vor der Wahrheit.

Pendeln nach unterirdischem Sha

Wenn Sie sich in Ihrer Wohnung unwohl fühlen oder oft krank oder erschöpft sind, versuchen Sie herauszufinden, ob dies mit unterirdischem Sha bzw. mit schädlicher Energie zu tun hat.
Stimmen Sie sich zunächst auf die unterirdische Energie ein. Überlegen Sie sich, welche Fragen Sie stellen wollen. Formulieren Sie diese klar und deutlich. Schreiben Sie sie eventuell auf. Entspannen Sie sich dann etwa für eine Minute, bevor Sie mit dem eigentlichen Pendeln beginnen. Ihre erste Frage sollte lauten: »Gibt es hier Sha?« Wenn Sie eine Ja-Antwort erhalten, sollten Sie fragen, ob es aus dem Boden, von einer negativen Erinnerung oder von etwas Oberirdischem stammt. Sie könnten fragen, ob das Sha von einem schädlichen Strahl oder einem negativen Kraftfeld stammt. Sie können dann nach der

genauen Ursache forschen. Es könnte sich um eine Wasserader, Wasseraderkreuzung, unterirdische Quelle, Höhle, einen spitzen Felsen oder Grat, Riß, Bruch, um schlechte Bodenverhältnisse, einen vergrabenen Baumstumpf oder vergifteten Boden handeln.

Wenn Sie herausgefunden haben, daß es einen schädlichen Strahl gibt, fragen Sie als nächstes, wo er in die Wohnung eintritt. Man kann über dem Wohnungsgrundriß pendeln. Am einfachsten ist es, wenn man das Pendel in der einen Hand hält, während man mit dem Zeigefinger der anderen Hand die Außenlinie des Grundrisses nachfährt. Es ist egal, wo man beginnt. Bewegen Sie den Zeigefinger langsam Stück für Stück, und fragen Sie: »Tritt er hier ein? Tritt er hier ein?«, bis das Pendel klar mit Ja antwortet.

Die einfachste Lösung für dieses häufig auftretende Problem eines schädlichen Strahls ist die, daß man mit blauer Tinte drei konzentrische Bögen um die Eintrittsstelle herum zeichnet (Abb. 205). Es funktioniert.

Eine andere Lösung, auch für negative Kraftfelder, besteht darin, daß man eine Kopie des Grundrisses auf einen festen Karton aufklebt und dann mit Klebeband auf dem Umriß einen Kupferdraht anklebt. Die beiden Drahtenden dürfen sich nicht berühren. Eventuell den Kupferdraht kürzen. Danach den Grundriß irgendwo aufbewahren.

Falls genügend Licht da ist, kann man auch eine Topfpflanze an der Eintrittsstelle des schädlichen Strahls aufstellen (Abb. 206), nachdem man den Blumentopf mit Kupferdraht umwickelt hat. Den Kupferdraht mit Klebeband gut befestigen.

Liegt eine Wohnung über einer Wasserader, lassen sich manchmal Topfpflanzen darüber aufstellen. Sie absorbieren und verwandeln dann das Wasser-Ch'i und schaffen so eine gesündere Wohnatmosphäre.

Wenn Sie auf dem Land leben und unterirdisches Sha finden,

das mit einer elektromagnetischen Linie zusammenhängt, können Sie diese bis zum Austrittspunkt der negativen Energie, z. B. eine Kreuzung von zwei Linien, oder zumindest bis zu einem Punkt zurückverfolgen, wo sie sich behandeln läßt. Kennt man die Stelle genau, kann man zur Umwandlung des Ch'i eine ungefähr 90 cm lange Eisen- oder Stahlstange oder ein ebensolches Rohr in den Boden treiben; oder man pflanzt mehrere Bäume um den Punkt herum; oder man legt aus großen, schweren Steinen einen Kreis um den Punkt; oder man legt eine Steinspirale im Uhrzeigersinn um den Punkt.

Wenn man über Karten nach Wasseradern und Energielinien pendelt, verfährt man ähnlich wie beim Suchen nach schädlichen Strahlen. Man untersucht dabei nur die ganze Fläche statt des Umrisses. Am einfachsten ist es, wenn man dazu ein Gitter über den Grundriß oder die Grundstückskarte zeichnet. Je feiner das Gitter, desto präziser wird das Ergebnis sein. Gehen Sie der Reihe nach die Quadrate durch, und fragen Sie: »Ist es hier? Ist es hier? Ist es hier?« Es wird ein Muster herauskommen.

Wenn durch eine Wand Hochfrequenzstrahlen kommen, kann man an der Eintrittsstelle einen großen, mit Steinen gefüllten Krug aufstellen.

Man sollte aber grundsätzlich vor der Anwendung eines Mittels auspendeln, ob es sich eignet oder nicht.

Zusammenfassend läßt sich sagen, daß zum korrekten Pendeln

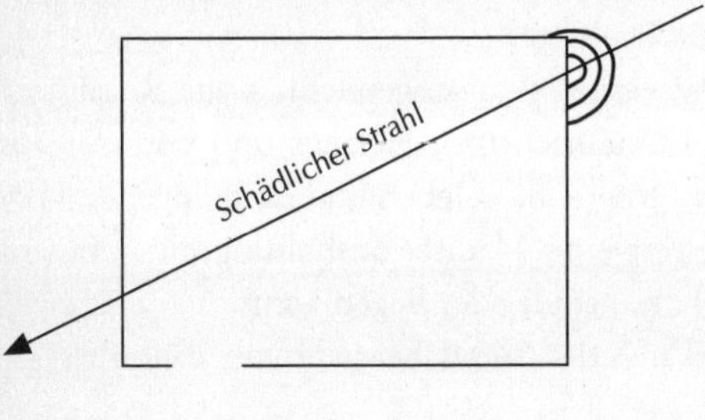

Abb. 205

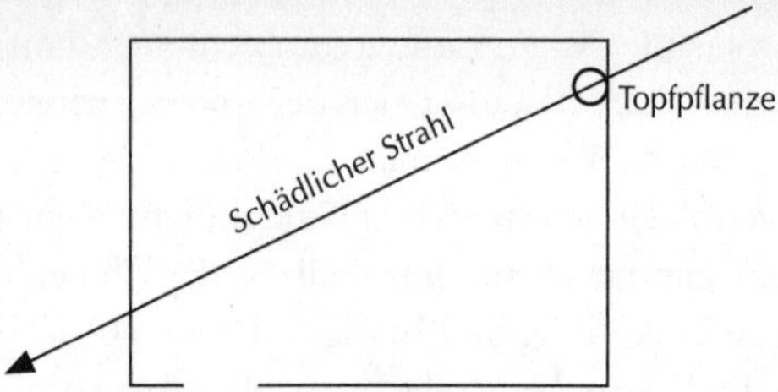

Abb. 206

drei Dinge gehören: klares Fragen, Einfühlung in die gesuchte Sache und Hören auf die eigene Intuition.

Reinigung des Raumes

Wenn Sie herausfinden, daß an Ihrer Wohnung eine negative Erinnerung haftet, können Sie durch Pendeln erfahren, um was es sich handelt. Städte sind voller negativer Erinnerungen. Diese gründen in allem möglichen menschlichen Leid, rühren von Gewalttaten, Scheidungen, finanziellen Katastrophen, Krankheiten und so weiter her und auf einer umfassenderen Ebene von Beerdigungsstätten, Schlachtfeldern, alten Exekutionsstätten, wie dem Washington Square in New York, oder alten Gefängnissen, wie der Bastille in Paris. Negative Erinnerungen brauchen eine Reinigungsbehandlung.

In einem sehr tiefen Sinn ist die Umwelt die kollektive, mentale Projektion unzähliger fühlender Wesen. Deshalb sind Reinigungs- und Segenshandlungen vollkommen selbstlos und aus Mitgefühl heraus durchzuführen.

Die folgende Übung eignet sich ausgezeichnet zur Reinigung der Umwelt. Sie sollte aufrichtigen Herzens und vorurteilslos durchgeführt werden. Sie heißt »Geben und Empfangen«. Man nimmt dazu am besten eine Meditationshaltung ein, obwohl man dabei auch stehen, gehen oder liegen kann.

Atmen Sie ein, und nehmen Sie dabei jede von Ihnen in der

Umgebung wahrgenommene Negativerinnerung, alles Leid in Ihr Herz auf, und veranschaulichen Sie es sich als blauschwarze Farbe. Verwandeln Sie dann bei der Atempause vor dem Ausatmen die negative Energie bzw. das blauschwarze Licht in diamantweißes Licht. Atmen Sie dieses diamantweiße Licht aus, und erfüllen Sie damit die Umgebung. Ihre Atmung braucht nicht tief zu sein. Sie sollte leicht und natürlich sein. Tun Sie sich keine Gewalt an. Es kommt allein auf Ihre Konzentration an.

Die Übungsdauer hängt ganz von Ihnen selbst ab. Wenn Sie das Gefühl haben, es sei genug, brechen Sie ab, und geben Sie den Segen Ihrer Übung an alle fühlenden Wesen im Universum weiter.

Nachwort

In meiner zehnjährigen Praxis habe ich immer wieder feststellen können, wie positiv es sich auf das Leben meiner Kunden und Kundinnen ausgewirkt hat, wenn sie ihre Wohnung und Umwelt nach Feng-Shui-Prinzipien umgestaltet haben.
Die taoistische Philosophie ist uns in der chinesischen Geschichte und Kultur aus grauer Vorzeit überliefert. Ihre Prinzipien sind nichtsdestoweniger aktuell. Wer sie anwendet, lernt im Einklang mit den Rhythmen des Universums zu leben und wird mit einem langen Leben, Glück und Wohlstand gesegnet. Der Zustand unserer Umwelt hängt letztlich davon ab, wie wir miteinander umgehen. Gesunde und erfreuliche Umweltbedingungen entstehen dann, wenn wir uns in Achtsamkeit und Aufgeschlossenheit, Gleichmut und Mitgefühl üben.
Möge Ihnen der Gebrauch dieses Buches Glück bringen. Sollten Sie Hilfe brauchen, Ideen haben oder Feng-Shui-Erfahrungen mitteilen wollen, können Sie mich unter folgender Adresse erreichen: T. Raphael Simons, 545 8th Avenue, Suite 401, New York, NY 10018.

Anhang

Die fünf Elemente

Element	Jahreszeit	Form	Farben	Himmelsrichtung
Wasser	Winter	wellig, asymmetrisch	Schwarz, Marineblau	Norden
Holz	Frühling	rechteckig	Grün, Hellblau	Osten, Südosten
Feuer	Sommer	dreieckig	Rot, Lila	Süden
Erde	Spätsommer	quadratisch, flach	Gelb	Südwesten, Mitte, Nordosten
Metall	Herbst	rund, oval	Weiß	Westen, Nordwesten

Die acht Punkte

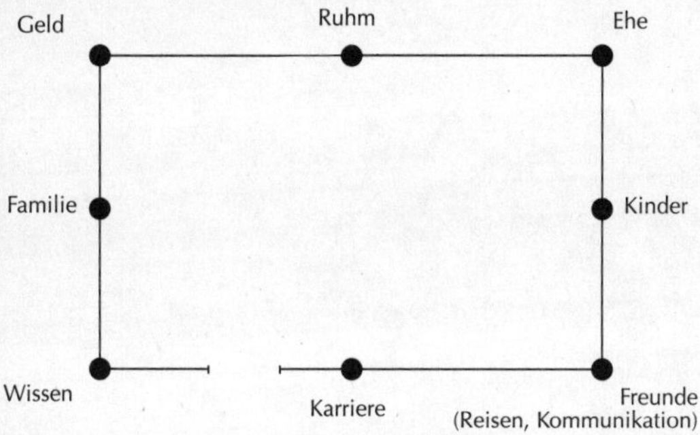

Die drei Zyklen

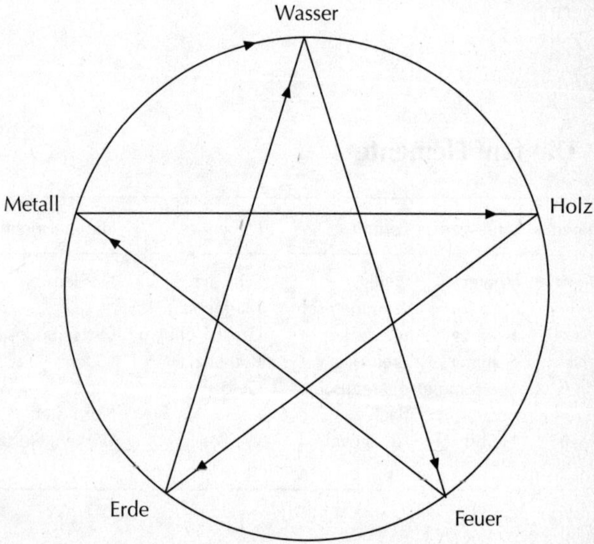

DER KREATIVE ZYKLUS
Wasser vermehrt Holz Holz nährt Feuer Feuer schafft Erde Erde birgt Metall Metall sammelt Wasser
DER DESTRUKTIVE ZYKLUS
Wasser löscht Feuer Feuer schmilzt Metall Metall fällt Holz Holz höhlt Erde aus Erde saugt Wasser auf
DER VERMITTELNDE ZYKLUS
Wasser vermittelt zwischen Metall und Holz Holz vermittelt zwischen Wasser und Feuer Feuer vermittelt zwischen Holz und Erde Erde vermittelt zwischen Feuer und Metall Metall vermittelt zwischen Erde und Wasser

Die neun Geburtssterne

Stern	Farbe	Himmelsrichtung	Harmonierende Himmelsrichtungen
1 Wasser	Schwarz, Marineblau	Norden	Westen, Nordwesten, Osten, Südosten
2 Erde	Gelb	Südwesten	Westen, Nordwesten, Nordosten, Süden
3 Holz	Grün, Hellblau	Osten	Norden, Südosten, Süden
4 Holz	Grün, Hellblau	Südosten	Norden, Osten, Süden
5 Erde	Gelb	Mitte	Südwesten, Westen, Nordwesten, Nordosten, Süden
6 Metall	Weiß	Nordwesten	Südwesten, Westen, Norden, Nordosten
7 Metall	Weiß	Westen	Südwesten, Nordwesten, Norden, Nordosten
8 Erde	Gelb	Nordosten	Südwesten, Westen, Nordwesten, Süden
9 Feuer	Rot, Lila	Süden	Osten, Südosten, Südwesten, Nordosten

Die Glückssterne

Stern	Farbe	Himmelsrichtung
1 Wasser	Weiß	Norden
2 Erde	Schwarz	Südwesten
3 Holz	Jadegrün	Osten
4 Holz	Grün	Südosten
5 Erde	Gelb	Mitte
6 Metall	Weiß	Nordwesten
7 Metall	Rot	Westen
8 Erde	Weiß	Nordosten
9 Feuer	Lila	Süden